예술이 묻고 니체가 답하다

일러두기

· 인용도서, 논문, 영화의 제목은 국내에서 번역 소개된 제목을 사용했습니다.
· 인명, 작품명 등은 원명을 첨자로 표기했습니다.
· 본문 속의 일련번호는 출처 표기로 미주 처리했습니다.

예술이 묻고 니체가 답하다

이희인 지음

홍익피앤씨

| 차례 |

니체를 안다는 것, 니체처럼 산다는 것

1. 니체 쓰기의 어려움

"여자들은 모두 나를 사랑한다. 이것은 새삼스러울 것이 없다."

"나 이전에 사람들은 독일어로 무엇을 할 수 있는지를 알지 못했으며…."

"내 작품에 익숙해지면 사람들은 다른 책들을 더 이상은 견뎌낼 수 없게 된다."

"내 말 한마디가 나쁜 본능을 죄다 쫓아낸다."

누군가 자신의 책에 이런 글을 잔뜩 늘어놨다고 하자. 술 취한 사람의 헛소리거나 사이비 교주의 광기어린 설교로 여겨 더 읽어야 할지 고민하게 될 것이다.

그런데 이런 글을 쓴 사람이 철학자 니체라고 한다면? 카를 마르크스, 지그문트 프로이트와 함께 오늘의 세계를 만든 철학자 중 한 사람이라 불리는 이의 책에 적힌 글이라면 어떠한가? 이 구절들은 분명 니체의 글들이다. 니체의 철학적 회고록인 『이 사람을 보라』 속에 적혀 있는.

니체는 여전히 가장 인기 있는 철학자다. 책을 준비해 온 지난 네댓 해 사이에도 니체 관련한 신간은 쉴 새 없이 쏟아졌다. 학계의 어렵고 무거운 학술서적부터, 니체 전공자들이 니체를 쉽게 접근할 수 있도록 도와주는 대중서들, 또 전공자 아닌 저자들이 주로 그의 아포리즘 등을 인용해 삶의 길을 코칭하는 에세이류 등 여러 층위의 책들이 꾸준히 출판되어 왔다.

이런 니체 홍수 속에서 '나만의 니체'를 쓰기 위해 고심했던 지난날들은 즐겁고도 괴로운 시간이었다. 2019년 톨스토이의 문학과 철학을 다룬 에세이를 출간한 뒤, 니체에 관한 책을 써 보기로 약속했던 것이 기나긴 고난의 시작이었다. 비교적 메시지가 분명한 대문호 톨스토이에 관해 쓰는 것과 그에 대한 찬반은 물론 그 해석이 극명하게 갈리는 철학자 니체에 관해 쓰는 것은 차원과 방법론이 다른 작업이었다.

니체 읽기와 쓰기가 번번이 좌절될수록 알지 못할 공포도 엄습했다. 어쩐지 니체는 내 깜냥으론 영원히 만날 수 없는 작가인 것만 같았다. 니체에 대해 명쾌하게 파악하고 정리한다는 게 가능한 일인지 확신이 서지 않았다.

몇 번이고 좌절을 거듭하다가 정신을 가다듬고 다시 책들을 집어 들었다. 국내에 나와 있는 대부분의 니체 책들을 펼쳐본 것 같다. 여기저기 흩어져 날아가려는 니체의 글과 의미들을 다잡아 화강암에 글자를 새겨 넣듯 한 땀 한 땀 다시 쓰기를 거듭했다. 이제 어느 정도 책의 꼴이 되어간다. 살았다 싶다. 어쩌다 나는 이런 골치 아픈 철학자를 만나 이 고생을 하게 되었던가. 니체와 함께 씨름했던 지난날들을 떠올렸다.

2. 니체를 만난 세 장면

"모든 가치를 뒤바꿔 버릴 수는 없을까? 혹시 선이란 악이 아닐까? 신이란 단지 악마의 발명품이거나 악마를 더욱 정교하게 해놓은 것은 아닐까? 모든 것들은 궁극적으로 거짓이 아닐까?"
(『인간적인, 너무나 인간적인』 서문)

"만약 신들이 존재한다면, 어떻게 내가 신이 아니라는 사실을 참고 견딜 수 있겠는가? 그러니 신들은 존재하지 않는다."
(『차라투스트라는 이렇게 말했다』, p.157)

내가 니체에 처음 베인 것은 이 두 문장 때문이었다. 이 두 문장이 문학청년이었던 나를 니체에게로 흠뻑 빠져들게 했다. 단 두 문장만으로 니체를 다 알아버린 것만 같았다. 매혹적이면서 충격적인 만남이었다.

이 책을 쓰게 된 것이 니체를 만난 세 번째 경험이 되었다면, 그보다 앞선 두 번의 만남이 내게 있었고 위 두 문장을 접한 것이 니체와의 첫 만남이었다고 할 수 있다.

그 첫 번째 만남은 군대 시절 내무반에 꽂혀 있던 '진중문고'의 책들을 통해 이루어졌다. 대학에서는 위험하고 불온한 것으로 여겨지던 책들도 쉽게 접할 수 있었지만 군대의 '진중문고'는 따분하고 재미없는 건전한(?) 책들만 있었다. 읽을 만한 것이 없다 여겨지던 내무반 책꽂이에서 나는 니체의 『인간적인 너무나 인간적인』과 『차라투스트라는 이렇게 말했다』를 발견했다. 시간을 허비하기에 맞춤한 책으로 보였고 틈틈이 그 책들을 훑어보게 됐다. 그리 열심히 읽지는 않았다. 읽어 보니 니체의 책이야말로 위험하고 불온한 책인 것 같았다. 니체를 만난 첫 번째 장면이었다.

니체가 특별히 나를 떠난 적은 없었지만, 대학과 사회에서 주로 도스토예프스키, 카프카, 헤세, 톨스토이 등에 심취했던 나에게 니체는 그리 가까운 작가가 아니었다. 니체는 문학적이고 자극적이기만 할 뿐, 인생과 사회 발전에 그다지 도움이 되는 철학자로 여겨지지 않았다.

그러다가 우연한 기회에 니체가 묻혀 있는 그의 고향 뢰켄의 묘지를 찾게 되었다. 그 무렵엔 니체가 서양사상사에 꽤 중요한 인물이고, 현대의 문화와 예술에 지대한 영향을 미친 사람이란 걸 알 만큼은 되었다. 그래서 애써 독일의 한 촌구석에 있다는 그의 묘지를 찾아간 것이다. 니체와 만난 두 번째 장면은 그렇게 이루어졌다.

니체의 묘지를 방문한 날은 그 해의 성탄절이었는데, 『안티크리스트』를 쓴 철학자의 묘지를 찾기에 왠지 굉장히 맞춤한 날 같았다. 그런데 유럽의 성탄절엔 상점은 물론 대중교통마저 쉰다는 걸 잊고 간 것이 화근이었다. 라이프치히에서 기차를 타고 바이센펠스라는 소도시 기차역에 내려 뢰켄까지 갈 생각이었는데 상점과 가게도 닫았고 버스 같은 것도 다니지 않았다. 난감한 일이었다. 그렇지. 니체를 만나러 가는 게 어디 쉬운 일인가.

다행히 마을의 한 골목길에서 개인 택시회사 간판이 눈에 들어와 적힌 번호로 전화해 사정을 말했다. 곧 사무실에서 기사분이 옷을 주섬주섬 입고 나와 안경을 끼고 차에 시동을 걸었다. 약간의 영어를 할 줄 아는 여성이었는데 뢰켄에 왜 가느냐고 묻기에 '니체'의 묘지를 만나러 간다고 대답했다. 뜻밖에도 그는 니체가 누군지 잘 모른다는 눈치였다. 들판과 들판을 건너 생각보다 먼 길을 달려 뢰켄에 도착했다. 차갑고 흐린 날이었다.

뢰켄은 몹시 작은 마을이었다. 한 20분 정도 걸어 다니면 마을

독일 뢰켄에 있는 니체의 묘지와 조형물(사진 이희인).

을 속속들이 다 알 만큼 작은 시골 마을. 그 마을 중앙에 간이우체
국만 한 오래된 교회가 하나 있고, 그 마당에 니체를 기념하는 재
미있는 흰색 조형물들이 서 있었다. 니체의 진짜 묘지는 교회 측
면에 몇 기의 다른 묘지와 함께 있었다. 평생 니체를 돌봐주고 보
호해 주면서도 정신적으로는 니체를 몹시 힘들게 했던 모친과 니
체가 사망한 뒤 니체와 그의 사상을 나치, 히틀러에 헌납한 여동
생 엘리자베스의 묘지도 거기 함께 있었다.

　니체가 태어난 곳이자 그의 멸한 육신이 묻힌 한적한 시골 마
을 뢰켄에서 한참을 서성이다가 돌아왔다. 그런데 좀 이상한 경

험을 했다. 니체 묘지를 오가던 길에서 펼쳐 든 『차라투스트라는 이렇게 말했다』가 어쩐지 예전과 달리 술술 잘 읽혔다. 차라투스트라의 설교가 머리와 몸에 쏙쏙 들어와 박히는 것이 아닌가.

니체를 만난 두 번째 장면은 그해 성탄절에 있었다.

3. 니체, 알면 알수록 더 모를 텍스트

니체와의 세 번째 만남인 이 책을 집필하며 나는 적잖은 고생을 감내해야 했다. 집필을 약속할 무렵엔 니체에 대해 내가 어느 정도는 알고 있고, 조금만 공부하면 어렵지 않게 정리할 수 있을 거라 생각했다.

본격적으로 니체를 다시 읽어나가며 내가 어떤 늪에 빠졌다는 것을 알게 됐다. 몸부림칠수록 더 깊이 빠져드는 밀림의 늪처럼, 니체는 읽을수록 더 알 수 없는 철학자였다. 그것이 조금도 이상한 것이 아니며 당연한 일이란 것도 곧 알게 되었다.

니체만큼이나 오해를 많이 받는 철학자, 갖가지 루머와 소문에 휩싸인 철학자, 호불호가 극명하게 갈리는 철학자도 없을 것이다. 읽는 사람 수만큼의 니체가 있다고 하거니와 그의 철학이 얼마나 모순된 텍스트들의 집합인지, 그러므로 얼마나 다양한 해석 가능성을 가진 텍스트인지 많은 이들이 언급하고 있었다.

'극좌파는 극좌파대로, 극우파는 극우파대로 니체를 자신들 취향에 맞게 해석하고 이용해 왔다'고도 하고 니체를 해석하는 자들은 '누구나 니체의 사상을 왜곡하는 자'이며, '사람들은 사신이 말하고 싶어 하는 모든 것을 니체로 하여금 말하게 할 수 있다'고도 했다.[1] 그러므로 그의 책을 쓰려는 나 역시 또 한 명의 니체 왜곡자가 되기에 충분하다.

니체가 체계적인 사상가가 아님은 물론, 동일한 주제에 대해서도 여기저기 모순적인 말들을 하고 있다는 것도 널리 알려진 사실이다. 이런 점이 니체에 대한 총체적이고 일관된 연구를 어렵게 하는 장애물로 작용한다. 『인간적인 너무나 인간적인』 이후부터는 니체 글쓰기의 중요한 특징인 '아포리즘적 글쓰기'가 시도되고 있어 이때부터 논리적 일관성이나 체계에 대한 거부가 노골화되었다. 내가 겪었던 어려움은 그러니, 당연한 것이었다.

『니체 극장』의 저자 고명섭도 니체 읽기의 어려움에 대해 다음과 같이 적어 놓았다.

니체의 글은 문장 하나하나만 따져 보면 대체로 명료하지만, 그 문장들이 모여 이룬 사유의 숲은 어두워서 한 번 들어서면 길을 잃기 십상이다. (…) 야스퍼스가 보기에 니체 사상을 탐구하는 사람은 어떠한 경우에도 전체를 통일하여 수미일관한 체계로 제시할 수 없다. 그래서 니체 연구는 한 발씩 전진할 때마다 '끝없이 밀어닥치는 불안'에 맞닥뜨리는 일이 된다. (…) 니체 안에는 무신론자와 신앙인, 보수주의자와 급진주의자, 정치적인 자와 비정치적인 자, 자유사상가와 광신자가 함께 있어서 우리가 원하는 것을 니체로부터 얼마든지 찾아낼 수 있지만, 그의 삶과 글 전체를 통일적 체계로 이해하려 하자마자 즉시 모순에 빠진다. 그 모순이 우리 안에 해소할 길 없는 불안을 불러일으키는 것이다.[2]

니체는 생전에 이러한 불완전함, 모호함, 체계 없음을 오히려 효과적인 것, 나아가 미덕으로 여기기까지 했다.

니체는 『인간적인 너무나 인간적인』 제 4장 잠언 178에서 '불완전한 것이 오히려 효과적'이라고 강조한다. '효과적인 것으로서의 불완전한 것. (…) 어떤 사상과 철학 전체를 부조하는 것과 같은 방식으로 불완전하게 표현하는 것은 때때로 철두철미하게 표현하는 것보다 더 효과적이다. 더 많은 것이 보는 사람의 작업으로 떠맡겨진다.'[3]

니체는 이처럼 한없이 열린 텍스트다. 마르크스나 프로이트처럼 자신의 이론을 빈틈없이 구축하려 노력한 작가가 아니다. 질 들뢰즈Gilles Deleuze 가 말한 바와 같이, 마르크스나 프로이트가 기존 이론과 체계에 대해 탈코드화 한 뒤 재코드화를 시도한 데 비해 니체는 끊임없이 '탈코드화(탈영토화)'를 감행하는 철학자이기 때문이다. 이 점이 니체를 (데리다보다 앞선) '해체'의 철학자이자, (들뢰즈의 개념으로) '탈영토화'의 철학자로 간주하게 만든다. '니체는 좌파고 마르크스는 우파다'[4] 같은 주장도 이런 측면에서 이해될 수 있을 것이다.

니체 철학의 이런 열린 텍스트성은 니체 읽기에 독특한 경험을 제공한다. 그래서 어떤 이는 니체를 읽지 않고도 충실한 니체주의자가 될 수 있으며, 니체를 오랫동안 읽어 오고도 니체를 오해하는 자가 될 수 있다고 말하기도 한다. 니체가 열린 텍스트라는 점은 니체에 관해 글을 쓰는 사람에게 대단한 수고와 괴로움을 안겨주는 한편 모종의 편안함을 주기도 한다.

그렇다면 이런 니체를 읽고 쓰는 일이 왜 필요한가? 체계도 없고 여기저기 모순투성이인 철학자의 글에 귀 기울일 필요가 있단 말인가? 어째서 서점 매대와 도서관 서가에는 니체의 오래된 책들과 신간이 가득하단 말인가? 니체 읽기가 이토록 어렵고 허망한데, 우리가 니체를 읽어야 하는 이유는 어디에 있을까?

중요한 것은 누구의 생각을 보충하는 것이 아니라 자기 생각을 만드는 것이며, 누구의 삶에 대해 서술하는 것이 아니라 자기 삶을 아름답게 창조하는 것이기 때문이다. 누구든 자기 삶을 아름답게 창조하는 자는 니체를 읽지 않은 채 니체의 독자가 될 수 있으며, 니체를 지지하지 않은 채로 니체주의자가 될 수 있다.[5]

이 책을 쓰는 지금, 군대 취침등 아래서 니체를 처음 만난 청년 시절보다 내가 그를 더 많이, 더 잘 알고 있는지 되묻게 된다. 더 많이 더 깊이 읽고 알려 할수록 독자를 오리무중의 길로 빠뜨리게 하는 니체의 책들. 그가 독자에게 요구하는 것은 그의 말들을 경전처럼 분석하고 해석하라는 게 아닐 터다. 니체를 안다는 것과 니체의 말처럼 산다는 건 엄연히 다른 일임을 떠올리면서 말이다.

4. 새로운 니체 쓰기는 여전히 가능한가?

책을 쓰겠다는 결심이 선 뒤 책 모양을 갖추기까지 오랜 시간이 걸렸다. 그 이유는 크게 두 가지 때문이었다.

하나는, 아무리 모순과 모호함에 가득 찬 철학이라지만 니체 철학에 대한 적절한 파악과 충분한 거리두기가 필요해서였다. 니체에 관한 시중의 대중서들을 보면, 니체 철학의 전체적인 파악이나 깊은 고찰 없이 니체의 그럴듯한 아포리즘들을 끌어다가 인생의 교훈을 유도하는 책들이 많았다. 그 책들은 니체가 받는 많은 오해나 사실들, 즉 여혐이나 반민주적인 측면들에 대해선 눈을 감은 채 니체의 호기롭거나 달콤한 말들만 인용하고 있었다. 그런 책은 쓰고 싶지 않았다.

고통이나 극한의 허무주의를 이겨내고 삶을 사랑하라는 니체의 아포리즘들은 얼마나 그럴듯한가. 그러나 나로서는 니체의 책들에 엄연하게, 알알이 박혀 있는 문제적 표현들을 외면할 수 없었다. 그 진의와 함의를 파악하고 이해해야만 했다. 그에 대해 균형을 잡아야 했다. 이것이 꽤 어려웠다.

결론적으로 말해, 이 책은 니체를 마냥 찬양하거나 비난하는 대신 그의 삶과 사유를 최대한 깊이 이해하고 서술하며 그 의미를 구하고자 한 흔적들이다. 그의 사유가 가진 독창성이나 의의는 명백히 하되, 여전히 받아들이기 어려운 주장에 대해서는 충분한 거리를 두고 판단하고자 했다.

니체 쓰기가 더뎠던 두 번째 이유는, 이제껏 쏟아진 무수한 니체 관련 책들과는 다른 책을 쓰고 싶다는 소망 때문이었다. 그 많은 책들 중 니체에 대해 다뤄지지 않은 부분, 빈 부분이 분명 있을 것이라고 말이다. 니체에 대해 아직 다루지 않거나 주목하지 않은 빈틈은 없을까? 내가 채우고 덧붙일 만한 빈 곳은 없을까?

그러다가 니체에 대해 내가 쓸 만한 테마, 아직 본격적으로 시도되지 않은 부분을 발견했다. 니체의 철학으로 유명한 예술 작품들을 다시 읽어 보는 작업이었다. 워낙 인기 있는 철학자라 그에게 영향받은 훌륭한 예술 작품들은 그의 사후에 꾸준히 창작돼 왔는데, 그 작품들 속에 니체 철학들이 어떻게 녹아들었는지 규명하고 싶었다. 그것은 철학의 미학화일 수 있고 미학의 철학화 작업일 수 있을 것이다.

그러자 분석하고 싶은, 분석할 만한 작품들 목록이 주욱 떠올랐다. 그 작품들은 니체 철학을 파악하는 데 풍부한 도움을 주면서 니체가 제기한 여러 철학적 문제들을 통해 인생과 세상을 바라보게 해주는 콘텐츠들이었다. 문학과 미술, 음악, 기타의 예술 장르에 대해 지엽적으로 이를 수행한 책들은 있지만 이를 전체적으로 조망한 책은 눈에 띄지 않았다. 남들과 다른 책이 아니라면 책을 쓴다는 것은 무슨 의미가 있단 말인가.

5. 니체와 함께 예술 작품 감상을

웃음 없이, 많이 웃음 없이, 자주 웃음 없이, 아울러 때로는 미친 듯한 웃음 없이 니체를 읽는 것은 니체를 읽지 않는 것과 마찬가지이다.[6]

정치와 사회사상, 철학과 형이상학에서 니체는 이제 빠뜨릴 수 없는 중요한 철학자가 되었다. 그러나 유독 예술과 문학 비평의 방법론으로 쓰인 예는 드물지 않나 싶다. 니체의 철학은 비평과 해석보다는 아방가르드 예술의 창작 영역에 더 많은 영감과 사유를 제공해 온 철학이지 않나 싶었다. 니체로부터 깊은 영향을 받은 문학작품으로부터 연극, 영화를 거쳐 그가 가장 높은 경지의 예술로 친 음악과 그가 무관심하다시피 했던 미술 영역까지를 여기에 다루고자 했다.

이에 따라 책을 크게 두 부분으로 구성했다. 니체의 생애와 철학에 대한 전반적인 정리를 수행한 전반부(1부, 2부)와, 이러한 정리를 바탕으로 우리에게 비교적 친숙한 예술 작품들을 니체의 관점에서 해석해 보고자 시도한 후반부(3, 4, 5부)로 말이다.

전반부는 니체의 저작들을 1차 텍스트로 하고 그와 관련해 국내에 출판된 다수의 책들을 참고해 필자 나름의 시각으로 정리했다. 이를 통해 니체의 고되고 힘들었던 인생, 니체 철학의 배경이 되는 삶의 조건들을 엿볼 수 있을 테고(1부), 다양한 해석과 주장이 난무하는 니체의 핵심 아이디어들을 개괄해 볼 수 있을 것이다(2부).

문학(3부), 연극과 영화(4부), 음악과 미술(5부) 등 다양한 매체의 예술 작품들에 니체의 철학을 적용한 후반부는 여러 논문이나 책들을 참고했지만, 대부분 필자가 선정하고 필자 나름의 해석을 가한 부분이다. 각 분야별, 작품별로 지엽적으로 이루어진 작업을 여기에 종합해 보았는데 나름 하나의 도전이자 모험이었다.

마지막 에필로그 부분에 오늘날 불안과 공포의 분위기 속에 수용되고 있는 AI 문명, 로보사피엔스의 미래를 니체의 눈으로 바라보고 판단해 보려고 했지만, 필자의 능력으론 역부족인 까닭에 간단한 문제 제기 정도에 그칠 것이다.

여기에 다룬 문학, 연극, 영화, 음악 작품들이 니체와 갖는 관련성은 작품마다 상이하다. 어떤 작품은 니체 생전에 니체가 직접 극찬하거나 비난한 것도 있지만, 일부 작품들은 니체를 접한 후대 예술가들이 그로부터 영감을 받아 창작한 작품들이고, 또 다른 작품들은 니체 철학에 입각해 해석의 여지가 있는 작품을 필자가 임의로 고른 것이다. 니체에 의한, 니체와 함께 한, 니체를 위한 작품들로 범박하게 나눌 수 있을 것이다.

부처를 만나면 부처를 죽이고 마르크스를 만나면 마르크스를 죽이란 말이 있듯이, 니체를 만나 내 안의 그를 살해한 기록으로 이 책을 내놓는다. 부처나 마르크스와 마찬가지로 니체의 명성과 권위에 기대거나 주눅 들지 않고, 니체를 내 삶의 도구나 친구처럼 만들고자 니체와 드잡이한 지난 시간은 고되었지만 행복하였다. 니체를 안다는 것과 니체의 말처럼 산다는 것 사이에서 나는 길을 잃고 길을 찾으며 여기까지 왔다.

2024. 06. 이희인.

제1부

니체는 이렇게
니체가 되었다

니체는 평생 몹시 아픈 사람이었다.

더구나 니체는 4분의 3은 앞이 보이지 않는 맹인이기도 했다.

그렇게 불량한 건강상태에도 니체가

삶의 명랑성과 삶에 대한 사랑,

인간을 넘어선 초인을 이야기했다는 사실은 무엇을 의미할까?

1

니체는 몸이 얼마나 안 좋았던 걸까?

니체를 이해하는 열쇠 : 니체의 건강 상태

나 자신의 때도 아직은 오지 않았다. 몇몇 사람은 사후에야 태어나는 법이다.
- 『이 사람을 보라』, p.375

흔히 니체의 철학을 '강함'의 철학, 강한 자를 위한 철학이라 말한다. 착하고 양심적이고 도덕적인 인간이 되기보다 강하고 우수한 인간(초인)이 되라고 가르치는 것이 니체 철학이다. 약한 자들에 대한 동정과 연민, 약한 자들을 위한 헌신의 교리로 가득 찬 종교나 철학사상을 나약하고 위선적인 노예의 도덕으로 싸잡아 비판해 온 것이 니체가 온 힘을 다해 설파한 철학이었다.

그런데 니체의 일생을 다룬 전기를 읽다 보면, 그가 이렇듯 일관되게 '강함'을 주장하는 모습에 아이러니를 느낀다. 흡사 근육질의 몸매를 뽐내며 마초적인 남성성을 자랑했던 일본 작가 미시마 유키오처럼, 니체는 한껏 자신의 건강미를 자랑하는 사람이어야 마땅한 것처럼 보인다.

정작 니체는 평생 갖가지 질병과 장애를 짊어지고 다닌 '걸어 다니는 종합병원'에 다름 아니었다. 그냥 안 좋은 정도가 아니었다. 시력은 거의 반-장애인에 가까웠고 한 번 앓아누우면 며칠씩 거동을 못할 정도로 호되게 병을 앓았다. 역사적으로 유명한 인물 가운데 이처럼 지독한 병마를 평생 앓아 온 사람을 기억해 내기도 쉽지 않다.

그런 사람이 강함의 철학, 삶의 명랑성과 삶에 대한 사랑, 이성과 두뇌보다 육체를 우선시했던 몸의 사상, 인간을 넘어선 '초인'을 이야기했다는 사실은 무엇을 의미할까? 그렇게 불량했던 건강 상태와 그의 긍정의 철학은 어떻게 만날 수 있었을까?

니체가 갖고 있던 병환에 대해서는 여러 증언과 분석이 전해진다. 니체를 평생 괴롭힌 지병의 원인이 그의 부친 카를 루트비히 니체 목사와 그의 가족력에 있다는 견해는 잘 알려져 있다. 1813년 10월 10일 생인 부친 카를 루트비히는 1843년 서른 살이 되던 해에 역시 목사의 딸이었던 프란치스카와 결혼식을 올려 이듬해인 1844년 큰아들 프리드리히 니체를 낳았다.

신앙심과 애국심이 강했던 니체의 부친은 신경질환과 발작 증세를 거듭한 끝에 1848년 가을 병석에 드러누운 뒤 차츰 언어 능력과 시력을 상실하다가 1849년 7월 30일 서른다섯 나이로 세상을 떠났다. 그의 부친보다 조금 더 오래 살았지만, 1844년생 니체가 중대한 정신이상과 발작을 일으키기 시작한 것도 부친의 나이와 비슷한 1888년 무렵 마흔너댓 살 어간이었고 12년 뒤인 1900년 생물학적으로 사망하고 만다.

당시 '뇌연화증'이라는 병명으로 진단된 니체 부친의 병은 오늘날 뇌종양, 뇌 결핵종, 두부 손상에 의한 뇌출혈과 연관이 있는 것으로 보이며, 그밖에도 니체의 부계와 모계 쪽 친척 중에도 '정신이상'으로 사망한 이들에 관한 기록이 남아 있다. 유아기에 사망한 니체의 남동생 요제프 역시 죽기 전에 뇌졸중으로 인한 심한 발작을 일으켰다고 한다.

한 마디로 니체의 부계와 모계 쪽 가족력에 뇌, 혹은 신경과 관련한 질환이 두루 퍼져 전해졌던 것으로 보인다.[7] 니체가 앓은 병을 대체로 '뇌종양'으로 규정하는 견해가 지배적이다. 두개골 안에 악성 종양이 자리 잡아 커지는 증상 말이다.

니체의 일생을 다룬 전기에서 그의 병과 고통에 관한 일화는 무시로 언급된다. 십대 초반, 우리나라로 치면 중고등학교에 해당하는 김나지움에 입학한 시절에도 니체는 건강이 안 좋았던 것으로 보인다. 어린 니체였지만 '구토와 극심한 두통을 자주 겪었고, 눈이 아주 예민해 어떨 때는 일주일 내내 어두컴컴한 방에 누워서만 지냈다'고 기록돼 있다.[8]

선천적으로 몸이 쇠약했던 니체지만, 평생을 따라다닌 그의 병환에 대한 다른 이야기도 전해진다. 1870년 프랑스-프로이센 전쟁이 벌어졌을 때 청년 니체는 조국에 대한 의무를 다하기 위해 전쟁에 위생병으로 자원입대한다. 당시 매우 이른 나이에 스위스 바젤대학교의 교수가 된 입지전적인 소장학자였던 니체의 입대는 순전히 애국심과 정의감에 의한 것이었다.

그러나 수많은 인명이 살상되는 걸 목격한 참혹한 전쟁을 통해 니체는 정신적으로는 반전, 반군국주의, 반-비스마르크주의자가 되었고, 육체적으로는 이질, 혹은 디프테리아로 진단된 감염병에 걸려 목숨이 위태로운 지경에까지 이르렀다.

감염병을 치료하기 위해 당시 니체가 받은 처방은 질산은과 아편, 탄닌산 관장제 등이었는데, 이는 환자의 장기에 평생 악영향을 주는 치명적인 처방이었을 뿐 아니라 니체 자신에게 나쁜 약물 습관을 들이는 계기로 작용했다. 감염병으로 인해 니체는 입대 수개월 만에 조기 제대해 가족이 있는 나움부르크로 돌아올 수 있었지만 전쟁이 남긴 공포와 트라우마, 그리고 장기 손상과 황달, 불면증, 구토. 치질, 구강 출혈도 함께 가지고 돌아왔다.

니체의 질병과 관련해 전설처럼(?) 전해지는 다른 이야기도 있다. 니체가 본Bonn대학교에 다니던 1865년 2월 무렵, 그가 속한 프랑코니아라는 청년단체를 통해 쾰른을 여행한 적이 있는데, 그곳에서 우연치 않게 사창가에 가게 되었다는 것이다. 별다른 일 없이 그곳을 빠져나왔다는 니체의 증언과는 달리 니체에 관한 문헌이나 전기에서는 그가 여기서 매독이나 임질 같은 성병에 걸렸고 이를 통해 정신병이나 다른 건강 문제가 발생했다고 설명한다.

니체 스스로 정신이상을 얻은 생의 후반기에 자신이 그곳에서 '두 번 감염된 적 있다'는 말을 남겨 논란의 불씨를 남겼다. 니체의 전기작가 수 프리도 Sue Prideaux는 임질의 가능성을 언급하고 있으나 니체 당대부터 지금까지 주로 매독에 의한 감염으로 전해져 왔고, 사창가 사건은 그 진위에 대해 여전히 논란 중에 있다. 노벨문학상 수상 작가인 토마스 만 Thomas Mann은 니체를 모델로 중세 파우스트 전설을 새롭게 구성한 장편소설『파우스트 박사』를 집필했는데 사창가 사건을 그 중심 소재로 활용하고 있다.

아무튼 니체는 평생, 몹시 아픈 사람이었다. 그의 전기 곳곳에 그가 얼마나 심하게 앓았는지, 거의 죽음 가까이 간 것도 수도 없을 정도였다는 기록이 심심치 않게 등장한다. 대학교수직을 그만두고 그의 중기 대표작으로 불리는『인간적인 너무나 인간적인』을 쓸 무렵인 1879년 한 해는 365일 중 118일간 극심한 두통으로 아무것도 할 수 없었다고 기록했다. 그해 12월 24일에는 갑자기 쓰러져 사흘 뒤에는 의식을 완전히 잃기도 했다.

1887년 니체 철학에 큰 관심을 보였던 덴마크의 문예 비평가 게오르그 브라네스 Georg Brandes에게 보낸 편지에서 니체는 '저는 4분의 3은 앞이 보이지 않는 맹인입니다'라고 덧붙이기도 했다. 1879년 건강을 이유로 바젤대학의 교수직을 사임한 뒤, 궁금한

가운데 대표작 『차라투스트라는 이렇게 말했다』(이후 『차라투스트라』로 표기함)의 3부와 4부를 집필하던 1884년 어간의 니체의 건강 상태는 다음과 같았다.

니체의 건강은 급격히 나빠졌다. 그는 눈 때문에 몹시 고통스러워했고, 며칠씩 이어지는 구토로 괴로워했다. 의사들은 그의 눈에 대한, 혹은 망가진 위장에 대한, 혹은 불면증 치료에 대한 별다른 해법을 주지 못했다. 니체는 다시 자가 투약을 시작했다. 불면증과 불안감을 줄여준다는 강력한 최면제인 포수클로랄에 과하게 의존했다. 그런데 이 약물은 잘못 복용하면 메스꺼움과 구토, 환각, 정신 착란, 경련, 호흡 및 심장 이상 등의 증상이 나타난다. 니체가 그 약을 먹는 이유가 바로 그런 증상들을 가라앉히기 위해서였는데 말이다.[9]

이런 상태였건만 니체는 자신의 건강과 고통에 대해 자괴하거나 염려하거나 저주하는 글을 공식적인 저작에 거의 남기지 않았다. 오히려 반대였다. 자신의 건강에 대한 니체의 긍정, 정신 승리는 놀랍기까지 하다. 앞서 말한 브라네스에게 보낸 자기소개서에 니체는 자신이 '병 덕분에' 그 자신, 니체가 되었다고 말했다.

결국 제 병은 제게 가장 큰 도움이 되었습니다. 병은 저를 해방시켜주었고, 나 자신이 될 용기를 주었으니까요.[10]

'그를 죽이지 못하는 것은 그를 더욱 강하게 만든다'(『이 사람을 보라』, p.335)던 유명한 말은 니체가 늘상 품고 있던 생각인 것 같다. 같은 책에서 니체는 '나의 삶에서 가장 아팠고 고통스러웠던 그 시절에 내가 느꼈던 행복보다 더 큰 행복을 나는 결코 가져 보지 못했다'(『이 사람을 보라』, p.410)고 적었다.

3/4에 가까운 맹인이고 평생 만성 두통과 메스꺼움, 구토를 달고 다니면서, 또 한 번 아프면 며칠씩 앓아눕는 사람이면서, 니체는 '덤벼라, 세상아!'의 기세로 운명을 긍정하고 삶을 사랑하며 살았다. 자신은 인간이 아니며 '다이너마이트'라고 말하는 니체를 생각해 보라.

니체는 1889년 1월 3일, 반 년 동안 머무르던 이탈리아 토리노에서 발작을 일으키며 정신적으로 사망하고 만다. 마부에게 채찍질 당하는 말을 부둥켜안은 채 쓰러진 니체는 그 뒤 맑은 정신으로 되돌아오지 못했다. 그러나 이는 그날의 우발적인 사건이 아니었다. 바로 전 해인 1888년, 토리노에서 '초인'같은 '힘'으로 (시집, 『디오니소스 찬가』까지) 6편의 저작을 써낸 니체는 그해 연말 지인들에게 보낸 크리스마스 안부 편지들에다 엄청난 망상증을 보이며 정신적 사망의 조짐을 드러냈다.

니체의 절친이었던 프란츠 오버베크 Franz Overbeck가 그의 편지를 보고 니체를 바젤의 정신병원으로 데리고 오려던 참이었다. 지인들에게 보낸 편지에 적힌 말들을 보면 가족력에 의한 뇌종양이든, 매독이나 임질에 의한 뇌질환이든 그의 정신적 죽음은 임박해 있던 것으로 보인다. 성탄 전후 보름가량 쓴 편지들에 니체가 적은 말들은 이렇다.[11]

- 거의 모든 면에서 어머니의 늙은 아들은 대단히 유명한 인물이 되었습니다.(어머니 프란치스카에게)
- 세상은 앞으로 몇 년간 혼란에 빠질 겁니다. 옛 신이 물러났고, 제가 이제부터 세상을 지배할 테니까요.(카를 훅스에게)
- 친구여, 이제 두 달 후면 나는 지구상에서 가장 유명한 사람이 될 걸세.(오버베크에게)
- 저를 찾은 것은 위대한 공적이 아닙니다. 어려운 것은 저를 잃는 것이죠. -십자가에 매달린 자.(게오르그 브라네스에게)
- 코지마 바그너에게, 아리아드네여, 당신을 사랑하오. - 디오니소스.(코지마 바그너에게)
- 제가 프라도입니다. 또한 프라도의 아버지입니다. (…) 저는 샹비쥐[12]이기도 합니다. (…) 바젤 사람들이 저를 더 존경하게 만들 이 편지를 어떻게 이용하셔도 좋습니다.(야코프 부르크하르트에게)

니체는 그로부터 11년을 더 살았다. 육체적으로만.

2

니체의 책들은 도대체 얼마나 팔렸을까?
무명의 저자에서 유명한 철학자가 되기까지

자! 이런 자들만이 나의 독자이고, 나의 정당한 독자이며, 예정된 나의 독자
이다. : 그 나머지는 뭐가 중요한가? - 그 나머지는 한갓 인간일 뿐인데.
- 『안티크리스트』 서문, p.214.

1888년 쓰인 니체 최후 저서 중 하나로, 그의 철학적 자서전으로 읽히는 '에케 호모 Ecce Homo', 즉 『이 사람을 보라』(1888)는 니체 입문서로 자주 추천되는 책이다. 니체의 다른 책들보다 덜 어렵기도 하거니와 니체가 자신의 각 저서에 담고자 한 것들, 집필 당시 생각들을 회고하는 내용이 서술되어 있어 니체를 알고자 하는 입문자에게 더없이 맞춤한 책이다.

그러나 『이 사람을 보라』의 목차를 보는 그 누구도 아찔함 내지 실소를 자아낼지 모른다. 그 목차란 게 이렇다. '나는 왜 이리 현명한가', '나는 왜 이리 영리한가', '나는 왜 이리 좋은 책을 쓰는가'…. 그리곤 데뷔작 『비극의 탄생』부터 출간 순서에 따라 자신

의 저서들을 회고하는 내용이 이어진다. 자백도 이런 자백이 없다. 니체답다. 이런 글, 이런 문체가 어울리는 사람이 니체가 아니라면 누가 있겠는가. 한편으론 책을 쓸 당시 니체의 정신 상태를 가늠해 볼 수 있는 소제목들이기도 하다. 1888년 니체의 내면 풍경이 그러했다.

그토록 현명하고 영리한 니체가 쓴 10여 권의 좋은 책들. 그 책들은 그렇다면 니체 생전에 얼마나 팔렸을까? 니체의 시간으로부터 120여 년이 훌쩍 지났고, 니체의 나라로부터 수천 km 떨어진 여기 동아시아의 대한민국에서도 거듭 번역되고 거듭 팔리는 베스트셀러 작가인 니체의 책들은 당대에도 그렇게 팔렸을까?

결론부터 말하면, 그의 책들은 마땅한 출판사를 찾지 못해 니체가 자신의 주머니를 털어 자비출판을 해야만 했던 것들이 대부분이었다. 데뷔작이자 나름 성공작이라고 할 수 있는 『비극의 탄생』도 1872년 초판으로 출판된 800부 중 625부만 팔렸는데 그렇게 팔리기까지 6년이 걸렸다.[13]

1876년 시작해 1879년 완성한 중기의 야심작 『인간적인 너무나 인간적인』 역시 1879년이 저물 때까지 100부 가량이 팔렸을 뿐이다. 출판업자는 몸이 성치 않았던 니체가 긴 글을 쓰기 힘들어 어쩔 수 없이 이 책에서 시도한 아포리즘적인 글쓰기를 더 이상 쓰지 말라고 경고하기도 했다.[14] 대표작 『차라투스트라』의 해설서 격인, 그 역시 1886년 자비로 출간한 『선악의 저편』 또한 그해가 끝나갈 무렵까지 114부 정도가 팔렸다.[15] 그렇다면 오늘날 가장 많이 읽히는 철학서이자 에세이인 『차라투스트라』의 사정은 어땠을까?

『차라투스트라』의 3부는 출판사 슈마이츠너가 니체를 위해 11번째로 출판한 책이었다. 그중 어느 책도 돈이 된 건 없었다. 슈마이츠너는 책을 낼 때마다 1천 부씩 인쇄했다. 『차라투스트라』는 권마다 100부도 팔리지 않았다. 당연히 책을 계속 내겠다고 하는 것이 더 이상한 일이었다.[16]

다른 책들도 크게 다르지 않았다. 요즘같이 책을 읽지 않는 시대라면 이 정도 판매 실적을 갖고 다음 책을 내는 일은 거의 불가능에 가까운 일일 것이다. 이런 인기 없는 저자에게 출판을 허락할 출판사가 어디 있겠는가.

그 뒤 1884년에 완성한 『차라투스트라』 4부도 출판업자를 찾지 못해 자비출판을 한다. 1886년 『선악의 저편』 역시 자비로 출판한다. 1887년 집필하여 완성한 『도덕의 계보』 역시 자비출판이다. 오늘날 가장 유명한 책들의 하나인 니체의 주요 저서들이 모두 자비출판의 형식으로 세상에 빛을 보게 된 것이다.

니체는 어쩌자고 생전에 잘 팔리지도 않을 책들을 이토록 열심히 쓰고, 또 열심히 출판한 것일까? 스스로 말했듯 이 책들이 인류를 위한 자신의 선물이며 당장은 이해받지 못하더라도 100년 뒤에는 틀림없이 이해될 것이라는 강한 확신이라도 갖고 있었던 것일까?

그렇다면 오늘날과 같은 니체 열풍은 언제부터 불기 시작한 것일까? 니체는 생전에 완전한 무명 속에 있었던가? 꼭 그렇지만은 않은 것 같다. 니체 당대에도 그의 철학과 저서의 독창성을 알아본 사람들은 많았고, 그 숫자는 차츰 불어났다.

나중에 니체로부터 '페터 가스트Peter Gast'라는 이름을 얻게 되는 작곡가 지망생 하인리히 쾨젤리츠Heinrich Köselitz는 니체의 데뷔작 『비극의 탄생』을 읽은 직후부터 니체의 충실한 제자와 대리인이 되어 평생 몸이 좋지 않았던 니체를 위해 니체 곁에서 읽고 쓰는 일을 돕고, 니체 사후에는 그의 유고와 전집을 출판하는 데 헌신한다. 그리고 니체에게 호감과 관심을 가졌던 작곡가 리하르트 바그너Richard Wagner와 작가 루 살로메Luíza Salomé 역시 비록 오래 지속되는 관계로 나아가진 못했지만 니체의 독창성을 일찌감치 알아본 사람들이었다.

니체에 대한 인지도는 특히 그의 말년에 꾸준히 상승했다. 1888년 4월에는 니체 사상에 관심을 갖게 된, 당시 북유럽에서 가장 저명한 비평가이기도 했던 덴마크의 게오르그 브라네스 교수가 코펜하겐 대학교에서 두 차례에 걸쳐 니체 강연을 진행했는데 이 강연이 나름 폭발적인 반응을 얻었다.

니체 정신의 마지막 해로 기록된 1888년에 집필한 『니체 대 바그너』나 『우상의 황혼』, 『이 사람을 보라』 등은 그래도 출판사를 찾은 모양이다. 그러나 니체는 1889년 1월 3일, 토리노의 광장에서 정신적으로 사망하면서 자신의 책들이 차츰 세상에 빛을 보는 과정을 끝내 지켜보지 못했다.

1891년이 되면 서서히 일어나고 있는 니체 신드롬을 책 판매로 이어가기 위해 니체 책의 출판업자가 주요 저서들의 2판을 찍고자 했고, 1893년에는 니체에 쏟아진 국제적인 관심에 주목하며 여동생 엘리자베스가 오빠의 책을 독점하고자 니체 문서보관서를 설립하기에 이른다. 니체의 집에 마련된 문서보관서는 엘리자베스에 의해 사교계 살롱 역할까지 하며 유명한 장소가 된다. 그 2층에서, 때때로 대소변도 가리지 못하게 된 광인 니체가 짐승의 울음소리를 내어 살롱의 손님들을 놀라게 하면서 말이다.

이탈리아 토리노의 광장에서 발작을 일으켜 정신적으로 사망한 1889년 1월 3일 이후부터 그가 육체적으로도 삶을 끝마친 1900년 사이만 해도 니체와 그의 저서에 대한 유럽 사회의 관심은 여러 곳에서 확인된다.

걸작 SF영화 〈2001 스페이스 오디세이〉의 오프닝 시퀀스에 쓰여, 이후 무수한 영화와 광고, 영상 콘텐츠에 널리 쓰이게 된 리하르트 슈트라우스Richard Strauss의 교향시 〈차라투스트라는 이렇게 말했다〉가 작곡된 것이 1896년의 일이다. 작곡가 슈트라우스는 철학 강의와 저서를 통해 니체로부터 강렬한 인상을 받아 곡을 작곡했다고 밝혔다.

니체 열풍이 가장 먼저 불어 닥치기 시작한 곳은 독일과 멀지 않은 북유럽이었고, 그 맨앞에 선 사람이 앞서 언급한 덴마크의 브라스네 교수였다. 그리고 노르웨이의 대표 화가 에드바르 뭉크 Edvard Munch 역시 니체의 저서와 철학에 일찌감치 영감을 받은 사람이다. 그보다 앞서 1893년 당시 유명했던 스웨덴의 극작가 아우구스트 스트린드베리 August Strindberg가 니체 철학에 영향을 받은 심리극인 〈미스 줄리〉를 발표했고, 당시 친분이 있던 뭉크에게 니체의 책들을 소개해 준 것이다. 니체 철학에 영향을 받은 것으로 보이는 뭉크의 대표작 〈절규〉는 신의 죽음이 선고된 당대 실존주의적 공포를 담아낸 작품으로 언급된다.[17]

니체의 초상화를 위해 뭉크는 몇 개 습작품을 남겼지만 가장 유명한 작품은 니체 사후 6년이 지난 1906년에 그린 초상화다. 〈절규〉의 배경과 비슷한 느낌을 자아내는 풍경 앞에 깊은 사색에 잠긴 니체를 화폭에 그려 놓았다.

1905년 러시아 모스크바 극장에서 초연된 안톤 체호프 Anton Chekhov의 마지막 희곡 작품 〈벚꽃동산〉에는 다음과 같은 구절이 등장한다.

삐시치끄 / 니체… 철학자… 그 위대하고 유명하며… 대단한 두 뇌를 가지고 있는 사람이 자신의 저서에서 이렇게 말했지. 위조

지폐를 만들 수도 있다고.

뜨로피모프 / 아니, 니체를 읽어 봤나요?[18]

1차 세계대전이 막바지로 접어든 1917년에서 1918년 사이, 니체의 『차라투스트라』가 6만 5천 부 팔렸다는 기록이 있다.[19] 니체의 여동생 엘리자베스가 주도한 니체 마케팅이 전쟁의 참화에 시달리던 독일 사람들에게 제대로 먹혀들었다는 얘기다.

생전에 출판사조차 구하지 못해 자비출판에 주로 의지해야만 했고, 그 저서들마저 초라한 판매부수를 기록했던 니체의 책들. 그러나 그가 지른 사유의 불길은 그가 육체적 생명을 다하기 이전에 이미 유럽을 넘어 러시아와 세계 각지로 번져갔고, 사후 채 10년도 안 되어 중국과 일본을 거쳐 조선 반도로도 유입되어 동아시아 지식인들에게까지 큰 영향을 미치게 된다.

1889년 초 니체는 완전히 미쳐 있었다. (…) 그러나 얼마 후 그는 엄청난 성공을 거두게 된다. 그 후로 몇 년 동안 그의 책들은 여러 언어로 번역 출간되었고, 토마스 만의 찬사를 받았으며, 무솔리니도 의회에서 그를 인용하곤 했다. 한편 뭉크는 그의 초상화를 그렸고, 슈트라우스는 그에 관한 음악을 만들어 유럽과 미국에서 순회공연을 다니며 연주하기도 했다. 주로 우파 지식인과 정치인들이 그의 작품을 읽었고, 나중에는 파리, 뉴욕, 로스앤젤레스 등지에서 진보적 중상류층들이 다니는 살롱에서 영웅으로

대접받았다.[20]

니체 자신이 장담한 대로 그의 이름은 후대로 갈수록 빛을 보게 되었고, 그가 육체적으로 사망하기 전에 이미 세상에서 가장 유명한 철학자, 작가가 되어 있었다. 다만 그 자신이 그 사실을 알지 못했을 뿐이다. 정신적 붕괴가 일어나기 직전부터 서서히 팔리기 시작한 그의 책들은 곧 20세기의 예언서 아닌 예언서가 되었다.

『차라투스트라』가 니체 말대로 그가 '인류에게 지금까지 주어진 그 어떤 선물보다 가장 큰 선물'(『이 사람을 보라』, p.326)이 되었는지는 알 수 없지만, 이 책을 포함한 니체의 책들은 20세기를 만든 중요한 책이 되었을 뿐만 아니라 오늘날에도 널리 읽히며 세상에 영향력을 행사하고 있다. 그런데, 참으로 궁금하다. 니체는 어떻게 자신이 이렇게 유명한 사람, 엄청난 영향력을 미치는 사람이 될 것을 알았단 말인가?

나는 내 운명을 안다. 언젠가는 내 이름에 어떤 엄청난 것에 대한 회상이 접목될 것이다. - 지상에서의 전대미문의 위기에 대한, 양심의 비할 바 없이 깊은 충돌에 대한, 지금까지 믿어져 왔고 요구되어 왔으며 신성시되었던 모든 것에 대한 거역을 불러일으키는 결단에 관한 회상이. 나는 인간이 아니다. 나는 다이너마이트이다.(『이 사람을 보라』, p.456)

3

니체는 정말 여성을 혐오했을까?
니체의 여성 경험, 그리고 새로운 페미니즘 사이에서

복수하거나 사랑할 때 여성은 남성보다 야만적이다.
- 『선악의 저편』, p.123.

니체는 자신의 여러 책에서 다양한 사람들이나 현상들에 대한 상반된 의견을 표명하기로 유명하다. 『비극의 탄생』에서 그토록 소크라테스를 성토하면서도 다른 책 어디에선가는 그를 옹호하기도 하고, 『안티크리스트』에서 기독교를 노예 도덕에 의한 원한이 만든 사악한 무리로 몰아가면서도 그 종교를 창안한 예수 그리스도에 대해서는 그의 훌륭함을 인정했다.

니체의 상반되고 모순된 발언들 가운데서도 한데 모아두면 일관성이라곤 아예 없다고 판단될 만한 주제가 '여성'이 아닐까 싶다. 많은 저작에서 여성을 호되게 폄하하면서도 일부 저작들에서는 여성을 남성보다 높은 존재, 심지어 '진리'와 같은 존재로 추어울리기도 했으니 말이다.

이런 일관성 없는 발언들은 니체의 여성 편력, 아니 여성 경험과 어떤 관계가 있을까? 바그너의 아내가 된 코지마 바그너^{Cosima} Wagner나 (릴케, 프로이트가 사랑한 여인이기도 했던) 루 살로메처럼 주변의 매우 독립적인 여성들, 관습에 얽매이지 않고 뛰어난 지성을 보인 여성들을 흠모했던 니체의 여성 편력이 니체의 여성에 대한 생각과 어떻게 맞물려 있는지는 알 수 없다.

그의 전기에 혹시라도 언급되지 않은 사항이 있을지 몰라 챗-GPT(3.5)에 다음과 같은 질문을 던져 보았다.

"니체의 여성 편력, 혹은 니체와 교제나 교류 관계가 있었던 여성에 대해 설명해 줄 수 있니? 한 사람도 빼먹지 말고 전부 다 알려줘야 해."

그러자 다음 같은 답변과 함께 3명의 여성을 언급했다.

"니체의 삶에서 여성 편력은 그리 많지 않았습니다. 그러나 그의 삶에 영향을 끼친 여성 중의 일부는 다음과 같습니다."

챗-GPT가 알려준 여성은 리자 폰 셸리겔, 카롤라트 린더, 엘리자베스 푀르스터 니체, 세 여성이었다. 나의 똑똑하지만 엉성한 AI 친구는 그 답변의 마지막에는 제법 그럴듯한 결론을 덧붙여 주었다.

"니체는 대체로 혼자 사는 삶을 선택하였고, 그의 주된 관심사는 철학적 고찰이었습니다."

결론은 참고할 만했지만 전반적으로 난감한 대답이었다. 니체가 흠모한 코지마 바그너를 빼먹은 건 그렇다 쳐도 매우 중요한 여성들조차 인공지능 친구의 진술에서 빠져 있다. 다시 질문했다.

"루 살로메도 있지 않아?"

그러자 돌아온 대답.

"네 맞습니다. 제 답변에서 루 살로메를 빠뜨려 죄송합니다. (…) 루 살로메는 니체와도 교류가 있었고, 더불어 페더리히(프리드리히의 오류?) 니체와도 어떤 정도의 연관성이 있었습니다. 살로메는 니체의 철학에 관심을 갖고 있었고, 그의 영향을 받아 자신만의 철학적 생각을 발전시켰습니다."

챗-GPT가 빼놓지 않고 언급한 엘리자베스와 인공지능 친구가 빼먹은 루 살로메에 대한 이야기는 니체의 여성 편력과 여성관을 이해하는 데 중요한 부분이다.

먼저 루 살로메를 보자. 니체는 1882년 4월 절친이었던 파울 레^{Paul Le}를 통해 로마에서 루 살로메를 처음 만나게 된다. 니체의 머릿속에 새롭게 떠오른 '영원 회귀'에 대한 아이디어가 그를 집어삼킬 무렵이었다. 그녀를 먼저 흠모한 파울 레와 함께 루 살로메를 만난 니체는 첫눈에 그녀에게 반하게 된다. 훗날 살로메의 증언에 의한 것이지만, 니체는 루를 만나자마자 이렇게 말했다.

"우리는 어느 별에서 우연히 떨어져 이곳에서 만났을까요?"

이에 대한 루의 대답은 몹시 쿨했다.

"취리히요."[21]

아마도 니체 전 생애를 통해 진지하게 청혼을 한 여성은 루 살로메가 유일할 것이다. 그러나 루는 니체의 청혼을 받아들이지 않았다. 다만 그렇게 가까워진 니체와 루 살로메, 파울 레는 기묘한 삼각관계, 혹은 동거관계를 유지하며 몇 개월을 함께 지낸다. 당대의 관습을 벗어난 자유로운 정신을 추구한 이들은 일종의 '삼위일체 지성공동체'를 추구하며 지극히 정신적인 관계와 사랑을 추구했다.

그러면서도 파울 레는 물론 니체 역시도 내심 루와 단 둘만의 시간을 원했다. 니체는 자신의 철학을 이해해 줄 영적인 제자, 영혼의 동반자를 갈구해 왔는데 루 살로메가 바로 그런 사람으로 보였던 것이다. 곧 그 소원이 이루어진다.

살로메와 단 둘이만 있고 싶다던 니체의 꿈은 중부 독일의 튜링엔 숲 속에 그림처럼 놓인 마을인 타우텐부르크에서 어느 정도 이루어진다. 니체의 여동생이 살로메와 같은 방을 쓰기는 했지만 1882년 8월 7일 저녁부터 8월 26일까지 19일 간의 대부분의 시간을 니체는 자신이 세심하게 준비하여 중간에 쉴 의자들도 깔아놓은 산책길을 살로메와 거닐고 대화하며 지낸다. 니체는 처음으로 자신이 완벽하게 이해되고 있다고 생각하고 자신이 애타게 찾던 정신적 상속인에게 하루 10시간씩 자신의 사상과 감정을 토로한다.[22]

니체는 당시 자신의 머릿속에서 맛있게 숙성되어가던, 또 아직 누구에게도 얘기한 적이 없었던 '영원 회귀'에 대한 아이디어를 한껏 우쭐해 그녀에게 설명했다. 그와 함께 문체에 대한 생각, 다윈의 진화론과 무신론, 당대 자연과학 등에 대해 지적이면서 용감한 16세 연하의 여성 제자와 교감을 나누었고 루 살로메 역시 만족할 만한 호응을 보여주었다.

이 시간이 니체 전 생애에 걸쳐 가장 행복했던 순간이었을 것이다. 얼마 뒤 삼위일체 지성공동체에서 니체만 빼고, 루 살로메와 파울 레가 베를린으로 애정의 도피 행각을 범하기 전까지는 말이다. 행복이 컸던 만큼 루와 레의 도피 행각, 그리고 이런 방식으로 급작스레 이루어진 이별 뒤에 니체는 정신적 나락을 경험한다. 수없이 자살을 생각하고 클로랄이라는 약물을 비롯해 아편에 몸을 맡기는 등 인생의 가장 큰 시련기를 맞는다. 그런 상태로 이듬해 1883년 1월 단 열흘 만에 『차라투스트라』 1권을 완성했다. 육체의 병뿐만 아니라 마음의 깊은 상처도 니체에겐 무언가를 창조할 에너지가 된 것일까.

니체와의 일이 있은 뒤 루 살로메는 많은 지식인 남성과의 지적인 교류, 그리고 다른 남성들과 성적인 관계를 유지하며 자유로운 삶을 이어간다. 1895년부터 몇 해 동안은 15살 연하의 시인인 라이너 마리아 릴케의 우상이자 연인이 되기도 했고, 1915년엔 학회에서 우연히 만난 지그문트 프로이트와 깊은 친분을 유지하며 살아간다.

　루 살로메가 니체 일생에 있어 가장 영향력이 컸던 여성이었다는 점은 니체의 여성관을 이해하는 데 한 실마리를 제공해 준다. 사실 '여성 편력'이라는 말은 니체에게는 어울리지 않는 말일지도 모른다. 그에게 '편력'이라고까지 할 만한 연애 경험, 여성 경험이 있었을까 싶다. 그가 잠시 흠모하고 사랑했던 여성도 있었고 니체에게 연민의 감정을 느낀 여성도 몇 명 있었던 것 같다.

　그러나 니체는 자신의 철학을 이해하고 자신과 '말이 통하는' 여성들을 갈망했고, 한편으로는 그의 지친 심신을 위무해줄 모성애적인 관계의 여성을 동경하기도 했다. 그가 진정 흠모했던 여성이 있었다면 루 살로메와 함께 그가 '나의 아리아드네'라고 부르며 생의 마지막 순간까지 사랑하는 마음을 전한 바그너의 부인 코지마 바그너 정도였을 것이다.

　니체의 '여성들'에 대한 챗-GPT의 답변에서 가장 인상적이면서도 난감한 대목은 니체의 여동생 엘리자베스 푀르스터를 언급한 부분이다. 주변 인물 중 니체와 가장 가까우면서 복잡한 인물, 오늘날 니체 신화를 만드는 데 가장 큰 공헌과 함께 씻을 수 없는 해악을 끼친 인물이 엘리자베스이기 때문이다. 니체가 같은 것이 영원히 반복된다는 '영원 회귀' 사상을 끔찍하게 여겼다면, 그의 주변에 늘 함께 있던, 영원히 함께 있을 것만 같던 (어머니와) 여동생 때문이었을 것이라는 말이 있을 정도다.

니체보다 두 살 아래인 엘리자베스 푀르스터는 니체만큼 똑똑하긴 했지만 그와는 다른 쪽으로 머리가 잘 돌아간 여성이었다. 니체는 여동생이 당시 여성의 지위가 갖는 한계를 뛰어넘어 독립적이고 지적인 여성이 되길 바랐다. 그러나 엘리자베스는 제대로된 교육을 받았다 해도 그것을 기꺼워하지 않았을 것이며, 무지하면서도 따분하게 사는 삶, 니체가 주장하는 도전적인 삶과는 여러모로 반대편에 선 삶을 추구했다고 할 수 있다.

아이러니하지만, '신여성'으로서의 삶을 거부하고 멸시하는 안티 페미니스트이자 대표적인 안티 니체주의자가 엘리자베스였다고 할 수 있다. 그러면서도 성인이 된 이후 자신의 오빠가 갖고있는 명성과 가능성을 누구보다 재빨리 파악하고 1889년 니체가 정신의 암흑기로 들어갔을 때부터, 그리고 니체가 사망한 후엔 더 적극적으로 오빠의 저작과 명성을 자신의 성공과 욕망을 위해 왜곡하고 이용한 사람이 엘리자베스였다.

엘리자베스는 니체가 바젤대학의 젊은 교수로 있을 무렵부터 니체 곁에 바짝 붙어 함께 살았다. 1870년 4개월, 1871년 6개월, 1872년, 73년, 74년에도 몇 달씩을 니체 곁에서 지냈다. 이런 사실 때문에 사람들은 니체와 여동생 간의 관계를 의심했고 심지어 남매를 수상한 애정의 관계, 나아가 근친상간의 관계로까지 몰아가기도 했다.

지난 2000년에 니체의 자서전이라며 출간된 『여동생과 나』라는 제목의 책은 니체가 죽은 지 100년이 지난 시점에 나온 책으로, 우리나라에도 번역돼 출판되었다. 그러나 이 책은 니체 전문가들에 의해 위작으로 규정되었고, 책의 실제 저자인 새뮤엘 로스라는 작가는 감옥을 제 집처럼 드나들던 사기꾼으로 밝혀졌다.[23] 그럼에도 이 책은 여전히 출판되고 있는데, 니체에 대한 관심이 여전히 그만큼 높다는 걸 반증하는 증거인 셈이다.

니체로 하여금 엘리자베스에 대해 결별의 감정을 품게 한 결정적 사건은 그녀의 결혼과 배우자였다. 1876년 바이로이트 축제에서 푀르스터라는 극우주의자를 만난 엘리자베스는 그와의 교류가 있은 뒤 약혼과 결혼을 감행한다. 독일을 파괴하는 유대인들에게 투표권을 빼앗아야 하고, 유대인 이민자를 받지 말거나 추방해야 하며, 유대인 법조인, 의사 등을 몰아내야 한다는 등의 '반유대인 청원'을 낸 극우, 국수주의자였던 푀르스터를 니체와 그의 어머니는 달가워하지 않았고 어떻게든 둘의 결혼이 성사되지 않도록 노력했다. 그러나 두 사람은 결혼했다.

엘리자베스는 남미의 파라과이로 떠나 그곳에 독일 식민지를 개척하고자 했고 독일 전역을 돌며 반유대주의, 인종주의, 독일 순수주의를 선전하는 편집광적인 국수주의자 푀르스터의 사상에 동조했는데, 니체는 결코 이들을 받아들일 수 없었다. 사후의 니체가 히틀러에게 이용당했을 때 바로 이러한 사실을 들어 니체가 결코 나치스트나 인종주의자가 아니었다는 증거로 거론되기도 한다.

니체와 여동생 엘리자베스와의 진정한 악연은 니체가 자신의 저작과 유산에 대한 아무런 영향력을 발휘할 수 없게 된 이후 절정에 달한다. 1889년 니체가 정신질환에 빠진 이후, 니체를 보기 위해 니체의 집을 찾은 사람들을 엘리자베스가 맞이하였고 니체는 그 손님들에게 일종의 전시물이 되었다. 엘리자베스는 니체의 문서와 자료들을 독점하고자 니체 문서보관서를 세운다.

니체 사후 엘리자베스가 저지른 일들은 니체의 명성을 나락으로 빠뜨리는 경악스러운 것이었다. 엘리자베스는 오빠가 남긴 메모와 유고들을 자신의 입맛에 맞게 선택하고 편집하여, 1901년 미완의 저작인 『힘에의 의지』를 니체 전집 15권으로 출간했다.

책에 포함시킨 483개에 달하는 '아포리즘을 구성하는 메모와 초안은 니체가 출판은 고사하고 누군가 읽기를 바라고 쓴 것이 아니'었다.[24] 따라서 엘리자베스가 출판한 『힘에의 의지』는 니체의 의중과 견해를 전혀 대변하지 않는 것이었으며, 따라서 매우 저열하고 뻔뻔한 작업이었다. 이 조작과 사기 행각에 대해, 1937년 칼 쉴렉타라는 학자가 처음으로 이를 폭로했다.

엘리자베스 푀르스터는 자기가 필요하다고 생각한 원문에 대해서는 그것을 조작하고 위조했다. 그녀는 니체의 편지 어느 한 지점에다 잉크로 얼룩 지우기도 했고, 그뿐만 아니라 언짢은 문장을 발견한 곳에서는 편지의 수신인을 다른 사람으로 바꿔놓기도 했으며, 경우에 따라서는 언짢은 부분들을 자르거나 뜯어내기도 했고, 원문에서 뽑아낸 부분들 모두를 양초로 불태우기도 했다.[25]

그녀는 자신의 죽은 오빠를 게르만 민족주의의 우월성을 찬양하고 이를 철학적으로 정립한 작가로 둔갑시켰고, 이를 나치와 히틀러에게 바쳤다. 히틀러는 집권한 뒤, 자신과 나치의 정치 철학을 세우는 데 니체 철학이 더없이 적합하다는 사실을 간파했고 1933년 니체 문서보관서를 직접 방문하기도 했는데, 이때 엘리자베스는 니체의 지팡이를 히틀러에게 선물한다. 1935년 엘리자베스가 사망했을 때 히틀러는 그녀의 장례식에 참석해 화환을 바치기도 하였다. '히틀러의 철학자' 니체의 신화는 그렇게 탄생했다.

니체가 진정 여성 혐오자였는지 아닌지는 모르지만, 그의 책 여러 곳에 여성을 혐오하는 표현을 많이 남긴 것은 부정할 수 없는 사실이다. 특히 평생을 그의 곁에 가까이 있었던 두 여성, 어머니와 동생 엘리자베스 때문에 시름시름 앓게 될 때마다 여성에 대한 혐오적인 표현이 분출했다고 한다.

'여자에게 간다고? 그렇다면 채찍을 잊지 말게!'라는 말이나

'욕정에 가득 찬 여자의 꿈에 빠지기보다 살인자의 손에 빠지는 편이 낫지 않은가?' 등은 니체의 혐오 표현 중 가장 유명한 말일 것이다. 그러나 니체의 책엔 여성에 대한 혐오 표현만 있는 게 아니다. 여성을 높은 위치로 추어올리기도 하고, 남성이 주도한 형이상학, 철학의 역사에 대한 대안으로 여성적인 진리를 언급하기도 했다.[26]

진리가 한 여성이라고 가장한다면, 어떠한가? 모든 철학자가 독단주의자였을 경우, 그들이 여성을 제대로 이해하지 못했다는 혐의는 근거 있는 것이 아닐까?(『선악의 저편』, p.9. 서문에서)

『차라투스트라』에도 '지혜는 여인이고, 그리하여 전사만을 늘 사랑한다'(『차라투스트라』, p.65)는 표현이 등장하고, 그 전에 쓴 『즐거운 학문』에는 여성에 대해 호의적인 아포리즘도 자주 등장한다. 니체를 여성 혐오주의자로 보는 견해가 많지만, 일부 페미니즘 진영에서는 그의 여성관을 새롭게 해석하고 재평가하기도한다.

니체의 반민주주의적인 사상과 태도, 나아가 반 페미니즘적인 발언들에 대해 꼼꼼하게 분석한 철학자 김진석은 다음과 같은 구절이 사회적, 정치적 페미니즘을 넘어 자크 데리다 Jackie Derrida를 위시하여 뤼스 이리가라이 Luce Irigaray, 쥬디스 버틀러 Judith Butler 등의 포스트 페미니스트들이 니체를 새롭게 발견하고 평가한 근거라고 설명한다.

여자에게서 존경을 불러일으키고 충분히 자주 무서움을 불러일
으키는 것은 본성, 곧 남성의 본성보다 더 자연에 가까운 본성이
다. 그 여자의 진정하게 맹수다운 교활한 유연함, 장갑 아래의
호랑이 발톱, 이기심 속의 순진함, 교육받을 수 없음의 내면적인
야성, 욕망과 덕들의 불가해성과 넓음과 떠돎….(『선악의 저편』
No.239)[27]

니체의 여성에 대한 혐오 발언들과 이에 대한 페미니즘 진영의
불만과 비난, 그리고 니체의 철학이 순진하고 무식하게 여성을
폄하한 것은 아니며 여성에게 더 세심하고 깊은 지위를 부여했다
고 보는 포스트 페미니즘의 논리, 또 생태주의 등 다른 이론가들
의 입장들에 대해 살펴보고 논하는 것은 저자의 능력을 넘어서는
일이기도 하거니와 매우 어렵고 힘든 작업이다.

니체가 보수적인 발언들을 쏟아내고 여성해방론에도 반대를
표명한 것은 사실이지만 그의 여성관은 그의 민주주의에 대한 철
학과 마찬가지로 단순화하기 어려운 점이 있고, 또 다양한 해석
들이 제기돼 왔다는 점만을 첨언할 수 있으리라. 이에 대해선 김
진석의 말을 인용하는 것으로 대신한다.

그는 현대에 이르러 성행한 여성해방의 방식이 여성의 자연스

러운 힘에 도움이 되지 않는다고 여긴 것이다. 그는 여성이 자신의 신비스러움을 간직할 때, 곧 부드러움과 맹수다움을 같이 가질 때 오히려 자연적인 힘을 보유한다고 여겼으며 그런 여성이 남성보다 우월하다고 여겼다. 여성이 남자처럼 교육을 받고 그 바탕에서 경쟁과 싸움을 하는 것은 바람직스럽지 않다고 여긴 것이다.

이 생각 자체가 모조리 틀린 것일까? 현대적 여성 해방을 우습게 보는 그의 태도가 우스꽝스럽기는 하지만 여성적 힘이 무엇인가에 대한 그의 논의는 지금도 여전히, 아니 변형되고 확장된 채 진행 중이다.[28]

4

니체가 대결한 선배 사상가들

소크라테스, 쇼펜하우어, 리하르트 바그너

어떤 것인가? 인간이 신의 실책에 불과한 것인가? 아니면 신이 인간의 실책에 불과한 것인가?
- 『우상의 황혼』, p.77

학교에서 강의를 하다가 종종 놀랄 때가 있다. 몇몇 학생들이 너무나도 간단히, 또 자신만만하게 니체의 책에 대해 발표하는 것 아닌가. 『비극의 탄생』이나 『선악의 저편』 같은 책도 아니고, 오로지 『차라투스트라』에 대해서 말이다.

플라톤이나 아리스토텔레스, 데카르트나 칸트, 혹은 현대 철학자들에 대해 발표하는 학생도 별로 없다. 오로지 니체뿐이고, 『차라투스트라』뿐이다. 그러고 보니 나도 그 나이 때는 니체를 옆구리에 끼고 다녔고, 그를 알려 했으며, 그를 어느 정도 안다고 우쭐했던 것 같다. 아무튼 『차라투스트라』는 좀 있어 보이는 책이고 매혹적인 책이 맞나 보다.

그렇다고 학생들의 발표가 그리 엉성하거나 틀린 것도 아니다. 책에 등장하는 '낙타와 사자, 어린아이'의 비유나 '신은 죽었다'는 전언의 의미, 영원 회귀 같은 사상에 대해서도 곧잘 설명한다. 내겐 읽을수록 어려워져만 가는 철학자가 니체인데, 어떤 이들에겐 너무나 쉬운 철학자인 것일까? 이것마저 니체 철학의 독특함이라 해야 할까?

어쨌거나 니체 철학을 깊이 이해하기 위해서는 서양 형이상학과 철학의 전통에 대한 어느 정도의 지식은 필요하다. 초기 니체가 깊숙이 영향을 받은 쇼펜하우어는 물론이고, 데뷔작 『비극의 탄생』에서 집중 공격한 소크라테스와 플라톤의 철학, 또 이후 중요한 철학자들에 대한 이해가 선행되어야 한다. 니체의 철학이 일관되게 비판한 것이 바로 그 유구한 전통이기 때문이다. 또 니체 철학이 형성되던 시기의 학문적 배경에 대해서도 어느 정도 이해할 필요가 있다. 뭐, 그걸 다 이해하지 못했다고 니체를 모른다고 폄하할 수도 없는 노릇이지만.

여기서는 니체가 영향 받거나 공격한 그의 선배들, 그에게 영향을 미친 동시대 학자들, 그리고 사후 그를 복권시킨 후배 철학자들에 대해 간단히 언급하고자 한다. 이는 니체 사상의 출발과 탄생, 그리고 불명예스러운 추락, 그리고 극적인 부활까지를 보여줄 대목이기 때문이다.

소크라테스

'소크라테스, 책을 쓰지 않은 자.'

20세기 후반 큰 반향을 일으킨 '해체주의' 철학자 자크 데리다의 대표작 『그라마톨로지』의 첫 구절이다. 서양의 '음성중심주의'를 비판한 데리다 책에 언급된 대로 문자보다 '음성(말씀)'의 세계를 중시한 소크라테스가 직접 집필했다는 책은 이 세상에 존재하지 않는다.

그는 어떻게 한 권의 저서도 쓰지 않고 서양 주류 철학의 비조鼻祖가 되었을까? 그의 충실한 제자로, 그의 말씀을 빈틈없이 적어 내려간 플라톤 덕분이다. 알다시피, 소크라테스는 자신의 생각을 글로 남기는 것을 어리석은 짓, 지혜롭지 못한 짓으로 여겼다. 글쓰기 때문에 인간의 훌륭한 지적 능력인 암기, 암송의 능력이 상실될 것을 경고한 것이다.

그러나 그의 제자 플라톤은 스승이 한 말들을 그의 대부분 저서에 따박따박 기록해 두었다. 그것도 소크라테스가 아테네의 젊은이들이나 다른 철학자들과 나눈 대화의 형식을 통해서 말이다. 대화를 통해 상대방의 오류나 어리석음을 깨우쳐 주었다는 의미에서 소크라테스의 철학을 '산파술'로 표현하기도 한다. 플라톤의 가장 유명한 저서인 『향연』 같은 책은 매우 아름답게 읽힌다.

세상에 아무런 저술도 남기지 않은 철학자임에도 청년 니체의 가장 주요한 공격 대상이 된 사람도 대철학자 소크라테스였다. 『비극의 탄생』을 통해 니체는 '세상이 이 모양, 이 꼴이 된 것도 모두 소크라테스 때문이야!'라고 말하는 것만 같다. 모든 예술의 정점이자 근원이라고 할 수 있는 그리스 비극의 생동하는 디오니소스적 세계를 파괴하고 말살한 주범, 디오니소스의 살해자로 니체는 소크라테스를 지목하고 있다.

그에게 설득당한 극작가 에우리피데스를 배후 조종하여 그로 하여금 선배 극작가들이 건강하게 지켜온 위대한 디오니소스적인 비극의 세계를 약화시킨 장본인 소크라테스. 에우리피데스의 비극이 상연되던 공연장 한 구석에 앉아 음흉하게 공연을 지켜보는 소크라테스에 대한 묘사는 『비극의 탄생』이라는 책을 철학서가 아닌 일종의 문학작품처럼 읽히게끔 한다. 이 부분을 읽던 순간 느껴지던 흥분은 추리소설을 읽을 때의 흥분과 같았다.

놀라운 일이 벌어진 것이다. (…) 디오니소스는 이미 비극 무대로부터 쫓겨났고, 그것도 에우리피데스를 통해서 말하는 악마적인 어떤 힘에 의해서 쫓겨났다. 에우리피데스조차도 어떤 의미에서는 하나의 가면에 지나지 않았다. 그를 통해서 말하고 있는 신은 디오니소스가 아니었으며 아폴론도 아니었다. 그것은 새로 태어난 마신魔神, 소크라테스였다. 이것은 디오니소스와 소크라테스적인 것의 대립이라는 새로운 대립이다. 그리스 비극 작품은 이러한 대립으로 인해 몰락했다.(『비극의 탄생』, p.161)

니체의 소크라테스 비판은 심지어 그의 못생긴 외모에 대한 조롱으로까지 나아간다. 정신이 붕괴되기 전에 쓰인 『우상의 황혼』에서, 추남으로 유명한 소크라테스의 외모를 빌어 이것이 그의 쇠퇴의 표시이자 데카당이라고 비하하고 있다.

최하층의 천민 출신인데다 추남이기까지 했던 소크라테스가 귀족들에 대한 질투와 복수심에 사로잡혀 무기로 삼은 것이 탁월한 말솜씨, 즉 변증법이었다는 것이다. 이 정도면 니체의 소크라테스 비판은 자못 인신공격으로 여겨진다. 오히려 소크라테스에게 질투와 복수심에 사로잡힌 것이 니체가 아닌가 싶을 정도다.

영국의 종교학자이자 신화학자인 카렌 암스트롱Karen Armstrong이 쓴 역작 『축의 시대 The great transformation』는 동서양을 통틀어 기원전 900~200년경 이루어진 생각(종교, 철학)의 혁명, 생각의 진보를 다루고 있다. 철학자 야스퍼스가 처음 사용한 용어인 '축의 시대'는 짧게는 B.C 4~6세기경 동서양 각지에서 한꺼번에 출현한 성인들, 즉 불교의 붓다, 중국의 노자와 공자, 기독교의 에레미야, 그리스의 소크라테스와 소피스트의 시대를 일컫는다.

이렇게 위대한 '축의 시대'를 이끈 사유의 천재 중 하나로 소크라테스를 들고 있는 것이다. 종교와 서양 형이상학에 대한 전반적인 불신을 내비쳤지만, 이들 성인들에 대해서 니체는 굳이 비판만을 일삼지는 않았고 소크라테스에 대해서도 긍정적인 언급을 한 부분도 있다.

니체의 소크라테스에 대한 비판과 디오니소스적인 것에 대한 경도는 이성과 합리주의의 결과로 의심되는 두 차례 세계대전을 겪은 유럽인들에게 하나의 대안적인 철학으로 다가왔을 터다. 그리하여 20세기 후반을 대표하는 푸코, 데리다, 들뢰즈 같은 후기 구조주의 철학자들은 자신의 철학적 토대를 쌓는 데 니체의 철학을 단단한 토양으로 삼았다. 이성과 합리성 중심의 철학을 근간에서부터 해체하려는 니체의 기획은 첫 저작부터 소크라테스와 대결하여 그를 성토하는 데서부터 출발한 것이다.

그럼에도 서구사회를 비롯해 먼먼 동아시아의 작은 나라에 이르기까지 소크라테스의 그늘이며 품은 여전히 넓고 완고하다. 오죽하면 21세기 우리나라 대중가요의 가사에 '테스 형'이 등장했겠는가. 여전히 학문과 이성, 철학을 신봉하는 이들에게 소크라테스는 살아서 여전히 무소불위의 권력을 행사하고 있다. 소크라테스에 비하면 니체는 여전히 소수의견에 불과할 뿐이다.

쇼펜하우어

처음엔 신학을, 그리고 곧 고대 문헌을 연구하는 문헌학자였던 니체를 철학의 세계로 이끄는 데 큰 영향을 미친 사람은 누구보다 쇼펜하우어였다. 청년 니체의 또 다른 스승이었던 바그너 역시 쇼펜하우어의 충실한 사도였기에 두 사람은 쇼펜하우어를 공유하며 가까워졌다.

독일 관념론의 완성자로 불리는 헤겔 철학을 극도로 혐오했던 쇼펜하우어는 헤겔과 같은 대학에서 가르치며 헤겔과 같은 시간에 강의를 여는 등 그와 철저하게 대립한 철학자였다. 독일 철학의 이단아이자 가장 극단적인 염세주의자였던 쇼펜하우어는 (니체와 마찬가지로) 생의 말년까지 별다른 명성이나 주목을 받지 못했으나 19세기 중반부터 차츰 그 영향력을 넓히며 바그너와 청년 니체 같은 지식인들의 가슴에 불을 지폈다.

1854년 당시 사후의 명성을 누리고 있던 쇼펜하우어의 『의지와 표상으로서의 세계』를 접하게 된 바그너는 그 책을 몇 번이고 반복해 읽을 정도로 깊이 빠져들었다. 이 책에서 쇼펜하우어는 우리가 보고 느끼고 인식하는 모든 것은 '표상'이고 그 표상의 배후에 세계의 진정한 본질인 '의지'가 있다며, 우리는 지각과 함께 이 의지를 통해 외부세계를 인식한다고 말한다. 표상과 의지는 고착되지 않고 끊임없이 '생성'되는 것으로 더 큰 갈망을 갈구하는 성격을 갖는다.

불교와 인도철학 등 동양으로부터 유래한 사상에 깊이 영향 받은 염세주의자 쇼펜하우어는 욕망이란 결코 채워지지 않은 채 새로운 욕망을 불러일으키게 되므로 물질에의 욕망보다 마음의 평정을 가질 것을 강조한다. 모든 생명은 고통 받는 상태에 있고 인간의 고통 역시 끝없는 것이니 그 고통을 운명으로 받아들이라고 충고한다. 이러한 쇼펜하우어의 철학에 음악가 바그너가 먼저 공명했고, 그 길을 10년 뒤 젊은 문헌학자 니체가 답습하게 된 것이다.

나는 그때 근본적인 원칙도, 희망도, 단 하나의 즐거운 기억도 없이 고통스러운 경험이나 실망스러운 일만을 겪으면서 절망하여 갈팡질팡하는 상태에 빠져 있었다. (…) 이런 상태에 있는 사람에게 쇼펜하우어의 대표작이 어떤 영향을 주게 될지 상상해 보라. 어느 날 나는 그의 책을 발견했다. 헌책방에서 한 번도 들어 본 적이 없는 그 책을 집어 몇 쪽을 넘겨보았다. 도대체 어떤 악령이 내게 '이 책을 집으로 가지고 가라'고 속삭였는지 모르겠다. (…) 여기에서 나는 세계와 인생, 그리고 나 자신의 본성이 소름 끼치도록 웅장하게 비치고 있는 하나의 거울을 보았다.[29]

헌책방에서 책을 사가지고 집에 돌아온 니체는 쇼펜하우어에 기꺼이 감염되는 길을 택했다. 쇼펜하우어에 깊이 빠져든 니체는 그의 책을 읽은 뒤 친구인 에르빈 로데Erwin Rohde에게 보낸 편지에서 '제일 진저리나는 일은 항상 다른 사람인 척 연기를 해야 한다는 것이라네. 교수인 척, 문헌학자인 척, 인간인 척 연기해야 한다는 거지'라고 적었다.[30] 니체 철학이 늘 강조하는 '네 자신이 되어라', '너 자신을 발명하라'는 삶의 철학도 쇼펜하우어에 빚진 바가 큰 것이다.

신학에서 출발한 니체가 문헌학자를 거쳐 철학의 길로 나간 것도, 바그너를 만나 가까워진 것도, 이러한 만남을 통해 첫 저작 『비극의 탄생』을 탄생시킨 것까지도, 철학자 니체의 출발점에 누구보다 쇼펜하우어가 있었기 때문이다.

그러나 바그너나 다윈, 불교 사상 등이 그랬듯이 자신에게 많은 영향을 미친 쇼펜하우어 역시 니체로부터 여지없이 버려지게 된다. 1880년을 전후해 니체는 아무것도 거칠 것이 없었고, 자신에게 영향을 준 철학자들과 자신은 엄연히 다르며 선배들의 사상이 여전히 노예적인 것을 옹호하거나 허무주의에 머물러 있다는 이유로 선을 긋는다.

1872년 『비극의 탄생』에서 그토록 극찬해 마지않았던 바그너와 쇼펜하우어는 1886년 새로 쓴 서문에서는 자신이 당시 미숙했기에 철모르고 쫓아다닌 사람들로 치부하며 그들이 하나의 '과정'이었음을 밝힌다.

그럼에도 말년에 이르러 정립된 니체 사상 전반을 돌아봐도 쇼펜하우어에 대해 그가 얼마나 폭넓게 영향을 받았는지 알 수 있다. 니체의 철학이 새롭게 덧붙이고 발전시킨 내용은 많이 다를지언정 쇼펜하우어적 주제인 '허무주의'로부터 출발한 것이나 쇼펜하우어의 핵심 개념인 '의지'를 더욱 발전시킨 것, 무엇보다 '예술'의 역할과 위대함에 주목한 일, 또 '음악'을 다른 어떤 예술보다도 높은 예술로 바라보며 스스로 음악가이기를 바랐던 점에서도 니체는 평생 쇼펜하우어가 만들어 놓은 넓고 큰 그늘에 머물렀다 할 수 있다.

만일 니체라는 사람이 등장하지 않았다면 니체가 받은 많은 주목이나 찬사, 오해, 비난은 어쩌면 쇼펜하우어의 몫이었을지 모른다. 그런 가정이 가능하지 않을까?

리하르트 바그너

니체에게 바그너는 어떤 사람이었던가. 니체는 자신의 저서 2개의 제목에 특별히 이 작곡가의 이름을 넣음으로써 (『니체 대 바그너』, 『바그너의 경우』) 바그너가 자신에게 미친 영향은 물론 그에게서 자신이 어떻게 벗어났는지를 과하다 싶을 정도로 설명하고 있다.

그의 첫 작품인 『비극의 탄생』 역시 바그너에 영향을 받아 바그너를 위해, 바그너에게 헌정된 책이었다. 1872년 책을 처음 썼을 때의 서문을 바그너에게 바쳤으며, 그 책의 결말에서 그리스 비극의 위대함을 재현할 독일 민족의 위대한 인물로 바그너를 지목하고 있다. 쇼펜하우어와 마찬가지로 바그너는 니체의 초기 사상을 형성시켜 준 중요한 인물이었을 뿐만 아니라 결국에 가서는 극복되어야 할 인물이 되었다. 바그너의 아내가 된 코지마 바그너에 대한 남모를 흠모까지 포함해서 말이다.

바그너 이후, 니체가 이토록 공공연하게 자신에게 영향을 미친 스승임을 밝힌 사람은 없다. 그렇다면 바그너의 무엇이 젊은 니체로 하여금 한때 그의 열렬한 숭배자가 되게 만들었을까? 또 혐오에 가까운 감정을 느끼며 그로부터 벗어나게 만들었을까?

알려진 바와 같이 바그너는 그 이전과는 전혀 다른 오페라를 개척한 사람이자 현대 음악의 기초를 놓은 인물로 평가받는다. 특히 그가 오페라 〈트리스탄 이졸데〉에서 시도한 불협화음의 파격적 도발은 현대 음악의 한 시작으로 불리며, 당시 음악에 조예가 깊었던 니체에게도 영향을 미쳤을 것으로 보인다.

니체와 마찬가지로 그 자신이 천재임을 확신하여 스스로를 영웅시했던 바그너는 젊은 날 한때 혁명에 가담해 정치적 망명을 가야만 했던 궁핍하고 급진적인 인물이었다. 그러나 '독일적인' 음악과 오페라를 정립해 독일 민족주의를 대표하는 인물로 부상한 이후 그는 독일 우파에게 열렬한 지지를 받는 예술인이 된다.

황제의 막대한 후원을 받아 시골 마을이었던 바이로이트에 오페라 극장을 세우고 총 연주 시간이 16시간에 달하는 4부작 오페라 〈니벨룽겐의 반지〉 시리즈를 차례로 작곡하며 그의 명성은 정점에 달했다. 니체가 그를 떠난 것도 이 무렵이었다.

바그너는 오만한 성격에다 여성들과의 불륜과 염문 등을 불러일으키는 등 많은 문제를 일으켰지만 음악에 있어 그가 일으킨 혁명은 결코 작은 것이 아니었다. 이러한 바그너의 혁명성과 보수성이 바로 니체로 하여금 그를 신봉하게 하고, 또한 떠나게 한 원인이었다.

니체가 1872년 내놓은 『음악 정신으로부터의 비극의 탄생』은 바그너에게 헌정된 것이었고, 새로운 디오니소스적 예술가로 보인 바그너에 대한 찬사로 책의 후반부를 마무리했다. 비록 14년 뒤인 1886년, 책의 제목을 『비극의 탄생, 또는 그리스 문명과 염세주의』로 고쳐 재간행하면서 덧붙인 서문 「자기비판의 시도」를 통해 1872년 당시 독일 정신의 디오니소스적 가능성에 대해 과도하게 희망을 품었던 것과 낭만주의를 벗어나지 못한 바그너 음악에서 비극 정신의 화려한 부활을 기대했던 자신에 대해 자기비판을 행하고 있지만 말이다.

바그너에게 디오니소스적 음악 정신의 부활을 기대했지만 바그너에게는 낭만주의적 이념의 형상화가 무엇보다 중요했다. 반면 니체는 이미 어떤 이념이나 가치가 이데올로기적으로 고착되는 것을 거부하는 현대성의 사유를 시작하고 있었다. 이런 점에서 니체와 바그너가 교유한 애증의 관계는 현대성과 낭만주의 사이의 계승, 비판 관계를 드러내는 것이기도 하다.[31]

바그너에 대한 니체의 애증은 유명하다. 바그너에 대한 기억과 증오의 감정은 그의 철학적 자서전인 『이 사람을 보라』에도 분명하게 명시된다. '바그너 음악이 없었다면 나는 내 유년 시절을 견디기 어려웠을 것이다'라고 회상하면서도 결과적으로 바그너에 대한 니체의 최후 감정은 그를 결코 용서할 수 없다는 것, 그를 용서할 수 없는 이유는 '그가 독일인에게 응해 주었다는 점, 그가 독일제국적으로 되었다는 점'을 들고 있다.(『이 사람을 보라』, p.363)

젊은 날 읽은 니체 전기에서, 니체가 한동안 소원했던 바그너와 다시 만나 어떻게든 관계를 회복하려 결과적으로, 또 결정적으로 영원히 그와 결별하게 되는 장면의 묘사는 너무도 매혹적이고 강렬하게 읽혔다.

그(바그너)는 '파르치팔Parzival'[32] 소재의 특별히 기독교적인 모티브를 표현하는 데 자기가 얼마나 진지하게 임했는가를 알려주었다. 니체는 얼음 같은 침묵 속에 빠져들더니 갑자기 실례한다는 말을 하고는 어둠 속으로 사라져 버렸다. 두 사람은 그 후 다시 만나지 않았다.[33]

사상과 예술 작품에 대한 미묘한 입장 차이를 감지한 니체의 차가운 침묵과 그로 인한 영원한 결별의 모티브는 얼마나 극적이고 매력적인가. 니체와 바그너의 이런 격정적이고 낭만적인(?) 결별 장면은 한동안 상당한 영향력을 발휘하며 전파됐고 하나의 정설로 받아들여졌던 모양이다. 그러나 이것 역시 '이야기를 꾸며내는 능력이 뛰어났던' 니체의 여동생 엘리자베스에 의해 완전히 조작된 일화였음이 1981년 바그너 학자에 의해 밝혀지게 된다.[34] 신분 상승이나 경제적인 이유에서든, 사상적인 이유에서든 '니체 신화'를 만들기 위해 온갖 거짓 정보와 상상력을 동원한 니체 여동생의 회고록에 묘사된 이 장면은 그 뒤, 여러 니체 연구자와 전기 작가 등에 의해 별 의심 없이 유포된 것으로 보인다.

최근에 간행된 니체의 전기들은 니체와 바그너의 결별에는 이보다 더 세속적인 이유가 있었음을 밝히고 있다. 즉 바그너가 그의 친구인 오토 아이저라는 의사에게 니체의 건강을 염려하는 편지를 나누며, 니체가 겪는 질환이 '자위행위', 즉 수음에 의한 것일지 모른다는 '경솔한' 편지를 바그너가 보냈고, 이것을 얼마 뒤 니체가 알게 되어 둘 사이 관계가 결정적으로 틀어지게 되었다는 것이다.[35] 어떤 연유이든 간에 한동안 우러러보던 스승 바그너는 그 무렵 니체가 극복하고 넘어서야 할 장애물이 되어 있었던 것이다.

5

니체를 더욱 니체답게 만든 철학자들

야코프 부르크하르트, 다윈, 하이데거, 들뢰즈, 데리다, 푸코

집단정신 - 훌륭한 저술가는 자신의 정신뿐만 아니라 자신의 친구들의 정신까지도 가지고 있다.
- 『인간적인, 너무나 인간적인 1』, p.192.

야코프 부르크하르트

그의 중요성에 비해, 니체 관련 서적이나 전기물에서 상대적으로 소홀히 다루어지는 인물 중 한 사람이 야코프 부르크하르트 Jacob Burckhardt다. 르네상스 화가들의 전기를 쓴 조르조 바사리 Giorgio Vasari를 비롯해 요한 빙켈만Johann Winckelmann, 하인리히 뵐플린Heinrich Wölfflin 등과 더불어 오늘날 가장 인기 있는 학문의 하나인 미술사, 미술사학을 정착시킨 미술사가이자 문화사가가 부르크하르트다.

특히 1860년에 출간한 그의 대표작 『이탈리아 르네상스의 문화』는 지금까지도 널리 읽히는 방대하면서도 통찰력 있는 저작으로 시대사, 문화사 저술의 전범으로 꼽힌다. 르네상스뿐만 아니라 고대사로 확장한 그의 연구는 그리스 문명에 대한 탐구로 이루어졌는데 이것이 그의 평생의 작업이 되었으며 같은 대학의 젊은 고문헌학 교수 니체에게도 지대한 영향을 미치게 된다.

니체 연구자들 쪽에서는 미술사에서 부르크하르트의 위치를 제대로 파악하지 못하는 경향을 보이고, 미술사 쪽에서는 역시 부르크하르트와 니체의 관계에 대해 크게 주목하지 않는 경향을 보여준다. 니체와 비슷한 시기에 스위스 바젤대학 교수로 있던 부르크하르트는 자신의 고대와 르네상스 연구를 통해 니체의 사상과 저작 형성에 막대한 영향을 미쳤다. 특히 '힘에의 의지'나 '디오니소스적인 것' 등의 개념은 니체가 부르크하르트를 통해 영감을 얻은 것으로 추정된다.

그때까지 독일에 만연해 있던 고대 그리스인들에 대한 생각은 '고귀한 단순함과 고요한 위대함'이라는 빙켈만의 주장과 괴테의 생각을 받아들여 조화롭고 이상적인 삶과 사회를 이룬 사람들로 평가한 것이다. 니체는 이런 생각에 동의하지 않았다. 그리스인들은 현대인들은 감당하기 힘들 정도의 고통을 감내하면서 삶을 긍정하는 데 탁월했던 사람들로, 스스로 발산하는 '힘에의 의지'를 주체하지 못할 정도로 강인한 사람들이었다는 것이 니체의 판단이었다. 그것은 부르크하르트의 생각이기도 했을 것이다.

그리스인들이 벌인 디오니소스 축제나 올림픽 같은 체육 경기는 자신들의 우월함과 힘을 과시하기 위한 것으로 이해되었다. 주신酒神 디오니소스는 그리스인들의 힘의 과잉 상태를 상징한다는 것이다.[36] 르네상스 시대 사람들 역시 그리스인들과 마찬가지로 웬만한 고통은 고통으로 여기지 않는 강인한 사람들인 까닭에 그리스인들의 정신을 이어받을 수 있었다. 고대 그리스와 르네상스 시대에 대한 니체의 이해는 많은 부분 부르크하르트에게 빚진 바가 크다.

부르크하르트 역시 니체와 마찬가지로 반反 평등주의적인 사상을 가지고 있었으며 민주주의는 탁월한 자들에 대한 시기와 증오로 인해 문화의 발전을 막는다고 주장했다. 부르크하르트는 대다수의 사람들은 물질적인 행복만을 찾는 속물인 반면에 오직 소수만이 정신적인 탁월함을 지향한다는 견해를 펼쳤다. 부르크하르트는 권력의 행사도 아름답고 탁월한 방식으로 행해질 수 있다고 보면서 훌륭한 국가나 나폴레옹, 카이사르와 같은 인간 유형을 일종의 예술 작품이라고 평했다.[37] 니체와 매우 흡사한 주장이 아닐 수 없다.

1888년 크리스마스 시즌, 그러니까 니체가 토리노의 광장에서 발작을 일으키기 직전에 쓴 편지들 중에 야코프 부르크하르트에게 보낸 편지도 있으니, 바젤대학을 사임한 이후에도 니체는 이 선배 학자에게 상당히 의지하면서 교류를 이어온 것으로 보인다.

그러나 부르크하르트는 니체에게 늘 호의적인 것만은 아니었다. 야심만만한 젊은 교수 니체가 쓴 첫 저작 『비극의 탄생』을 폄하하거나 비판했고, 이후 저작들에도 큰 관심을 갖지 않은 편이다. 다만 『인간적인, 너무나 인간적인』에 대해서는 훌륭한 책이라고 칭찬을 아끼지 않았고 마지막 저서인 『차라투스트라』의 4부 정도에 긍정적인 관심을 보인 것으로 알려져 있다.

니체에 대한 부르크하르트의 감정에 대해 분석심리학자 칼 G. 융은 자신의 저서에 흥미로운 언급을 하고 있다.

니체와 그의 동시대인으로 유명한 역사학자 야코프 부르크하르트를 다 알고 있는 사람들을 통해 들은 바로는, 부르크하르트는 『차라투스트라는 이렇게 말했다』를 읽으면서 두려움을 많이 느꼈다고 한다. 부르크하르트에겐 그 책이 기괴하게 다가왔던 것이다. 부르크하르트를 압도한 것은 그 작품에 쓰인 언어였다. 부르크하르트는 니체를 가까이하지 않았다. 니체가 너무 성가시고 지나치게 거물 행세를 했기 때문이다.[38]

찰스 다윈

1859년 출판된 찰스 다윈Charles Darwin의 『종의 기원』은 300여 년 전 그의 선배 과학자 코페르니쿠스가 일으킨 지식혁명에 비견

되는 학문 영역의 거대한 지각변동이었다. 코페르니쿠스가 『천구의 회전에 관하여』(1543)를 발표하자 그때까지 지구를 중심으로 돌던 태양이 멈추고 지구가 태양 주위를 돌기 시작한 것으로 표현한 글을 보았다. 다윈의 책 역시 생물과 인간 종의 기원과 관련해 '혁명'이라 불릴 만한 주장을 담고 있었다.

프로이트는 1917년 쓴 어느 글에서 자신의 '무의식'에 관한 이론이 이런 대선배들의 혁명에 이어 인간에게 씻을 수 없는 상처를 입힌 세 번째 혁명이었다고 은근히 자화자찬한 바 있다. 그러나 다윈으로부터 얼마 뒤 '신은 죽었다'며 신의 사망을 선고한 니체의 혁명은 신의 지위에 결정적으로 테러를 가한, 그렇게 인간의 지위를 끌어올린 철학 분야의 기획이었다.

니체는 대학 시절 우연히 다윈을 접하고 큰 인상을 받았으며 평생 그의 이론을 의식해 왔다. '어떤 멍청이 학자는 나를 다윈주의자가 아닌가 의식하기도 했다.'(『이 사람을 보라』, p.378)는 말년의 증언에도 불구하고 니체가 다윈에게 받은 영향력은 무시할 수 없는 것이었다. 아울러 다윈의 이론과 니체의 철학이 널리 알려지고 유행하면서, 두 사람의 이론을 교묘하게 결합한 '우생학', 나아가 알프레드 플레츠Alfred Ploetz라는 사람의 '인종위생학' 같은 이론이 등장하기도 했다.

그러나 니체가 다윈의 저서를 제대로 직접 읽었다는 증거는 없다고 한다. 당시 널리 읽히던 다윈에 대한 오해와 반감에 찬 저서들을 통해 간접적으로 다윈을 접했을 것으로 추측된다.[39] 특히 다윈의 사상을 무리하게 사회이론에 적용시킨 허버트 스펜서 등의 이론가로부터 니체가 영향을 받았다는 것이다.

세계가 변함없는 상태에 있기보다 끊임없이 변화하는 가운데 존재한다는 다윈 이론의 기본 전제는 그대로 '존재'보다 '생성'을 주장한 니체의 이론에서 만개한다. 니체가 '생성'의 철학과 '힘에의 의지'를 정립하는 데 다윈이 어떻게든 영향을 미쳤을 것으로 보인다.

그러나 니체는 후기로 갈수록 다윈과 거리를 두었다. 다윈에 대한 제한적 지지를 보내며 다윈을 비판하는 후기 니체의 입장은 다윈주의를 '수동적인 순응'의 진화론으로 파악했다. 자신이 주장하는 '힘에의 의지'는 이러한 '순응'이나 '적응'이 아닌 '극복' 내지는 '자기 상승'임을 주장하며 다윈의 이론과 분명한 선을 그었던 것이다.

다윈의 주요 개념인 '적응'과 엄격하게 구분하며 니체는 '극복'하는 사람으로서 '초인Übermensch'을 내세운다. 이와 더불어 니체는 생물학적 다윈주의가 사회에 적용될 때 그가 늘 경계해 온 무분별한 '평등' 이념의 확산과 '약자'를 우대하는 결과를 초래한다는 점도 위험하게 여겼을 것이다.

다윈의 생물학적 진화론과 근본적으로 다른 니체의 진화론(?)

은 일종의 정신적 진화론이며 '극복하는' 진화론이다. 니체는 원숭이에서 인간, 인간에서 초인으로의 진화를 말하기에 앞서 『차라투스트라』의 첫 번째 가르침인 유명한 '세 가지 변신에 대하여'라는 장에서 '낙타와 사자, 어린아이'라는 비유로 인간 정신의 세 단계를 설명하고 있다. '어떻게 정신이 낙타가 되고, 낙타는 사자가 되며, 사자는 마침내 아이가 되는지를' 말하며 신체적, 생물적인 진화를 넘어서는 정신적 진화를 설명하고 있는 것이다.

니체의 가장 유명한 글 중 하나인 아래 인용문은 니체에 대한 다윈의 영향력을 느낄 수 있음과 동시에, 다윈과 자신이 다름을 선언하는 목소리로 들린다.

나는 그대들에게 초인을 가르치려 한다. 인간은 극복되어야 할 그 무엇이다. 그대들은 인간을 극복하기 위해 무엇을 했는가? 지금까지 모든 존재는 자신을 넘어서 무엇인가를 창조해 왔다. 그대들은 벌레로부터 인간에 이르는 길을 걸어왔지만, 그대들 내면에는 많은 것이 여전히 벌레이다. 그대들은 일찍이 원숭이였고, 지금도 인간은 그 어떤 원숭이보다 더 원숭이이다.(『차라투스트라』, p.19)

니체의 다윈에 대한 이해와 오해, 그리고 두 사람의 차이점을 엄격하고도 세심하게 구분하는 것은 쉬운 일이 아니다. 이는 다윈 사상이 지닌 복잡함에 니체 사상의 복잡함이 더해지기 때문이며, 다윈에 대해 니체가 정확한 이해를 했다고 보기 어렵다는 사정에서도 비롯된다. 다윈과 니체의 연관에 대한 다양한 주장들은 범박하게 다음과 같이 요약할 수 있을 것이다.

니체를 다윈주의자로 보는 연구자들은 다윈의 '진화'에 관한 사유가 니체의 철학에 수용된 흔적을 발견할 수가 있다고 본다. 그들은 니체의 '위버멘쉬(초인)'와 '힘에의 의지'가 다윈의 '자연선택'과 '적자' 설과 매우 밀접한 관계가 있다고 생각한다. 반면 니체를 다윈주의자로 볼 수 없다는 입장은 주로 다윈의 '적응'과 니체의 '극복'은 모순관계에 있다는 점을 지적한다.[40]

하이데거, 들뢰즈, 데리다, 푸코

1920년대와 30년대에 니체의 저술들은 멀리 동아시아, 그리고 일제 강점기 조선에까지 영향을 미치고 있었지만 주로 문학이나 윤리철학 영역에서 다뤄지는 정도였고 그의 철학에 대한 총체적인 이해로까지는 나아가지 못했다. 여기에 니체의 여동생을 중심으로 이루어진 니체 저작들의 악의적인 편집과 위작 등을 통해 니체 철학이 한없이 왜곡되고 오염돼 간 시기이기도 했다.

나치와 히틀러는 니체 철학에서 자신들의 이념과 통치에 유용한 부분들, 즉 강한 자의 약자에 대한 지배를 정당화하는 내용이나 무력과 잔인함을 용인하는 듯 보이는 주장들만을 가려 씀으로

써 니체 철학이 오랫동안 나치즘의 철학으로 오해되는 빌미를 제
공했다.

  한없이 난도질당한 니체 사상을 맨 먼저 철학의 전통 안으로
다시 복귀시킨 데에는 하이데거 Martin Heidegger 의 공이 컸다. 하이데
거는 1936년부터 1949년 사이 집중된 니체 연구와 1961년 펴
낸『니체 1, 2』를 통해 니체 철학을 정치적 해석으로부터 구해내
형이상학의 전통 위에 세우고자 했던 첫 번째 철학자였다.
  현상학의 창시자 에드문트 후설 Edmund Husserl 의 제자이자 정치
철학자 한나 아렌트 Hannah Arendt 의 지도교수이고 스승이기도 했던
하이데거는 이른 나이에 대학의 강의를 맡으며 철학자로 명성을
쌓던 중 20세기 가장 중요한 철학서라고 불리는『존재와 시간』
(1927)을 펴내며 세계적인 철학자로 발돋움했다.
  그가 던진 '존재'와 '존재자'를 구분해 내는 철학적 방법론은
기존의 형이상학의 한계를 뛰어넘는 획기적인 아이디어로 평가
된다. 그러나 1930년대로 접어들어 점차 세력을 확대해가던 국
가사회주의자들, 즉 나치에 잠시 동조하게 된 하이데거는 그들에
의해 1933년 프라이부르크 대학교 총장으로 임명되고 국가사회
주의당(나치스)에 입당하는 등의 행적을 통해 지금까지도 논란을
빚고 있는 씻을 수 없는 오명을 남긴다.
  비록 1년 뒤 총장직을 사임하고 철학과 강의에 집중하지만 하
이데거는 1945년 연합군에 의해 독일이 패망한 뒤 전범과 나치

협력자들을 다루는 정화위원회에도 출두하는 등 나치 부역에 대해 끊임없는 의혹을 받아 왔다.

　니체에 대한 하이데거의 해석은 크게 니체 철학을 옹호하며 자신의 저술인『존재와 시간』과 니체 사이의 유사성을 강조한 초기 해석과 니체와 거리를 두면서 자신의 철학이 니체를 극복한 새로운 철학임을 주장한 후기의 해석으로 나뉠 수 있다.

　하이데거는 니체의 주요 개념인 '힘에의 의지' 등을 꼼꼼하게 검토한 뒤, 니체 사상을 현대 기술문명을 정초하고 완성하는 사상으로 보고 현대 기술문명의 본질을 '힘에의 의지 내지는 지배에의 의지로'[41] 파악한다. 이러한 힘에의 의지가 현대인들로 하여금 과학과 기술을 끊임없이 발전시키도록 몰아댔다는 것이다.

　하이데거는 플라톤 이래 서양의 형이상학이 현대 기술문명을 착실히 준비해 왔다고 보고 데카르트의 인간중심주의를 거쳐 기술문명을 정초해 온 니체의 철학을 형이상학의 극복이 아닌 하나의 정점으로 파악한 뒤, 니체를 근대의 완성자로 보고 있다. 또한 하이데거는 니체가 말한 '초인'이 니체의 주장대로 '근대에 와서 소멸해가고 있는 고전적 귀족적 덕성을 갖춘 인간'에 의해서가 아니라 볼셰비즘(스탈린)이나 파시즘(히틀러)의 지배자들에 의해 구현되었다고 설명한다.[42]

　이러한 일련의 비판을 통해 하이데거는 근대문명이 지닌 니힐리즘을 극복한 것은 니체의 철학이 아닌 하이데거 자신의 철학이라고 주장한다. 자신의 철학에 자부심이 상당했던 니체가 서양 철학사를 자신 이전과 이후로 나눈 것을 흉내 내어, 하이데거는 서양 철학사, 전통 형이상학이 니체에서 막을 내렸으며 자신의 철학이야말로 철학의 새로운 시작이라고 주장했다.

　20세기 후반 서양 철학계를 뜨겁게 달군 지역은 단연 프랑스였다. 20세기 전반기까지 독일이 여전한 철학의 중심지였다면, 20세기 후반 68혁명[43]을 이끌어내고 이를 통해 더욱 단단한 입지를 굳힌 다양한 철학적 담론들이 프랑스를 중심으로 펼쳐졌다. 마르크스 정치경제학과 프로이트의 정신분석, 페르디낭 드 소쉬르Ferdinand de Saussur로부터 비롯된 구조주의, 그리고 한동안 잊혔던 철학자 니체의 사상들이 창조적인 이합집산을 거듭하며 다양한 사상가들을 통해 재구성된 것이다.

　특히, 크게 유행했던 '후기 구조주의post-structuralism'의 사상가로 불린 일군의 철학자들이 20세기 후반의 인문학, 철학계를 주도했는데 자크 라캉Jacques Lacan, 미셸 푸코Michel Foucaul, 자크 데리다, 질 들뢰즈 등이 그들이다. 하나같이 난해하기 짝이 없는 이들의 철학은 '후기 구조주의'라는 명명에도 불구하고 하나의 사상이나 이즘ism으로 설명하기 어려울 정도로 비슷한 경향이나 체계를 발견하기 어렵다.

　그러나 절대 정신이나 절대적인 진리, 총체성, 체계화, 이분법

등을 거부하고 탈 중심화, 해체 등을 주장한다는 점에서 이들 담론들의 유사성을 발견할 수 있다. 그 배경에는 이들 철학자들이 공통적으로 수용한 니체의 영향력이 자리 잡고 있다. 저마다 다른 철학적 담론을 세우면서, 이들은 그 중심이 되는 아이디어나 방법론에서 100년 전 철학자 니체를 소환한다. 20세기 후반 후기 구조주의의 융성은 그 자체로 니체의 부활이자 새로운 니체 붐이라고도 할 수 있을 것이다.

철학자이기에 앞서 역사가였던 미셸 푸코는 니체가 중요하게 생각했던 '몸'의 철학에 주목하였으며 논리학이나 다른 규칙들을 해체하며 니체를 수용했다. 무엇보다 니체가 『도덕의 계보』를 통해 선과 악의 개념, '도덕'의 개념이 어떠한 과정을 통해 제도화되었는지를 밝힌 '계보학genealogy'의 방법론을 끌어 쓰며 『감시와 처벌』(1975) 같은 그의 대표 저작을 저술했다.

20세기 후반, 막대한 영향력을 발휘한 자크 데리다의 '해체' 철학에도 니체의 그림자는 짙고 강하다. 『그라마톨로지』(1967) 등의 저작을 통해 서구 형이상학의 음성 중심주의, 로고스 중심주의를 비판하며 근대적 주체나 의식까지도 과감하게 해체해 온 데리다의 작업은 니체가 절대적인 '진리'나 '도덕'의 개념을 해체해 온 작업에 영향을 받았다.

또한 '기의signifié'보다 자유로운 '기표signiant'에 의해 이루어지는 니체의 글쓰기 방식을 중요하게 평가하고, 저자와 원본에 의

한 텍스트의 특권을 해체하는 등의 작업을 통해 20세기 후반의 다양한 문학 이론과 예술철학에 상당한 영향을 미쳤다.

질 들뢰즈는 1964년 루아이요몽에서 대대적인 니체 관련 콜로키움을 개최하고 주도함으로써 니체를 부활시키는 데 일등 공신 역할을 했다.[44] 콜로키움에 참석한 유명한 학자들에 의해 니체와 관련한 광범위한 주제가 논의되었다. 칼 뢰비트Karl Lowith, 장 발Jean Wahl, 앙리 비로, 피에르 클로소프스키Pierre Klossowski, 그리고 미셸 푸코 등이 참석해 니체 철학을 입체적으로 조명하며 무덤과 망각으로부터 니체를 끄집어냈던 것이다.

들뢰즈의 가장 중요한 철학적 아이디어 중 하나인 '강도intensité'라는 개념이 거의 처음 등장한 것도 이 콜로키움에서였는데, 이는 니체의 '힘' 개념을 계승한 것으로 보인다. 이보다 앞서 1962년 『니체와 철학』을 저술한 들뢰즈는 이후에도 '차이와 반복', '탈 영토화' 등 그의 핵심 개념을 정립하는 데 니체를 전면적으로 검토한 바 있다. 이처럼 니체 철학을 더욱 세련되게, 더 높은 단계로 끌어올린 니체의 진정한 적자는 누구보다 들뢰즈였다.

자신이 매우 유명해질 것이라고 예언했고, 자신의 책이 인류에게 주는 가장 값진 선물이 될 것이라 했던 니체의 철학은 우여곡절 끝에 20세기 후반 일군의 도발적인 철학자들에 의해 화려하게 부활했다. 니체 철학의 많은 부분이 악용되고 오해돼 왔지만 그가 새로운 시선과 방법으로 제시한 사상과 개념들은 우리 시대

의 많은 문제들에 대한 적절한 처방이 되어 지금까지도 그 왕성

한 생명력을 유지하고 있다.

제 2 부

니체는
이렇게 사유했다

니체 철학이 이전 철학과 가장 눈에 띄게 결별하는 점,
어쩌면 니체 철학에서 가장 혁명적인 부분은
그가 심신이원론에서 정신보다 '몸'의 우위,
몸의 근본성을 주장한 데 있다. 니체는 묻는다.
몸에 의하지 않은 생각이란 것이 가능하기나 한 것일까?

1

니체, 피로써 책을 쓰다
니체의 주요 저작 6편 다시 읽기

자기 자신에 대해 많이 이야기하는 것은, 자기를 숨기는 수단의 한 가지가 될
수도 있다.
- 『선악의 저편』, p.130.

『비극의 탄생』(1872)

25세에 스위스 바젤대학의 고전문헌학 교수가 된 니체가 쓴
첫 저작이다. 1872년 발표 당시 원제는『음악 정신으로부터의 비
극의 탄생』이었지만 1886년 개정판을 내며『비극의 탄생, 또는
그리스 문명과 염세주의』로 제목을 바꾸었다.

14년 만에 개정판을 내며 니체는 왜 제목을 바꾸어 출판했을
까? 1886년은 니체 철학과 핵심 개념의 윤곽이 거의 드러나고 주
요 저작들이 세상에 빛을 본 시기이다. 1886년의 니체는 그보다
앞선 철학자들의 숲을 헤매던 1872년의 니체와 달리 자신만의

세계를 오롯이 구축한 상태였다. 그럼에도 앞선 저작들의 내용을 전반적으로 손보지 않은 것은 그의 초기 사유들이 1886년에도 여전히 유효했기 때문일 것이다. 다만 그의 첫 저작인 『비극의 탄생』의 집필 배경에 대해서만큼은 변론하고 싶은 것들이 한두 가지 있었던 모양이다.

유명한 '아폴론적인 것, 디오니소스적인 것'이라는 개념이 이 책에 등장한다. 그리스 비극의 위대함을 증명하는 가운데, 애초 음악극에서 출발한 그리스 비극의 드높은 정신을 찬양하는 내용들로 이루어져 있다. 디오니소스 축제의 사티로스극Satyros play[45]으로부터 출발해 높은 성취를 이룬 고대 그리스 비극이 아이스킬로스, 소포클레스 같은 훌륭한 비극 작가들의 시대까지 융성하다가 에우리피데스 시대에 와서 급격한 쇠퇴를 맞았다는 것을 논증하며 이 과정을 심도 깊게 추적한다.

야심만만한 데뷔작임에도 이 책에 대한 주변의 반응은 싸늘했다. 심지어 그의 명민함을 높이 사서 젊은 학자 니체를 바젤대학 교수로 끌어들였던 스승 알브레히트 리츨Albrecht Ritschl조차 이 책을 황당한 저작물로 보았다. 니체에게 그리스 문화의 위대함에 관해 일깨워 주고 '디오니소스적인 것'의 개념을 정립하는 데 큰 영감을 준 동료 교수이자 유명한 문화사가인 야코프 부르크하르트 역시 이 책에 대해 냉담했다.

그러니 니체가 몸담고 있던 고문헌학계야 말해 무엇 하겠는가.

문헌학에서 출발한 니체가 지나치게 철학적 관점을 투영한 데 대한 학계의 반응은 싸늘했고, 서양 철학의 비조인 소크라테스를 원색적으로 비난하는 문체 때문에 거부감은 더 컸을 것이다.

이 책이 오늘날의 독자에게도 어필하는 것은 고대 그리스 비극과 그리스 문화에 대한 새로운 관점을 제공하는 동시에 이후 전개될 니체 사상의 맹아들이 여기저기 보인다는 것, 또 아포리즘 문체로 가기 이전 니체의 박진감 넘치는 '글빨'이 돋보인다는 점에서일 것이다. 아이스킬로스, 소포클레스, 에우리피데스 등 오늘날에도 친숙한 비극 작가들과 작품이 무시로 언급되는 것도 책을 읽는 재미를 더해준다.

무엇보다 매우 흥미롭게 읽은 대목은, 위대한 디오니소스적 비극을 망쳐 버린 장본인으로 3대 비극의 거장 중 가장 막내인 에우리피데스를 지목하고 있는 것과 그를 사주한 비극의 적대자, 비극의 살해자가 그리스 최고의 철학자로 불린 소크라테스임을 증명해 나가는 부분들이다.

니체는 소크라테스에 대해 예술(비극)을 별로 좋아하지도 않았으며 지적인 것, 인식, 앎이 없는 것은 예술로 보지 않음으로써 예술을 학문의 시녀로 만들었다고 비난했다. 오만한 소크라테스 일당이 세상을 지식과 학문에 의해 전적으로 파악할 수 있는 것으로 보았다는 것이다.

그러나 니체가 비난하는 것은 단순한 비극의 파괴자, 예술의 살해자로서의 '이론적 인간' 소크라테스가 아니었다. 서구 문화 전통의 주도권이 소크라테스(그리고 제자 플라톤)의 '학문'적 손아귀에 들어감으로써 세상 전체가 이토록 형편없는 것이 되었다는 게 니체의 소크라테스 비난의 핵심이다. 니체는 거듭거듭 말한다. '소크라테스, 당신이 세상을 망쳤어!'라고.

『비극의 탄생』에서 니체가 안타까워하는 것은 음악으로부터 시작된 그리스 비극에서 매우 건강하고 힘이 넘쳤던 '디오니소스적인 것'의 쇠퇴와 몰락이며, 이는 세상의 타락을 의미했다. 그러나 니체는 니체 당대의 예술에서 디오니소스적인 것의 부활에 대한 희망을 발견한다. 그리스 비극의 원초적인 생명성을 동시대에 구현한 인물이 나타났는데 그가 작곡가 바그너라는 것이다.

이 책은 그 서문부터 바그너에 대한 헌정으로 쓰였다. 물론 개인적인 친분 때문에 이런 결론을 도출한 것은 아니지만 초판을 쓰던 당시는 한참 바그너 부부와 우호적인 관계를 이어가던 때였다. 이후 독일 민족주의자로 변절했다고 판단하여 바그너와 결별한 니체는 14년 뒤인 1886년 〈자기비판의 시도〉라는 이 책의 서문을 새로 쓰면서, 초판 출판 당시 쇼펜하우어와 바그너에 몰입했던 자신의 성급함을 뉘우치고 있다.

그 14년 사이 니체는 그가 애초 '디오니소스적인 것'이라 명명했던 것이 결국 '힘에의 의지'이자 허무주의를 극복한 '운명에 대한 긍정', 그리고 '초인'이 되는 길임을 알게 되었을 것이다.

『인간적인, 너무나 인간적인』(1878~1880)

『인간적인, 너무나 인간적인』은 니체의 제2기, 혹은 '니체의 계몽주의(혹은 실증주의) 시대'라 불리는 시기의 대표작이다. 아직 니체 철학의 주요 개념들이 무르익기 전인데, 『반시대적 고찰』(1873~76) 이후에 나온 이 책에서 니체는 그의 후반기 저작들의 중요한 특징인 아포리즘적 글쓰기를 본격적으로 시도한다.

니체의 이러한 잠언식 문체는, 그에게 다윈의 진화론을 접하게 해준 친구 파울 레를 통해 받아들인 것으로 보인다. 니체보다 먼저 프랑스풍의 잠언 문체에 경도된 파울 레를 통해 이 문체가 지닌 간결성에 매력을 느낀 니체는 당시 집필하던 『인간적인, 너무나 인간적인』에 1,400개가량의 잠언체 단락을 새겨 넣게 된다.

상징과 비유, 문학적 수사법이 난무하는 짧은 아포리즘식 글을 쓰게 된 이유로 니체가 앓았던 병환과 연관을 지어 설명하곤 한다. 장애인에 가까웠던 시력을 비롯해 만성적인 두통으로 길고 일관된 글을 쓰기가 몹시 어려웠던 니체가 선택할 수밖에 없었던 글쓰기 방식이 짧은 잠언 형식의 글이라는 것이다. 이러한 아포리즘식 문체는 니체의 텍스트를 한없이 열린 텍스트로 만들었다.

니체 저술 중 가장 두꺼운 분량인 이 책을 쓸 당시 니체는 여러 모로 힘든 시기를 보내고 있었다. 그의 멘토였던 바그너가 독일주의자로 빠져 버린 것에 실망하여 그와 결별했고, 삶의 안정적

기반이었던 바젤대학 교수직을 사임할 정도로 몸이 안 좋았다. 그러나 니체는 극심한 병환 덕분에 이 책을 썼고 '내 본성에 속하지 않는 것들에서 나를 해방시켰다'고 밝힌다. 자서전인 『이 사람을 보라』에서 니체는 이 책을 쓸 당시를 다음과 같이 회고한다.

> 내 병은 망각을 허락했고, 망각하라고 명령했다. 내 병은 내게 조용히 누워 있는 것, 한가로움, 기다림과 인내의 필요를 선사했다. 그런데 이것이야말로 생각한다는 것이 아니겠는가! 내 눈이 홀로 온갖 책벌레들에 안녕을 고했다. (…) 문헌학에 안녕을 고했다. (…) 이것은 내가 나 자신에게 베푼 최고의 은혜였다.(『이 사람을 보라』, p.409)

이어, '가장 아팠고 고통스러웠던 그 시절에 내가 느꼈던 행복보다 더 큰 행복을 나는 결코 가져 보지 못했다'고 회고한 니체는 이 책을 통해 이상주의와 결별했음을 밝히고 있다.(『이 사람을 보라』, p.404)

니체는 계몽주의나 그것에 반대급부로 일어난 낭만주의 모두 불완전한 사상들이라 생각하고, 그의 첫 멘토들이었던 쇼펜하우어와 바그너를 넘어서고자 했다. 그는 바그너 대신 볼테르에게 책을 헌정하며 책의 1부를 볼테르 사망 100주년 기념일에 맞춰 출간하려고까지 했다.

앞선 책 『비극의 탄생』을 헌정 받은 바그너와 코지마 부부는 이 책에 실망감과 분노를 감추지 못했으며, 친구인 로데는 '한 사람이 자신의 영혼을 없애고 갑자기 다른 사람의 영혼을 대신할 수 있을까?'라며 책의 내용에 당황스러워했다. 반면에 이 책을 쓰는 데 영향을 미친 파울 레나 첫 책 『비극의 탄생』에 냉담했던 부르크하르트는 훌륭한 책이라며 칭찬했다고 한다.[46]

보통의 독자에게 그나마 이해가 용이하고 공감을 느끼게 하는 짧은 잠언, 강렬한 아포리즘들이 책에 많이 포함돼 있어서인지 『인간적인, 너무나 인간적인』은 『차라투스트라』나 『비극의 탄생』 다음으로 널리 읽히는 책이기도 하다. 그러나 이 책에 풀어낸 내용들로 니체 철학의 진면목을 파악하는 것은 무리다.

책의 2부를 출판할 무렵 대학에 사표를 낸 뒤 스위스 실스마리아 등지에서 요양하며 니체의 철학은 더욱 심화되어 갔고, 그의 중요한 개념들도 이 책의 집필 뒤에야 정리되었다. 니체 사상이 집약된 가장 중요한 저작 『차라투스트라』가 발표된 것도 이 책이 나온 4, 5년 뒤부터이다.

두 저작 사이에 『아침놀』(1881)이나 『즐거운 학문』(1882)이 출판되었다. 『즐거운 학문』에 '신은 죽었다'는 문구가 처음 등장하며, 그 책 마지막 부분에 예언자 차라투스트가 출현해 곧이어 탄생하게 될 『차라투스트라』를 예견하였다. 아포리즘식 문체를 통해 니체는 이전의 자신과 결별하고 문장가, 사상가로서의 면모를 확립해 갔다고 할 수 있다.

『차라투스트라는 이렇게 말했다』(1883~1885)

두 말 할 필요 없이, 니체는 물론이고 후대 사람들이 인정하는 니체의 대표작이자 최고의 저작이다. 이 책을 두고 니체는 스스로 '인류에게 더할 수 없는 선물을 주었다'고 자찬했다.

전기적으로 볼 때 이 책 역시 몹시 어려운 시기에 쓰였다. 건강 악화로 바젤대학 교수직을 사퇴하고 넉넉하지 못한 연금으로 떠돌이 생활을 하던 니체는 이 책을 쓰기 전에 두 차례의 큰 이별을 겪었다. 절대로 결혼 같은 건 하지 않겠다며 니체의 청혼을 거절한, 니체 평생에 가장 사랑했던 여성 루 살로메가 절친 파울 레와 함께 도피한 사건이 그 하나이고, 애증으로 점철된 정신적 아버지 바그너의 죽음이 다른 하나였다.

흠모하고 존경했던 이들을 잃은 절대 고독 속에서 니체는 차라투스트라를 낳았다. 전작 『즐거운 학문』 끝부분에 오래된 종교의 선지자를 처음 언급하며 『차라투스트라』의 첫 구절이 된 '차라투스트라는 서른이 되자 고향과 고향의 호수를 떠나 산으로 들어갔다'는 문장을 거기 먼저 적어둔 바 있다. 『즐거운 학문』에 처음 제시된 차라투스트라의 아이디어를 발전시켜 니체는 그의 가장 위대한 철학적 에세이를 완성한 것이다.

그런데 왜 하필 '차라투스트라'였을까? 기독교의 예수나 모세, 그리스 신화의 프로메테우스나 디오니소스가 아니라 왜 먼 나라 종교의 선지자를 등장시켰을까? 알다시피, 차라투스트라는 현존하는 종교 중 가장 오래된 종교로 지목되는 조로아스터교를 창시한 바로 그 '조로아스터'의 유럽식 이름이다. 기원전 12~6세기경 페르시아에서 살았을 것으로 추정되는 차라투스트라를 니체는 자신만의 방식으로 소환하여 재창조한다.

『차라투스트라』에 펼쳐지는 차라투스트라의 행적과 이야기는 설화로 전해지는 차라투스트라와 거의 닮은 바가 없는, 니체의 순수 창작이라 할 수 있다. 니체는 완전히 새롭게 창조한 예언자 차라투스트라의 입을 통해 그의 철학의 고갱이를 이루는 개념들을 설파한다.

첫 책 『비극의 탄생』에 등장시킨 디오니소스의 연장선상에서 '신의 죽음'을 확인하고 니힐리즘을 극복하여 디오니소스적 긍정을 구현하는 인물로 차라투스트라를 등판시킨 것이다. 이 책을 통해 차라투스트라는 디오니소스와 동일시된다. 니체는 『이 사람을 보라』에서 이 책을 회고하며 이 책 전체를 음악으로 생각해줄 것을 주문한다. 그러면서 바로 직전에 쓰인 『즐거운 학문』을 서두로 언급하며 음악적인 구조를 염두에 두고 쓴 이 책을 하나의 '노래'로 설명하고 있다.

니체 연구자 중에는 이 책의 문체나 여러 구성에서 성경, 혹은 예수의 일대기와 유사한 점이 있음을 주장하기도 한다. '차라투스트라는 이렇게 말했다'라는 반복구는 성경의 '예수께서 가라

사대'라는 구절과 호응하고, 책 속에 등장하는 차라투스트라의 행적들에서 예수 그리스도의 일대기를 감지한다. 하기야 이런 유사한 행적들은 신화학자 조셉 캠벨Joseph Campbell이 세계 거의 모든 신화에 나타나는 영웅 서사의 일반적인 패턴, 즉 고난과 방황, 입문, 수행, 권능 획득, 시련과 부활 등으로 도식화한 '원질신화monomyth'의 패턴을 따르고 있지만 말이다.[47]

앞서 말했듯이, 이 책 『차라투스트라』에는 니체 철학의 핵심 개념들이 두루 포진되어 제시되고 있다. 총 4부로 구성된 책의 1부에서는 '초인'과 '신의 죽음'이, 2부에서는 '힘에의 의지'가, 3부에서는 '가치의 전도'와 '영원 회귀', 그리고 마지막 4부에 '운명에 대한 사랑'의 주제들이 주요하게 다루어진다. 때문에 이 책만 제대로 이해해도 니체 철학의 핵심을 파악했다고 할 수 있지만 그만큼 읽고 이해하기가 쉽지 않은 책이다.

책이 어려운 이유는 무엇보다 그 개념들이 논리와 설명에 의한다기보다 시적인 언어와 상징, 비유 등을 통해 '문학적으로' 제시되기 때문이다. 특히 힘에의 의지나 영원 회귀 같은 개념은 매우 모호한 상태로 제시되어 후대 철학자들로 하여금 다양한 해석과 주장을 내놓게 했다.

프로이트의 제자였다가 결별하여 자신만의 독창적인 분석심리학을 정립한 칼 G.융 같은 학자도 이 책에 등장하는 다양한 상징과 기호들을 해독하기 위해 동료들과 오랫동안 세미나를 열 정도였다. 1934년부터 1939년까지 스위스 취리히에서 진행한 융의 세미나는 유럽에 전운이 감돌면서 전체 4부 중 3부의 '낡은 서판과 새로운 서판에 대하여'까지만 분석하고 더 나아가지 못했다. 융은 1934년에 세미나를 처음 열며 참석자들에게 니체 책 분석의 어려움을 감당해야 할 것이라며 다음과 같이 고백한다.

『차라투스트라는 이렇게 말했다』는 대단히 혼란스럽고 또 대단히 어려운 작품이다. 나는 몇 가지 문제 때문에 머리가 깨어질 것 같은 느낌을 받았다. 물론 최선의 노력을 기울일 것이지만, 이 작품을 심리학적 관점에서 명확하게 설명하는 것은 대단히 어려운 작업이다.[48]

칼 융은 니체가 '글을 조금 덜 요란하게만 썼더라면, 이 책은 사람들에게 충분히 이해되었을 것'이며, 이 책의 '일부 문장은 더 없이 아름답지만, 다른 문장들은 매우 조악하며 책 전체의 효과가 그런 문장 스타일 때문에 다소 훼손되었다'고 말한다.[49] 세기의 석학조차 머리가 깨질 것 같다고 토로할 만큼 이 책을 제대로 이해하는 것은 쉬운 일이 아닐 것이다.

정작 니체는 다른 어떤 책보다 『차라투스트라』에 대한 자부심이 대단했던 것 같다. 이 작품을 쓰게 했던 풍부한 힘에 육박하는 힘으로 쓰인 책은 이 세상에 존재하지 않을 거라 말하며 괴테나 셰익스피어, 단테, 옛 인도의 베다 시인들조차 도달할 수 없는 위대함을 이 책이 갖고 있다고 주장한다. 심지어 이 책에 나오는 여섯 문장을 이해한 정도라면 '현대인'에 이를 수 있고, 그의 말을 경청하기 위한 일정한 자격을 갖춰야 한다고 『이 사람을 보라』의 여러 곳에 격앙된 목소리로 주장하고 있다.

이 책에 구사된 문체에 대해 '나 이전에 사람들은 독일어로 무엇을 할 수 있는지를 알지 못했다(『이 사람을 보라』, p.383)'고 말하는 대목에 이르면, '나는 왜 이렇게 좋은 책을 쓰는지' 하는 소제목이나 '이 책으로 나는 인류에게 지금까지 주어진 그 어떤 선물보다 가장 큰 선물을 주었다(『이 사람을 보라』, p.326)'는 구절들이 니체 자신에겐 과장된 허장성세나 미사여구가 아니었음을 알 수 있다.

『선악의 저편』(1886)과 『도덕의 계보』(1887)

이 두 책을 함께 묶어 설명하는 것은, 두 책 사이에 존재하는 분명한 차이를 희석시킨다는 점에서 무모한 서술일 수도 있지만 두 책이 쓰인 배경이나 연속성의 관점에서 볼 때 그런대로 의미가 있다. 담고 있는 문제의식이나 사유가 서로 연결되는 두 책은 『차라투스트라』를 완성한 직후인 1886년과 1887년에 연속해서 집필되고 출판되었다.

이 두 책이 앞서 발표된 『차라투스트라』의 주석서 역할을 한다는 점, 그러나 『차라투스트라』가 시적인 문체나 상징, 비유를 위주로 한 문학적 저술인 데 비해 두 책은 어느 정도 논리와 구조를 갖고 니체 자신의 생각과 철학을 풀어내는 논문의 형식을 적절히 취한다는 점에서 함께 묶어 설명하는 것은 마땅하다 할 수 있다. 한국판 '니체 전집'에도 두 저서가 한 권의 책으로 묶여 소개되고 있다.

　『선악의 저편』은 '진리가 여성이라고 가정한다면 어떠한가?'라는 유명한 문장으로 시작하는 짧은 서문과 296개의 아포리즘을 담고 있는 9개의 장, 그리고 〈높은 산에서〉라는 시적인 후곡으로 구성돼 있다. 9개의 각 장은 철학자들의 편견, 자유정신, 종교적인 것, 도덕, 학자들, 덕, 민족과 조국, 고귀함 등의 표제를 달아 각 주제에 대한 니체의 준엄하고도 유려한 사유를 펼친다. 이는 앞선 저작인 『차라투스트라』에서 문학적으로 풀어놓은 내용들을 논리적인 글과 짧은 아포리즘을 섞어가며 보충한 것이다.
　이 책을 통해 본격적으로 '모든 가치의 전도'와 관점주의를 시도하면서 서양의 철학(철학자), 종교(성직자), 학문(학자), 정치(정치가), 예술(예술가) 등 다양한 사상에서 정립된 절대적이고 독단적인 가치들을 전면적으로 재검토한다. 철학적 자서전인 『이 사람을 보라』에서 니체는 1886년 집필한 『선악의 저편』을 두고 '본질적으로 현대성에 대한 비판'이었다고 회고한다.
　『선악의 저편』이 앞선 『차라투스트라』를 이어받아 이를 해설하고자 한 책이지만, 니체는 이 책만으로는 부족하다고 여겼던 것 같다. 곧바로 이를 보충하는 책인『도덕의 계보』을 쓰고 펴냈다. 이 책은 한 편의 서문과 3개의 긴 논문 형식으로 구성되었는데, 이 책에서는 짧은 아포리즘 형식의 글들이 사라지고 차근차근 논리를 세우며 이어지는 비교적 긴 호흡의 글들이 주를 이룬다.

결코 적은 분량이라 할 수 없는 논문들로, 제1 논문에서는 '선과 악', '좋음과 나쁨'을, 제2 논문에서는 '죄', '양심의 가책' 등을, 제3 논문에서는 '금욕주의적 이상'을 내세워 서술한다. 이 과정을 통해 최종적으로, 우리가 아무런 의심 없이 받아들이고 사용해 온 '도덕'의 개념이 어떻게 우리에게 내면화되었는지, 즉 그 기원이 망각된 '도덕' 개념의 발생사를 계보학적으로 추적한다.

결국 니체가 발견해낸 '도덕'의 실체는 어떤 권력, 즉 어떤 힘에의 의지를 통해 구성된 것에 불과한 것이다. 이로써 자칭 '최초의 비도덕주의자'인 니체가 밝히고자 한 것은 절대적인 도덕이란 있을 수 없으며 상황에 따른 도덕적 '해석'만이 있을 뿐이라는 것, 도덕이야말로 가장 부도덕하고 위험한 것이라는 주장이다.

아포리즘과 문학적 수사로 이루어진 니체의 다른 책들에 비해 이 책들은 다소 장황하게 읽힌다. 그러나 우리가 저 수수께끼 같은『차라투스트라』의 많은 구절들은 물론, 니체 철학 저변에 흐르는 핵심적인 사유를 이해하기 위해 이 책들을 찬찬히 살펴볼 필요가 있다.

『이 사람을 보라』(1888)

1889년 정신의 붕괴를 맞기 직전에, 니체는 무언가를 예감한 듯 자서전 아닌 자서전인 이 책을 썼다. '어떻게 사람은 자기의 모습이 되는가?'라는 부제를 달고 있는 이 책은 서문 맨 앞에 자신이 '조만간 인류에게 가장 어려운 요구를 해야만 한다는 생각이 들기에 내가 누구인지를 밝혀두는 것이 반드시 필요한 것 같다'(『이 사람을 보라』, p.323)고 말하며 책의 필요성을 먼저 설명한다.

그동안의 저작들을 중심으로 자신의 사상이 각 저작들을 집필할 당시 어떻게 형성되고 변화되었는지를 요약한 이 책은, 다른 사람과 '나를 혼동하지 마시오!'라고 선언하며 저자 스스로를 세상에 당당하게 드러내며 시작한다.

책의 내용을 잘 모르는 사람이라도, 책의 목차에 적힌 각 장의 악명 높은(?) 소제목들은 들어봤거나 잘 알 것이다. 첫 장의 제목이 '나는 왜 이렇게 현명한지'이고, 두 번째 장의 제목은 '나는 왜 이렇게 영리한지', 그리고 자신의 저서들을 하나하나 소개하는 세 번째 장의 제목은 '나는 왜 이렇게 좋은 책들을 쓰는지'다. 이런 말들을 아무렇지 않게 말할 사람이 니체 말고 또 누가 있을까?

『이 사람을 보라』는 많은 학자, 전문가들이 니체 입문서로 추천하는 책이기도 하다. 니체 스스로에 의해 집필되었으며, 비록 주관적인 주장과 기억이 많이 개입되었다 하더라도 니체의 저술들과 그를 둘러싼 사상들이 어떻게 착상되고 발전되어 왔는지를 연대기적으로 밝히고 있기 때문이다. 무엇보다 니체의 다른 책들에 비해 난해함이 덜하다는 장점도 갖고 있다. 그만큼 『이 사람을 보라』는 다른 어떤 책보다 말년의 니체의 내면 풍경을 엿볼 수 있는 흥미로운 책이기도 하다.

1889년의 발작으로 정신의 암흑 속으로 넘어가기 전에 쓰인 이 책 『이 사람을 보라』와 함께 니체는 자신의 정신적 생명이 얼마나 남지 않았다는 걸 직감한 듯 거의 초인적인 능력을 발휘해 몇 권의 책들을 동시에 토해냈다. 『바그너의 경우』, 『우상의 황혼』, 『안티크리스트』, 『디오니소스 송가』, 『니체 대 바그너』 같은 책들이 『이 사람을 보라』 앞뒤로 쓰인 책들로 모두 1888년 이탈리아 토리노에 정착하여 써낸 책들이다. 바로 그가 발작을 일으키게 되는 알베르토 광장 부근의 하숙집에서 말이다.

어떤 이유에선지, 그가 '마키아벨리보다 더 사악한 책을 쓰겠다'며 의욕을 보였던 『힘에의 의지』의 집필은 완성을 보지 못하고 포기했다.

2

니체만의 독특한 아이디어들(1)

망각, 모든 가치의 전도, 관점주의, 계보학

영원토록 나는 많은 것을 알기를 원하지 않는다. 지혜는 인식에도 한계를 긋는다.
- 『우상의 황혼』, p.77

망각

니체는 그 자신이 즐겨 읽곤 하던 몽테뉴에게서 망각의 기쁨을 배웠는지도 모른다. 『수상록』(1580)에서 몽테뉴는 기억만을 사랑하는 세속의 전통에 반대하며 망각의 가치를 드높이 예찬했다. 그는 '탁월한 기억력은 판단력이 약하다는 징표'라고 주장한다. (…) 몽테뉴는 일생 동안 자신이 나쁜 기억력의 소유자라는 것을 매우 자랑스러워했다. 너무 잘 잊기 때문에 다시 보는 장소와 책들이 늘 신선하고 새로운 맛으로 즐거움을 선사한다는 점을 기뻐했다. 그러나 무엇보다 과거에 받은 모욕이 잘 생각나지 않는다는 점을 가장 좋아했다. 이 슬픔 많고 모욕 많은 세상에 우리가 쉽게 잊을 수조차 없다면![50]

니체에게 있어서도 무엇인가를 잊어버리는 것, 즉 '망각'은 축복이자 기쁨이었다. 모든 것을 안간힘을 쓰며 기억해 내는 것보다 쉽게 망각할 수 있는 능력은 더 훌륭하고 건강한 능력이라는 것이다. 건강한 정신과 창조적인 사유는 또렷한 기억에서보다 망각 속에서 곧잘 싹튼다는 것이 니체의 생각이었다.

그가 인간 정신의 세 단계로 표현한 낙타, 사자, 어린아이 중 가장 높은 단계인 '어린아이'의 특징으로 설명한 것도 '천진난만, 망각, 새로운 시작, 놀이, 스스로의 힘에 의해 돌아가는 바퀴, 최초의 운동, 거룩한 긍정' 등이다. 플라톤을 비롯한 이성의 철학자들이 망각은 무지이자 영혼의 죽음이고 기억이야말로 생명과 진리에 연결된 개념이라 설파한 것과는 매우 다른 생각이다.

니체에게는 '기억'이야말로 고통의 근원으로, 필연적으로 '약속'을 떠올리게 하고 책임과 그에 따른 대가를 요구함으로써 공포를 유발한다는 것이다. 이러한 연결고리를 통해 기억은 '원한의 인간', 즉 노예의 도덕을 만들고 인간을 옭아매는 도덕과 종교를 창출한다. 이와 반대로 나쁜 기억과 나쁜 경험을 잊을 수 있다는 것은 건강에 좋은 일이고 대단한 능력이라고까지 찬양한다. 망각의 능력은 강한 자들의 징표인 것이다.

망각이란 천박한 사람들이 믿고 있듯이 그렇게 단순한 타성력이 아니다. 오히려 이것이 일종의 능동적인, 엄밀한 의미에서의 적극적인 저지 능력이다. (…) 망각이 없다면 행복도, 명랑함도, 희망도, 자부심도, 현재도 있을 수 없다. 이러한 저지 장치가 파손되거나 기능이 멈춘 인간은 소화불량 환자에 비교될 수 있다.(『도덕의 계보』, 395-396)

고병권 역시 니체가 말한 망각은 단순히 무엇인가를 잊어버리는 부정적 작업이 아니며 한 개의 기억에서 비롯된 한 개의 시각이 갖는 특권을 제거하고 대신 수만 개의 가능함을 만드는 일이라고 설명한다.[51] 부정확한 기억이 만든 왜곡과 환상에서 탈피해, 망각이 만들어준 흰 도화지 위에 새로운 그림을 그리는 일 같은 것 말이다.

'내 병은 내가 망각하기를 허용했고, 요구했다'고 『이 사람을 보라』에 적었듯이 평생을 안고 간 여러 질병으로 인해 자연스럽게 생긴 망각의 능력은 니체로 하여금 총체적이고도 일관된 글쓰기를 어렵게 했을 터다. 그런 논리와 증명의 글 대신 니체 특유의 시적이면서 강렬한 아포리즘의 문체가 탄생한 것도 망각의 능력에 빚진 창조 작업의 일환으로 볼 수 있을 것이다.

모든 가치의 전도, 그리고 관점주의

니체의 철학은 기존 철학에 대한 전면적인 재검토와 공격 위에 세워졌다. 기독교나 불교와 같은 종교 사상은 물론 소크라테스 이래의 서양 형이상학과 문화에 대해서도 전면전을 불사하고 있다. '모든 가치의 전도'라고 명명한 이 같은 작업은 『도덕의 계보』와 『선악의 저편』을 거쳐 니체의 정신이 붕괴되기 직전에 쓰인 『우상의 황혼』(1888)에 본격적으로 다뤄지는데 그보다 훨씬 전에도 다음과 같은 구절에 강렬하게, 또 매혹적으로 암시된다.

모든 가치를 뒤바꿔 버릴 수는 없을까? 혹시 선이란 악이 아닐까? 신이란 단지 악마의 발명품이거나 악마를 더욱 정교하게 해놓은 것은 아닐까? 모든 것들은 궁극적으로 거짓이 아닐까?(『인간적인 너무나 인간적인』 서문에서)

니체 철학의 계몽주의기로 불리는 시기에 쓰인 저작에서 이미 그가 남은 생에 걸쳐 전면적으로 진행하게 될 작업이 암시되어 있다. 『선악의 저편』과 『도덕의 계보』 등은 이보다 10여 년 뒤에 발표되지만 니체의 흉중에는 그간 서양문명이 절대적으로 신봉해온 가치들에 대한 매우 도발적인 전복의 계획이 자리 잡고 있었다. 『선악의 저편』과 『도덕의 계보』에서는 이를 바탕으로 서양문명을 이끌어온 종교, 철학, 학문, 제도 등이 이러한 거짓된 가치들을 어떻게 만들고 강요해 왔는지를 추적한다. '어떻게 망치를 들고 철학하는지'라는 부제가 붙은 『우상의 황혼』에서 그는 소크라테스와 플라톤을 대표적인 '우상'으로 지목하면서 이들 이후의 서양 형이상학을 비롯해 철학, 학문, 예술에 걸쳐 '모든 가치의 재평가'를 시도한다. 독일의 정신은 물론 도덕, 현대성, 자유, 노동, 예술을 위한 예술, 교육 등에서 형성된 가치들에 대해 언급하고 마키아벨리, 괴테, 나폴레옹, 쇼펜하우어, 다윈, 에머슨, 조르주 상드George Sand를 포함한 유명인들에 대한 재평가도 시도된다.

내가 용인할 수 없는 자들 -세네카 : 또는 덕의 투우사. - 루소 : 또는 자연적인 불결함으로의 자연의 복귀. -실러 : 또는 재킹엔Säckingen의 도덕적인 나팔수. -단테 : 또는 무덤 위에서 시를 짓는 하이에나. -칸트 : 또는 예지적 성격으로서의 허위 cant. -빅토르 위고 : 또는 부조리의 바다에 있는 등대. - 리스트 : 또는 능숙함의 학교. (하략) (『우상의 황혼』, 141.)

니체는 그간의 모든 진리, 가치 체계가 오류인 이유를 인간 인식의 한계, 그에 앞서 인식의 근거가 되는 인간 감각의 한계에서 찾는다. 다른 가치들을 배척하면서까지 사람들이 신봉하는 가치들이란 이런 협소한 감각기관의 한계 위에 세워져 있다. 일정 주파수를 넘어서는 소리를 듣지 못하거나 가시광선 이외의 빛을 보지 못하는 감각의 한계 위에 진리와 가치가 세워져 있다는 것이

다. 우리의 감각이 우리를 가두는 감옥이자 그물인 셈이다.[52]

특히 어린 시절부터 극심한 시력장애를 겪어 온 니체는 시각 경험에 의존하는 진리의 위험성을 일찌감치 간파하였다. 그는 모든 것을 (데카르트적으로) 명석 판명하게, 또 (칸트적으로) 아무런 사심 없이 disinterested 바라보는 절대적인 눈을 의심한다.

그런 시각은 외눈單眼, 단안에 의한 시각이며, 인간이 가진 양안兩眼, 두 눈의 입체성과 현실성을 무시하고 진리를 고정 불변한 것으로 확정짓는 왜곡된 시각인 것이다. 근세 최고의 발명품인 '원근법'에 적용된 이러한 외눈의 시각은 초월적인 동시에 비非신체적인 시각이다. 외눈(단안)의 왜곡된 시각을 벗어날 대안으로 니체가 제시하는 것이 '관점주의'이다.

우리는 '순수 이성'이나 '절대 정신'이나 '인식 자체'와 같은 그러한 모순적인 개념의 촉수를 경계해야 할 것이다. 여기서는 도저히 생각할 수 없는 하나의 눈이 있다는 것을 항상 생각하도록 요구하고 있는데, 이는 전혀 어떤 방향도 가져서는 안 되는 하나의 눈이며, (…) 눈이 요구하는 바는 언제나 불합리와 이해할 수 없는 것이다. 오직 관점주의적으로 보는 것만이, 오직 관점주의적인 '인식'만이 존재한다. (『도덕의 계보』, p.483.)

이러한 외눈의 시각은 생리적, 감각적 측면에서만이 아닌 역사적, 사회적 측면에서도 오류를 품게 마련이다. 각각의 민족과 사회가 처한 '하늘과 땅(자연)', 그리고 그 자연에서 비롯된 '언어' 같은 것이 또한 그 민족의 정체성을 형성한다. 또 인접한 이웃과 그들이 함께 겪은 곤경에 따라 선악의 기준이 생기므로 가치 역시 상대적인 것이며 차이가 날 수밖에 없다는 것이다.

서구 형이상학과 기독교의 가치와 도덕은 이런 왜곡된 과정을 통해 형성되었다. 니체가 자신의 '망치'로 낡은 가치를 깨부수고 새로운 가치로 창조하고자 한 작업, 그것이 '모든 가치의 전도'인 것이다. 새로운 가치를 창조하는 일은 용기와 모험을 필요로 한다. 완고했던 기존 진리가 사라지면 모든 것이 사라질 것 같은 두려움이 뒤따르기 때문이다. 그러나 그것은 즐거운 일이다. 그것은 새로운 집을 짓는 일이기 때문이다.[53]

'모든 가치의 전도'와 관련한 가장 니체다운 아이디어이자 이후 철학과 학문에 상당한 영향을 미친 철학적 태도 내지는 방법론이 '관점주의'이다. 니체가 보기엔 '진리'는 고정된 것이 아니며 그것은 생성과 소멸을 거듭하고 변화하여 항상 새롭게 재창조되어야 하는 것이다.

절대적 진리란 애초부터 존재하지 않으며 오로지 이런저런 '해석'만이 있을 뿐이다. 진리와 연결되어 있는 '가치'라는 것도 오로지 그 가치를 창조하는 사람의 존재 방식이나 유형으로부터 비롯되는 것이므로 이 역시 상대적인 관점주의에 입각해 있다.

서양의 형이상학이 구축해 온 진리들은 고정된 존재로 환원된 것이며 인간에게 안정되고 확실한 존재를 제시하기 때문에 인간에게 무리없이 수용돼 왔다. 그러나 서양철학이 추구해 온 진리의 독단성, 절대성, 배타성은 이제 새로운 가치들, 또 생성과 소멸을 거듭하는 진리들에 의해 대체되어야 하는 것이다.

모든 가치의 전도, 그리고 관점주의는 여기서 소환된다. 니체가 『선악의 저편』 서문에 '진리가 여성이라면'이라는 가정을 던졌을 때, 그는 남성적인 진리가 지배해 온 서양 형이상학의 역사에 '가치의 전도'와 '관점주의'를 표방한 것이라 할 수 있다.

계보학

히틀러의 철학자로 오해받아 온 니체를 복권, 부활시키는 데 큰 역할을 한 후기 구조주의 철학자 미셸 푸코는 니체가 그의 저서에서 활용한 '계보학'의 방법론을 자신의 학문 방법론에 적극 차용한다. 푸코 후기의 대표 저작인 『감시와 처벌』(1975)에 적용한 '계보학'은 니체가 『도덕의 계보』(1887)의 책 제목에 적시한 개념이기도 하다.

계보학이란 쉽게 말해 기원과 뿌리를 탐구하는 학문이다. 아무런 고민이나 성찰 없이 통용되는 용어나 개념, 제도, 담론들에 대해 그것이 처음 비롯된 기원과 변화해 온 과정, 그것을 가능하게 하는 힘(권력)들을 탐색함으로써 그 완고한 개념이나 담론을 해체하고 재구성하는 작업이다. 중요한 것은 이러한 기원의 망각 과정이 순차적이거나 연속적, 진화론적인 과정이 아니라 단절적이며 불연속적 과정으로 파악된다는 데 있다.

결과론적인 사고에 기대어 어떤 개념이나 담론들이 질서정연하게 우리에게 도달해 온 과정을 상정하기보다 일탈과 단절, 간극, 이질적인 것들이 복잡하게 작용한 역동적인 과정임을 보여줌으로써 절대적 진실이라 생각된 가치들에 의문을 품게 한다는 점에서 '모든 가치의 전도'의 성격을 띤 방법론일 수 있다.

니체는 『차라투스트라』의 해설서 격의 책인 『선악의 저편』과 『도덕의 계보』에서 우리가 별다른 의심 없이 사용하고 있는 '선과 악' 개념에 대한 계보학적 탐구를 통해 우리가 현재 절대시하는 '도덕'이라는 관념이 어떻게, 누구에 의해, 어떤 힘에 의해 만들어졌는지를 추적한다. 니체가 선과 악, 도덕의 개념들을 계보학적으로 쫓아 얻어낸 결론이 '주인의 도덕'과 '노예의 도덕'을 정의한 부분이다.

노예들은 다음과 같이 말한다. '비참한 자만이 오직 착한 자이다. 가난한 자, 무력한 자, 비천한 자만이 오직 착한 자이다. 고통받는 자, 궁핍한 자, 병든 자에게 축복이 있다.' 이와 반대로 고귀하고 강력한 자는 '영원히 사악한 자, 잔인한 자, 음란한 자, 탐욕스러운 자, 축복받지 못할 자, 저주받을 자'가 된다. (중략) '귀족'은 생명을 파괴하는 악한 자이고 노예인 우리는 평화를 사랑하는 자이다. (중략) 성직자들이 말하는 예수의 사랑은 무력감, 복수, 증오에서 생겨난 거짓이다. '이웃을 사랑하라'는 노예의 사랑에는 귀족에 대한 증오심이 감춰져 있다.[54]

니체가 계보학을 통해 밝혀낸 바에 따르면 노예는 귀족의 탁월함이나 고귀함을 '악한 것'으로 깎아내리고 자신의 열등한 특성을 '좋은 것'으로 포장함으로써 귀족을 속이고 도덕적 전복을 꾀한다는 것이다. 니체에 따르면 동정이나 공감, 연민, 이타심, 박애, 양심 같은 감정들이 노예가 만든 도덕이며 나약한 자들의 도덕이라는 것이다.

그가 말하는 '선과 악'의 가치 전도나 '도덕'의 기원에 대한 탐구, 그리고 '주인과 노예의 도덕'은 니체의 주요 사상인 '힘에의 의지'와 '초인' 등의 개념에 배경을 이룬다.

그러나 '도덕'의 기원을 탐색하며 도출한 이러한 결론이 좀 더 세련된 방식의 '강함의 철학'을 펼치는 데 활용되었다지만, 그 탐색 작업이란 것이 동양이나 다른 지역은 배제된 유럽 중심의 탐구는 아니었는지, 그 결론도 19세기 유럽 사회에나 유효한 것은 아니었는지 묻지 않을 수 없다.

과연 오늘날 세계의 가장 큰 저변, 기층을 이루는 사회의 약자들이 니체가 말한 대로 원한 감정과 열등감으로만 설명될 수 있는 것일까. 세습이나 무력에 의해 부와 권력을 거머쥔 자들을 '고귀한' 귀족으로 설명할 수 있는 것일까. 여러모로 깊은 의문과 회의를 갖게 한다. 니체의 이런 귀족의 철학, 강함의 철학을 무비판적으로 수용해야 할까? 고민이 깊어진다.

미셸 푸코는 '도덕'과 그 기원에 대한 니체의 계보학적 방법론을 가져와 자신의 학문적 관심사에 적용했다. 그의 박사학위 논문인 『광기의 역사』를 비롯해 『말과 사물』, 『지식의 고고학』 등 1960년대 저작을 흔히 '고고학'의 시기로 보는 반면, 1970년대 그의 중기 철학을 대표하는 『감시와 처벌』은 고고학을 한층 발전시킨 '계보학' 시기의 저작으로 본다.

푸코가 활용한 고고학과 계보학의 방법론은 모두, 현재의 관점에서 역사를 구성하는 규칙이나 총체성을 발견해 현재의 질서를 정당화하는 기존의 방법론을 거부한다는 데서는 동일하다.

그러나 고고학이 여전히 역사의 규칙이나 배후에 관심을 두는 반면, 계보학은 이보다 더 극단적으로 역사의 단절과 우연, 예외, 다양성, 이질성, 복잡성, 불연속성에 기댄다.

역사의 역동적인 변화 과정에 다양한 힘들이 비대칭적으로 작용한다는 것이 계보학의 논리라 할 수 있다. '사물과 사건들의 배후에 궁극적인 비밀이 존재한다는 것을 부정하고, 사건들의 우연성과 역사적 에피소드들에 주목'하는 것이 푸코가 제시하는 계보학인 것이다.[55] 니체에 의해 처음 시도되고 푸코에 의해 확립된 계보학, 혹은 권력의 미시물리학이라 불리는 이 방법론은 이후 인문학, 사회과학 등 다양한 학문 분야에서 활용되어 왔다.

3

니체만의 독특한 아이디어들(2)

몸의 철학, 니힐리즘, 아모르파티, 초인

우리는 필연적으로 우리 자신에게 이방인이다. 우리는 우리 자신을 이해하지 못한다. (⋯) "모든 사람은 자기 자신에 대해 가장 먼 존재이다."
-『도덕의 계보』, p.338.

몸의 철학

니체가 서양 형이상학을 망친 원흉으로 지목한 소크라테스 일파가 우리의 몸과 정신(영혼)을 둘로 나눈 뒤 몸보다 정신을 우월한 위치에 놓은 이래, 서양철학은 이와 같은 '심신이원론心身二元論'의 관점을 변함없이 유지해 왔다. 플라톤의 저작에 따르면 불완전한 몸에 비해 영혼은 불멸하는 완전한 존재이기 때문에 육체가 태어나기 전에도 영혼은 존재했고 육체가 멸한 뒤에도 존재한다고 주장하며 영혼을 절대적 우위에 올려놓았다.

서양 형이상학의 적자嫡子인 데카르트는 이러한 '심신이원론',

또 육체에 대한 정신의 우월주의를 극단으로 밀고 나갔다. 20세기 후반의 철학은 이러한 '심신이원론'과 이로부터 비롯된 여러 폐단을 바로잡으려는 시도가 팽배했다. 양차 세계대전으로 표출된 과학과 학문의 폐단, 환경파괴와 불평등 문제 등 온갖 불합리한 일의 근저에 정신을 몸의 우위에 놓는 생각이 있음을 감지했기 때문이다. 그런 전복적 사유의 맨앞에 니체가 있었다.

니체 철학이 이전 철학과 가장 눈에 띄게 결별하는 점, 어쩌면 니체 철학에서 가장 혁명적인 부분은 그가 심신이원론에서 정신보다 '몸'의 우위, 몸의 근본성을 주장한 데 있다. 니체는 묻는다. 몸에 의하지 않은 생각이란 것이 가능하기나 한 것일까? 몸이 영혼의 일부가 아니라 영혼이야말로 몸의 일부분에 불과한 것은 아닐까?

그리하여 니체는 소크라테스, 플라톤 이래 우월한 지위를 차지해 온 정신에 의한 이성을 '작은 이성'으로, 육체를 통한 '몸의 이성'을 '큰 이성'으로 규정한다. 10년간 동굴 속에서 고독을 즐기던 차라투스트라가 산에서 내려와 시장의 군중들을 향해 말한 일성이 '신의 죽음', '초인'과 더불어 '몸'의 복권이었다.

일찍이 영혼은 몸을 경멸의 눈으로 바라보았다. 그때는 그것이 최고의 경멸이었다. 영혼은 몸이 마르고 추해지고 굶주리기를 바랐다. 그렇게 영혼은 몸과 대지로부터 달아날 수 있다고 생각했다. 그러나 이 영혼 자신도 마르고 추해지고 굶주렸다. (중략) 나의 형제들이여, 나에게 말해다오. 그대들의 몸은 그대들의 영혼에 대해 무엇을 알려주는가? 그대들의 영혼 자체는 빈곤함이자 더러움이며 가련한 안락함이 아닌가?(『차라투스트라』, p.20)

산에서 내려온 차라투스트라의 이와 같은 선언은 서양 형이상학의 역사에서 몸(육체)이 영혼(정신)의 위로 올라서는 극적인 장면이라고 할 수 있다. 이어지는 연설을 통해 차라투스트라는 몸의 우위에 대한 가르침을 이어간다.

특히 '몸을 경멸하는 자들에 대하여'라는 장을 통해 '그대가 정신이라고 부르는 그대의 작은 이성도 그대 몸의 도구이며, 그대의 커다란 이성의 작은 도구이자 장난감'(p.60)이라고, 또한 '그대의 최고의 지혜 속에 있는 것보다 더 많은 이성이 그대의 몸에 들어 있다'(p.61)고 말하며 '몸의 소리에 귀를 기울일' 것을 가르친다.

그러나 니체가 말하는 '몸'은 그리 단순하지만은 않다. 정신의 우위를 전복한 것이 니체의 작업이었지만 니체가 말하는 몸, 혹은 '자기Selbst'는 정신이 함께 어우러진 신체로서 정신이 행하는 이성적 인식뿐만 아니라 정서와 느낌, 흥분, 욕망 등 몸을 매개로 얻어지는 생물학적, 생리학적, 심리학적 측면을 포괄하는 복합체인 것이다.[56]

니체는 마지막 저서『이 사람을 보라』의 한 구절에서도 신, 영혼, 덕, 죄, 피안, 진리, 영생 같은, 인류가 이제까지 진지하게 고민해 왔던 것들은 실재하는 것도 아니고 심지어 해롭고 나쁜 것들이라고 하면서 영양 섭취, 장소, 풍토, 이기심 같은 것들이야말로 진정으로 중요한 것이라고 말한다.(『이 사람을 보라』, pp.371~372) 이러한 몸 위주의 철학은 역시 20세기 후반 포스트모더니즘, 후기 구조주의에 의해 적극적으로 수용된다.

니체는 한 걸음 더 나아가 몸의 욕망, 특히 '성욕'에 주목하여 그의 후배인 프로이트보다 훨씬 앞서서 이를 긍정하는 주장을 펼친 것으로 알려져 있다. 니체가 펼친 몸의 철학은 어떤 경로와 방식으로든 프로이트 같은 정신분석학자, 심리학자들에게 깊은 영향을 미쳤을 것이다. 생전에 프로이트는 니체의 이런 주장과 자신의 이론 사이에 존재하는 유사성이 자신의 정신분석의 과학성에 영향을 줄 수 있다는 점을 우려해 니체의 책을 읽지 않겠다고 주장하기도 했다.[57]

니힐리즘(허무주의)과 아모르파티

인생은 그 자체로 고통이다. 동서양의 많은 철학들은 이구동성으로 '삶은 고苦'임을 말한다. 태어나지 않을 수 있다면 그것이 최선이며, 어쩔 수 없이 태어났다면 빨리 죽는 것이 차선이라는 말은 동서고금 격언에 흔하게 언급된다. 니체의 사상이 대결하고 극복하고자 한 허무주의는 일차적으로 인간의 유한한 운명에서 비롯된다. 이런 생각은 여러 종교와 철학 사상 도처에서 발견된다. 기독교의 성경을 보자.

어찌하여 내가 태에서 죽어 나오지 아니하였던가. 어찌하여 내 어머니가 해산할 때에 내가 숨지지 아니하였던가. 어찌하여 무릎이 나를 받았던가. 어찌하여 내가 젖을 빨았던가. 그렇지 아니하였던들 이제는 내가 평안히 누워서 자고 쉬었을 것이니.(욥기 3:11-14.)

다음은 그리스 비극 작품인 소포클레스의 〈콜로노스의 오이디푸스〉에서 ;

하루살이 같이 가련한 족속이여, (중략) 가장 좋은 것은 그대에게 불가능한 것이다. 그것은 태어나지 않는 것이며 존재하지 않는 것이고 무로 존재하는 것이다. 그러나 그대에게 차선의 것이 있다면 그것은 일찍 죽는 것이다.(『비극의 탄생』, p.73)

그리스 신화에서 지혜의 신인 실레노스에 대한 언급 ;

미다스 왕이 실레노스를 술에 취하게 하여 붙잡았을 때, 실레노

스는 '인간의 가장 큰 행복은 애당초 태어나지 않는 것이며, 일
단 태어났으면 되도록 빨리 죽는 것이 상책이다'라는 지혜를 전
했다. 실레노스는 디오니소스를 길렀으며 그의 술친구였다고도
전해진다.(『비극의 탄생』, p.72. 주석 33)

다시 성경에서 ;

좋은 이름이 좋은 기름보다 낫고 죽는 날이 출생하는 날보다 나
으며, 초상집에 가는 것이 잔칫집에 가는 것보다 나으니 모든 사
람의 끝이 이와 같이 됨이라. 산 자는 이것을 그의 마음에 둘지
어다. 슬픔이 웃음보다 나음은 얼굴에 근심하는 것이 마음에 유
익하기 때문이니라. 지혜자의 마음은 초상집에 있으되 우매한
자의 마음은 혼인집에 있느니라.(전도서 7:1~4)

인간에게 주어진 이런 필멸의 운명을 우리는 어떻게 견디고 헤
쳐 나가야 하는가? 니체의 철학은 바로 여기서부터 출발한다. 이
는 그의 선배 철학자인 쇼펜하우어의 유산이기도 하다. 그러나
니체가 말하는 또 다른 허무주의는 '신의 죽음'을 선고한 뒤 유럽
인들에게 들이닥친 정신적 위기, 아무 데도 기댈 곳 없고 의지할
곳 없는 데서 오는 허무주의를 의미하기도 한다.
　니체는 자신이 살아가는 당대의 유럽, 특히 자신의 조국인 독
일이 이러한 심각한 정신적 위기에 처해 있다고 생각했으며, 이

를 '니힐리즘nihilism'으로 표현했다. 강력했던 신의 살해자인 우리 (인간)는 이제 자신을 어떻게 위로해야 할까? 그러나 니체는 신의 살해를 인간의 모든 행위 중 가장 위대한 행위라고 말한다. 고귀한 역사를 세우기 위해 신의 살해는 불가피했다는 것이다.

(신을 죽인) 이러한 행위의 위대함은 우리가 감내하기에는 너무 지나친 위대함 아닐까? 그러한 행위를 할 자격이 있는 것처럼 보이기 위해서만이라도 우리 자신이 신이 되어야 하는 것은 아닐까? (…) 우리 뒤에 탄생하는 자는 누구든지 이 행위 덕택으로 지금까지 있었던 어떤 역사보다 더 고귀한 역사에 속할 것이다![58]

이처럼 신의 죽음은 인간에겐 신 같은 초월자에 대한 기댐 없이 오로지 자기 힘만으로 삶의 의미를 구성하고 삶을 개척해 나갈 수 있는 하나의 '기회'로 작동한다. 니힐리즘을 극복하고 삶을 긍정하는 이러한 철학은 궁극적으로 삶(운명)에 대한 사랑, 즉 '아모르파티Amor Fati'로 향하는 길이다.

아모르파티는 단순히 니힐리즘의 극복에만 연결되는 철학은 아니며 니체 철학 전반에 걸쳐 다양한 개념들과 연관을 갖는다. 동일한 순간이 무한히 반복되는 '영원 회귀'에 빠지더라도 이러한 운명에 절망하거나 허무주의에 빠지는 것이 아니라 삶을 더욱 긍정하고 사랑하는 것이 아모르파티이며, 이런 아모르파티를 통해 인간은 넘어서고 극복하는 자, '초인'이 되는 것이다.

신이 죽은 뒤에 떠오르는 존재, 신의 죽음으로 비롯된 정신적 위기를 극복하고 삶을 능동적으로 개척하여 자신의 운명을 사랑하는 존재가 '초인'인 것이다. 삶의 격렬한 고통을 넘어 위대한 강인함을 추구했던 그리스인들의 '디오니소스적 긍정'은 그러므로 아모르파티의 귀감이라고 할 수 있다.

평생 심각한 병환을 짊어지고 살았던 니체가 '아모르파티'의 철학을 외치는 걸 상상할 때마다, 그것이 위대한 삶의 철학으로 여겨지는 한편 역설적으로 안쓰러운 마음이 들기도 한다. 자신에게 부여된 저주받은 운명을 극복하고 온갖 어려움 속에서 서양 철학과의 대결을 통해 자신의 철학을 정초해 나간 니체의 인생은 무엇보다 '아모르파티'를 몸소 실천해간 위대한 여정이었다.

초인(Übermensch)

일제 강점기, 오롯했던 시인이자 혁명가였던 이육사의 시 「절정」에 등장하는 (백마 타고 오는) '초인超人'의 출처가 니체일 수 있다는 논문을 흥미롭게 읽었다. 이육사가 일찌감치 니체의 철학을 알고 있었다는 것, 그것도 육사가 존경했던 중국의 문호 루쉰魯迅을 매개자로 니체와 연결되었으리라는 것, 그럼에도 니체의 '초인' 개념에 대해 그가 다소 낭만적인 수준에 머문 것은 아닐까

하는 생각에서였다.

1880년대 유럽의 철학자 니체가 제시한 이런 개념이 50여 년 뒤 먼 동아시아의 시인, 혁명가, 지식인들의 마음을 뒤흔들었다는 사실은 철학이 현실에 개입하고 영향을 미치며, 하나의 시대정신으로 승화하는 양상을 보여준다.

'초인' 개념이 니체 철학에서 본격적으로 등장하는 것은 『차라투스트라』 맨 앞부분이다. 십 년 동안 싫증도 느끼지 않고 산 속의 동굴에 들어가 정신과 고독을 즐기며 수행한 차라투스트라는 심경의 변화를 일으켜 마침내 하산하기에 이른다. 그리곤 숲에서 가장 가까운 도시의 저잣거리로 나와 군중들에게 던진 첫 일성이 '나는 그대들에게 초인을 가르치려 한다'였다. 인간은 극복되어야 할 그 무엇이라고 덧붙이면서 말이다.

『차라투스트라』를 통해 니체가 그려낸 초인은 몇 가지 대목에서 그 실체를 가늠해 볼 수 있다. 인간에게 '원숭이'가 웃음거리 아니면 수치이듯이, 초인에게 인간 역시 웃음거리 아니면 수치라는 것이다. 말하자면 '인간에 대한 원숭이의 관계'가 '초인에 대한 인간의 관계'로 치환될 수 있다. 그러면서 초인은 '대지'의 의미요, 바다 같은 존재라고 말한다. 이러한 진지한 연설에도 불구하고 저잣거리의 군중들은 차라투스트라를 비웃는다.

이어지는 장에서 차라투스트라는 군중을 향해 초인에 대해 덧붙여 설명한다. 인간은 짐승과 초인 사이에 놓인 '밧줄'이며, 인간의 위대함은 그가 건너가는 존재로서 '다리'의 역할을 한다는 데 있다. 짐승-인간-초인으로 설정된 위계를 그려낼 수 있다 하더라도 이러한 설명만으로 '초인'의 상을 구체적으로 확정하기엔 어려운 점이 있다. 그것이 정신적인 영역만을 말하는 것인지, 육체적인 능력까지를 포괄하는 개념인지 여전히 알 수 없다.

우리에겐 '초인'으로 번역된 독일어 'Übermensch(위버멘쉬)'는 영어로는 대개 '극복하는 사람(극복인, 克服人)'을 뜻하는 'overman'으로 번역되나 종종 'superman'으로 번역되기도 한다. 영어 번역과 마찬가지로 '초인'이라는 한자어 번역어에 대해서도 사람들이 떠올리는 이미지는 제각각일 것이다. 어떤 이들은 보통 사람의 능력을 훌쩍 뛰어넘는 괴력의 소유자를 상상할 수도 있고, 어떤 이들은 육체적 능력보다는 철학적, 내면적으로 강한 사람을 떠올릴지 모른다.

'힘에의 의지'나 '영원 회귀'와 마찬가지로, 『차라투스트라』에 설명되는 '위버멘쉬'만으로 그가 말한 '초인'이 어떤 경지에 있는 사람인지를 판단하기는 쉽지 않다. 20세기 초 망국과 식민지의 암울한 현실을 온몸으로 떠안았던 중국의 루쉰이나 조선의 이육사가 수용한 '초인'의 개념 역시 그들이 해석하고 받아들인 수준에서 이해된 개념일 터다.

'초인'은 '힘에의 의지'라는 개념과 마찬가지로, 다윈의 진화론과 같은 자연과학의 자극에서 비롯된 것으로 추측된다. 그러나 진화론이나 생물학적 이론으로 단순히 환원되거나 설명되지 않는 존재가 '초인'이다.

곧바로 이어지는 제1부 '차라투스트라의 가르침' 첫 장에서 니체는 이와는 다르게 인간 정신의 세 단계로 '낙타, 사자, 어린아이'의 단계를 설정한다. 여기서 가장 높은 경지를 구현한 단계가 '어린아이'인데, 그것이 앞의 '초인'과 연결된 개념인지에 대해서도 역시 별다른 언급이 없는 것 같다.

'초인'의 의미가 이처럼 모호한 까닭에 '초인'을 오해하는 사람, 자신이 니체가 말한 '초인' 같은 존재라고 자부하는 사람도 적지 않을 것이다. 도스토예프스키의 소설 『죄와 벌』에서 자신의 신념에 의해 벌레만도 못한 전당포 노파를 죽여도 죄가 되지 않는다고 생각한 라스콜리니코프, 나폴레옹의 숭배자이기도 했던 라스콜리니코프는 어쩌면 '초인'을 꿈꾼 사람이었는지 모른다. 그러나 그는 결국 자신이 저지른 행위(살인)에 괴로워하다가 연인인 소냐를 통해 신에게로 귀의하는 길을 택한다.

스탕달의 『적과 흑』에서 신분 상승이라는 인생의 목표에 올인하며 수단과 방법을 가리지 않고 욕망을 불태우는 줄리엥 소렐 역시 '초인'을 흉내 내고 있는 '캐릭터로 보인다. 그 역시 19세기 지식인들에게 막강한 영향력을 행사한 나폴레옹의 숭배자였다. 니체 자신도 숭배해 마지않았던 나폴레옹이나 르네상스 시기 피렌체의 정치가였던 체사레 보르자Cesare Borgia 같은 인물이 니체가 그린 '초인'의 전형적인 인물일 것이다.

'초인'이라는 개념에는 필연적으로 니체의 또 다른 핵심 철학인 '힘에의 의지'가 연결되기 마련이다. 아울러 '노예의 도덕'과 대비되는 '귀족의 도덕'과도 연결된다. 초인은 어쩌면 그리 대단한 인간형이 아닐지도 모른다. 신의 죽음으로 인해 그때까지 세상을 지탱하던 종교적 도덕이나 철학적 규범의 붕괴에 절망하지 않고 오롯이 자신의 의지대로 살아가는 사람, 니체의 말대로 자기 자신의 삶을 발명하고 자신만의 삶을 사는 사람, 영원 회귀에 갇혀 순간이 영원히 반복되는 저주에 갇히더라도 생을 긍정하고 고통을 받아들이며 자신의 운명을 개척해가는 '디오니소스적 긍정'의 인간, 즉 '아모르파티'의 인간이 니체가 그리는 초인일 것이다. 그렇게 사는 것, 그런 인간이 되는 것이 어디 쉬운 일인가?

4

니체만의 독특한 아이디어들(3)

힘에의 의지, 그리고 영원 회귀

존재하는 것은 되어가지 않는다. 되어가는 것은 존재하지 않는다.
– 『우상의 황혼』, p.96.

니체 철학이 정리되고 어느 정도 탄탄한 체계를 갖춘 것은 그가 아픈 몸을 추스르며 『차라투스트라』를 써내려가던 1881년 무렵의 일이다. 니체의 초기 철학과 후기 철학은 엄격하게는 아닐지라도 세심하게 구분할 필요가 있다. 니체의 주요 개념들인 힘에의 의지나 영원 회귀, 위버멘쉬(초인) 등의 사유는 모두 1881년 이후, 특히 『차라투스트라』에 와서야 온전히 그 모양새를 갖추게 된다. 그 뒤에 집필한 『선악의 저편』이나 『도덕의 계보』는 시적이며 문학적인 『차라투스트라』에 대한 해설서이자 그의 핵점적 사유를 장황하게 설명한 철학적 에세이, 혹은 논문들이다.

'힘에의 의지'와 '영원 회귀'는 니체 철학의 고갱이를 이루는 개념이지만, 모호하거나 난해하기로 정평이 나 있다. 따라서 이들 개념에 대한 매우 논쟁적이면서 다양한 해석들이 존재한다. 여기서도 그 개념들을 명쾌하게 설명하기보다 개념들에 대한 다양한 의견들을 소개하고 나열하는 방식으로 설명할 것이다.

힘에의 의지(권력에의 의지)

'영원 회귀'와 함께 니체 철학에서 가장 어려운 개념이 아마도 '힘에의 의지'(will to power)가 아닐까 싶다. 이 개념어는 니체가 완성하지 못한 저작의 제목으로도 사용되었다. 니체는 말년의 야심작으로 『힘에의 의지』라는 책을 집필하여 출판할 계획을 갖고 있었으며 책도 어느 정도 써두었다. 그러나 그에게는 시간이 많지 않았다. 책은 니체 사후 여동생 엘리자베스와 지인들에 의해 (악의적으로) 편집돼 출간된다. 니체의 유고를 모아 동생 엘리자베스 주도로 편집되어 1901년 세상에 나온 뒤, 1906년 개정판도 나왔다. 엘리자베스에 의해 원고가 왜곡, 개악 등 난도질당한 것으로 의심받는 저작이기 때문에 『힘에의 의지』는 대체로 니체 전집의 편집에 빠지거나 생략되기도 한다.

니체가 다윈의 진화론에 영향을 받아 정립되었다고 알려진 이 사상은 다윈에 머물지 않고 이보다 훨씬 더 나아간다. 인간을 극복한 초인의 능력도 그의 '힘에의 의지'에서 나오는 것이다. '힘에의 의지'는 다윈의 적자생존에 빚지고 있지만 거기서 나아가 인간의 잠재력을 상징하는 동시에 자기 극복의 중요성을 말하는 개념이기도 하다. '힘에의 의지'에 대한 다음과 같은 설명도 흥미로운 해석으로 읽힌다.

유기적 생명체는 그 어떤 부분도 정지되어 있지 않다. 우리는 유아기 때부터 계속 힘을 추구한다. 모든 유기적 생명체는 창조와 쇠퇴가 끊임없이 반복되는 역동적이고 혼란스러운 상태에서 존재한다. 압도하기도, 압도당하기도 한다. 나무뿌리가 암반을 깨뜨리는 것이 힘에의 의지이다. 얼음이 팽창해서 절벽을 가르고 해안의 모습을 바꾸어 놓는 것이 바로 힘에의 의지이다.
힘에의 의지는 궁궐 지붕 기와에 낀 미세한 이끼 포자에도 있다. 급팽창한 이끼 포자는 (⋯) 심지어 지붕이 내려앉게 하거나 혹은 집 전체가 무너지는 결과를 낳기도 한다. 힘에의 의지는 절대 멈추지 않는다. 그것은 개인과 개인, 집단과 집단, 국가와 국사 사이에 존재하는 변화무쌍한 힘이다.[59]

쇼펜하우어가 사용한 '의지' 개념은 니체의 첫 저작인 『비극의 탄생』부터 자주 사용되지만, '힘에의 의지'라는 표현이 본격적으로 등장하는 것은 『차라투스트라』 1부 '천 개의 목표와 하나의 목표에 대하여'라는 장에서이다.

민족은 저마다 가치를 적어 놓은 서판을 내걸고 있다. 보라, 그것은 각 민족이 극복해 온 일을 기록한 서판이다. 보라, 그것은 저마다의 민족이 지닌 권력(힘)에의 의지를 나타내는 목소리이다.(『차라투스트라』, p.109))

이러한 '힘에의 의지'는 2부의 '자기 극복에 대하여'로 이어져 그 의미를 차츰 드러낸다. 들뢰즈는 1964년 7월의 니체 관련 콜로키움의 성과를 정리한 글에서, '영원 회귀와 권력 의지(힘에의 의지)라는 두 근본 개념이 니체 자신에 의해서는 거의 소개된 바 없고, 이 두 개념은 니체가 계획하고 있었던 발표나 논의 전개의 대상이 아니었다'고 단언하며 그런 채로 니체가 병에 의해 갑작스레 작품들이 중단되었다고 설명한다. 말하자면, 이 개념들이 충분히 성숙한 개념이 아니라는 것이다.[60]

들뢰즈는 콜로키움에서 발표한 글을 통해 니체의 '권력 의지'는 '결코 권력을 원하는 의지 또는 지배하기를 욕구하는 의지가 아니며, 또한 살기를 원하는 것과도 관계가 없다'고 말한다. 그러면서 '가장 높은 정도에 이른 권력 의지는 탐내는 것도, 심지어는 취하는 것도 아니며, 그것은 주는 것이요 창조하는 것'이라고 말한다. 권력 의지의 진정한 이름은 주기를 실행하는 덕이라는 것이다.[61]

참으로 난해한 사유이고 해석이다. 그러면서 들뢰즈 역시 '힘에의 의지' 개념을 자신의 철학에 깊숙이 받아들였다. 그가 제시한 '강도intensité'라는 개념도 니체의 '힘에의 의지'와 일정한 연관을 갖고 있는 것으로 보인다.

'힘에의 의지'가 권력을 원하거나 지배를 욕구하는 의지가 아니며, '주는 것이요 창조하는 것'이라 말하는 이도 있지만, 이를 다른 곳에서 발견하는 철학자도 있다. 니체주의가 실현된 나라와 시대를 찾는다면, 바로 1933년부터 1945년까지의 히틀러 치하의 독일이었다고 말하는 마우리치오 페라리스Maurizio Ferraris는 '힘에의 의지의 완전한 실현' 역시 1940년 스탈린그라드에서 벌어진 독일군과 러시아 적군 사이의 참혹한 전투에서 찾을 수 있다며 이를 냉소적으로 해석한다.[62] '힘에의 의지' 같은 개념이 얼마나 다양하게 해석되는지 알 수 있을 것이다.

그러나 '힘에의 의지'는 나름 오랜 탐구와 고민 끝에 도출해낸 개념으로 보인다. 특히 당대 과학에 대한 관심과 공부가 이 개념을 만드는데 작용한 것으로 보인다.

니체는 1880년대 중반 이후 물리학, 화학, 천문학 서적을 두루 읽으며 『힘에의 의지』 구상에 다가갔다. 초기의 문헌학 연구로부터 배양된 니체 사상, 세계는 우위에 서기 위해 서로 충돌하는 내부의 힘을 가진 원자들(라이프니츠의 '모나드'를 연상케 한다)에 의해 이루어진다고 말한다. 이러한 원자들에게 있어서 중요한 것은 정확히 투쟁 공격, 충돌, 불행. 비효용, 명백한 비도덕 등이다. 왜냐하면 우리가 원자, 미립자, 미생물, 세포, 아메바 등이 관련된 현실에 직면하고 있기 때문이다. (…) '힘에의 의지'는 인간과 만물은 비록 행복을 포기하더라도 자신의 생존을 위한 힘만을 추구한다는 사상이다.[63]

이런 '힘에의 의지'가 진화생물학에서 말하는 '이기적 유전자' 개념과 비슷하다는 주장도 보았고, 현대 물리학의 최신 이론인 양자역학과 쿼크 입자의 속성으로 이를 설명하는 주장도 보았다. 모두 그럴듯해 보이지만, 그 무엇도 정확한 해석으로 규정하기 힘들다. 그것은 니체 스스로가 이 개념을 명확히 규정하지 못한 (않은) 데서 비롯된 혼란이다.

충분히 성숙하지 못한 미완성의 개념이라는 말에 기댄다면, '영원 회귀'와 마찬가지로 '힘에의 의지'야말로 이처럼 무수한 해석과 주장들이 난무하는 문제적 개념이 아닐 수 없다. 진리란 존재하지 않거나 상대적이라는 것, 단지 '어떤 것'에 대한 무수한 해석과 의미의 복수성만이 존재한다는 니체의 관점주의는 역설적으로 니체의 개념들에 가장 적합한 말일 듯싶다.

영원 회귀

밀란 쿤데라Milan Kundera가 그의 소설 『참을 수 없는 존재의 가벼움』의 첫 대목에서 언급했듯이, 니체의 철학 중 가장 어렵고 또 논란이 되는 사상인 '영원 회귀'의 아이디어는 '신비로운 사상'이면서 많은 철학자들을 곤경에 빠뜨린 아이디어이기도 하다. 그런 까닭에 이 사상을 명료하게 설명한다는 것은 불가능에 가깝다. 이 사상에 대한 구구한 해석들만이 있을 뿐이다.

정확히는 '동일한 것의 영원한 회귀'로 명명한 이 사상은 1880년대 초 니체가 요양 차 찾은 스위스 실스마리아의 호숫가 바위를 보고 착상했다고 전해진다. 『이 사람을 보라』에서는 '수르레이에서 멀지 않은 곳에 피라미드 모습으로 우뚝 솟아오른 거대한 바위 옆에 나는 멈추어 섰다. 그때 이 생각이 떠올랐다'(『이 사람을 보라』, p.419)라고 회상하며 그 날을 1881년 8월 어느 날로 적고 있다. 영원 회귀의 아이디어는 『차라투스트라』 앞에 쓰인 『즐거운 학문』에 처음 묘사된다.

어느 날 혹은 어느 밤, 한 악마가 가장 적절한 고독 속에 잠겨 있는 네 뒤로 다가와 다음과 같이 말한다면 너는 어떻게 할 것인가! "네가 현재 살고 있고 지금까지 살아온 생을 다시 한 번, 나아가 수없이 몇 번이고 되살아야만 한다면 (…)"[64]

이런 영원 회귀 사상이 본격적으로 언급되고 제기되는 저서가 『차라투스트라』이다. 책의 초반 1, 2부에 활발히 활동하던 차라투스트라가 어느 날 악마에게 '영원히 반복되어도 좋은가?'라는 무시무시한 질문을 받아 시름시름 앓게 되고, 오랜 투병을 이겨내고 다시 복귀하는 3부에 와서 이 사상은 본격적으로 전개된다.

『차라투스트라』에서 영원 회귀가 집중적으로 언급되는 장은 3부의 〈환영과 수수께끼에 대하여〉와 〈치유되고 있는 자〉 등이다. 『차라투스트라』 전체를 통틀어 가장 중요한 장으로 언급되는 〈환영과 수수께끼에 대하여〉에서 차라투스트라는 자신 앞에 나타난 난쟁이와 '영원 회귀'에 대해 난상토론을 벌인다. 매우 진지하지만 다분히 비유적인 대화들이 이어지는 장면이다. 그 대목을 꼼꼼히 읽어도 이 사상은 쉽게 이해되지 않는다.

> 모든 것이 이미 존재했던 것이라면 (…) 이 길 또한 이미 존재했었음이 분명하지 않은가? (…) 길에 앉아 있는 나와 그대, 우리는 모두 이미 존재했음이 분명하지 않은가? 그리고 되돌아와 우리 앞에 있는 저 다른 오솔길, 그 길고도 무시무시한 오솔길을 걸어가야 하지 않는가. 그리하여 우리는 영원히 되돌아올 수밖에 없지 않은가?(『차라투스트라』, p.286)

영원 회귀는 긍정적인 것뿐만 아니라 '가장 추악하고 보잘 것 없는 자도 회귀하며 권태마저 회귀한다는 사실'에서 가장 공포스럽고 역겨운 사상으로 표현된다. 몇 장 뒤에 이어지는 〈치유되고 있는 자〉에서는 이러한 영원 회귀 사상을 독수리와 뱀, 그리고 동물들이라는 상징물을 통해 부연해 설명하고 있다.

차라투스트라가 정신과 고독을 즐기며 십 년 동안 산의 동굴에서 살 때 그의 곁에 있었던 독수리와 뱀의 존재는 여러 고대 신화에도 중요하게 다뤄지는 알레고리들이다. 대체로 어디든 날아갈 수 있는 독수리는 자유와 용기를 상징하고 뱀은 지혜를 상징하는 바, 이 두 동물의 뒤엉킴이 세계의 진리를 보여준다고 생각했고 이를 영원 회귀 사상에 투영한 것이다.

앞서 말했듯이, 니체의 가장 난해하면서도 문제적인 아이디어인 영원 회귀에 대해 무수한 철학자와 작가들이 해석을 시도했지만 어느 것도 정설이나 권위적인 해석으로 인정받지 못했다. 책 속에서 난쟁이와 영원 회귀에 관해 논쟁하던 차라투스트라가 난쟁이에게 '너무 단순화시켜서는 안 된다'고 타이르는 장면을 보면 니체 스스로도 이것에 확신을 갖고 있었는지 의심이 들기도 한다.

이현우는 『너의 운명으로 달아나라』라는 책에서 영원 회귀에 대한 다양한 입장들을 다음과 같이 세 가지로 분류해 설명한다.[65] 첫 번째 입장은 니체가 영원 회귀를 착상할 무렵 정신발작을 일으켰기 때문에 이를 진지하게 생각하면 안 된다는 것이고, 두 번째는 물질과 시간의 관계 속에서 나름 과학적인 통찰을 갖고 생각한 것이므로 진지하게 받아들일 필요가 있다는 것이다.

그 뒤 세 번째 입장에 대해서는 다소 모호하게, 그러면서도 세심하게 설명하고 있는데, 얼핏 모순되어 보이는 (자유의지가 불가능한) '영원 회귀' 사상과 (자유의지가 핵심인) '초인' 사상을 연결하여 그 모순을 극복하고, 이를 통해 궁극적으로 '아모르파티',

즉 운명에 대한 사랑으로 나아가는 니체 철학 전체 기획 안에서 이를 바라봐야 한다는 입장이다.

영원 회귀에 비교적 적극적이었던 들뢰즈조차 영원 회귀의 모호함에 대해 덧붙인 바 있다. 니체가 '그의 출판된 저술에서 단지 영원 회귀를 밝히기 위한 준비만을 했을 뿐 그것을 밝히지는 않았으며, 또 그것을 밝히기 위한 시간이 그에게는 없었다'고 말한 뒤, 니체의 텍스트들 속에서 '영원 회귀는 결코 공식적인 또는 최종적인 발표의 대상이 아니'며 단지 예고되고 추측될 뿐인 불완전한 사상이라고 언급한 것이다.[66] 그러면서도 들뢰즈는 니체의 텍스트에서 확실한 것은 영원 회귀가 단순한 '순환'이 아니라는 점을 특별히 지적한다.

그런가 하면, 1964년 콜로키움에서 발표한 피에르 클로소프스키 Pierre Klossowski의 경우는 영원 회귀를 매우 진지하게, 과학적으로 설명하려는 시도를 하고 있다. 영원 회귀의 과학적 가능성에 대한 근거로 그는 니체와 잠시 연인관계에 있었으며, 니체가 이제 막 떠오르던 영원 회귀의 아이디어를 먼저 이야기하고 나누었던 루 살로메의 다음 회고를 통해 설명한다.

이 시기에 니체는 아직 영원 회귀의 사유를 확신하지 못했다. 그는 이 사유를 널리 퍼뜨리기 위해 과학적으로 정립될 수 있는 방법을 사용하려고 했다. (…) 물리와 원자이론을 연구함으로써 자신의 사유에서 환원될 수 없는 과학적 근거를 발견할 수 있다는 잘못된 의견이 끊임없이 되풀이됐다. 그가 빈이나 파리의 대학에 오로지 과학만을 공부하러 가고자 결심을 한 것은 이때였다.[67]

즉, 니체 자신이 영원 회귀에 대한 모종의 확신을 갖고 과학적인 견지에서 접근을 시도한 것이 틀림없다는 것이다. 영원 회귀에 관한 과학적 설명은 클로소프스키의 책 『니체의 악순환』에서도 시도되고 있는데 이는 매우 어려운 텍스트다. 이현우가 정리한 두 번째 입장대로 '영원 회귀'를 진지하게, 또 과학적으로 받아들이려는 노력 또한 있었다는 것을 확인할 수 있을 뿐이다.

많은 철학자, 작가, 인문학자들은 영원 회귀 사상의 진리 여부를 떠나 이 철학, 이 아이디어가 가지는 '효과'에 주목한다. 박찬국 역시 '영원 회귀 사상을 우주론적으로 해석하기보다는 그것이 사람들에게 미치는 심리적 효과를 중시하는 해석들이 있다'고 말한다.[68] 우리 삶의 모든 것이 동일하게 반복되는 영원한 회귀와 반복 속에 있다면, 우리가 삶을 어떻게 살아야 하는지 성찰하게 되는 효과를 가진다는 것이다.

이진우 역시 이 사상에서 심리적인 '효과'를 감지하고 이를 '비유'적으로 해석한다.

삶의 가장 무거운 짐은 영원한 반복입니다. 사실 일상의 반복을 고통스럽지 않게 생각하는 사람은 별로 없습니다. 그것이 의미가 있든 의미가 없든, 이것만큼 우리를 짜증나고 고통스럽게 만드는 것도 없죠. 매일 아침 일어나면 밥을 먹고 직장에서 일하거나 학교에서 공부하고, 저녁에 돌아오는 행위를 반복하죠. 사실 고통의 원천은 반복입니다. 매일 똑같이 반복된다는 것, 우리는 때로 싫증이나 불쾌감을 말하지만, 그보다 더 큰 고통은 권태와 지루함이죠.[69]

영원 회귀를 통해 삶의 무거움과 가벼움에 대해 사유하는 밀란 쿤데라의 『참을 수 없는 존재의 가벼움』 역시 그 사상이 미치는 효과에 주목하는 것으로 보인다. 만일 영원 회귀의 아이디어를 이런 '효과'의 측면에서만 바라본다면, 이는 뭇 종교가 지옥이나 내세를 설정해 삶의 윤리를 도출하는 '효과'와 다르지만 비슷한 교리로 작용하는 것은 아닐까? 그러므로 니체 역시 이 사상을 통해 은연중에 자신만의 '도덕'을 정립하고 있는 것은 아닐까?

덧붙인다면, 영원 회귀는 니체에 의해 고안된 순수 창작 아이디어도 아니다. 니체의 모델과는 차이가 있지만, 이는 고대인들도 생각해 낸 관념이자 신화에 자주 등장하는 모티프이기도 했다. 그리스 신화의 경우에도 영원한 고통이 반복되는 형벌을 받은 주인공들이 단골로 등장한다.

인간에게 불을 훔쳐다 줌으로써 제우스의 분노를 사 코카서스 산맥의 바위산 꼭대기에 사슬로 묶인 프로메테우스가 받은 형벌은 날마다 독수리가 달려들어 날카로운 부리로 살을 찢어 간을 파먹는 형벌이었다. 이처럼 극심한 고통을 겪지만 밤이 되면 다시 간이 회생되어 이튿날에도 독수리가 날아와 새로 생긴 생살과 간을 쪼아 먹고 저녁이면 또 상처가 아물어 새 살과 간이 생기는 형벌이 이어진다. 프로메테우스는 헤라클레스가 그를 구출하러 오기까지 한 세기 가까이 매일 반복되는 이 천형을 받는다.

고통이 영원히 반복되는 형벌에 처해진 것은 프로메테우스만이 아니다. 인간인 주제에 신들을 기만해 붙잡힌 시지프 역시 산정상으로 무거운 바위를 밀어 올리는 천형을 받게 된다. 밀어 올린 바위가 정상에 다다르는가 싶으면 곧 산 아래로 곤두박질쳐 굴러떨어지고, 시지프는 산을 내려가 다시 바위를 굴려 산정으로 올려야 하는 형벌을 무한히 반복하는 것이다.

무의미한 노동에 처한 시지프의 형벌은 알제리 출신의 프랑스 작가 알베르 카뮈Albert Camus의 『시지프 신화』에 의해 새롭게 조명됐다. 무의미한 노동과 고통의 순간이 영원히 반복되는 형벌은 현대인의 삶과 현대인이 처한 비극을 닮았다.

그러나 이런 운명을 묵묵히 받아들이고 '긍정'함으로써 신들에게 반항하는 '행복한 시지프'의 모습은 곧 니체가 말한 영원 회귀의 공포를 이겨내는 운명에 대한 사랑, 영웅적 행위로 상승한다. 그리스 신화의 가장 위대한 반항자들인 프로메테우스와 시지프는 자신들에 닥친 영원 회귀의 저주를 이렇게 극복한 것이다.

신화학자 미르치아 엘리아데Mircea Eliade의 저서 『영원 회귀의 신화』역시 고대인들로부터 전해지는 영원 회귀의 관념들에 대해 설명하고 있다. 비록 니체의 개념이나 모델과 적지 않은 차이를 보이지만, 엘리아데의 책은 고대인들 사유 속에도 무한히 반복되는 시간과 운명에의 관념이 있었음을 설명하고 있다.

니체의 영원 회귀를 그의 종교적인 신념으로 보는 알프레드 보임러Alfred Boimler의 주장, '후기 니체의 기만적이고 우롱적인, 망상적 비의'로 보는 에른스트 베르트람Ernst Bertram의 주장, 칸트적 '정언명령'으로 보는 오스카 에어발트의 주장이 있으며, 이와 달리 이 사상은 가장 무거운 사상이며 그의 사상 전체의 중심에 놓여 있는 '내적인 힘', '사상 중의 사상'으로 보아야 한다는 하이데거의 주장도 있다.[70]

영원 회귀에 대한 주요 주장들만 나열해도 이런데, 무수하게 쏟아지는 니체 관련 논문들이 영원 회귀나 힘에의 의지에 대해 저마다의 해석과 주장을 펼치고 있는 형국이다. 모두 저마다의 해석이며 저마다의 오독일 수 있다. 그 사상이 지닌 진의나 함의를 니체는 어디에도 자세히 남기지 않았다. 그가 이 사상으로 뭇 철학자들을 혼란에 빠뜨린 것만은 분명해 보인다.

5

니체는 정말 민주주의를 반대했을까?

니체의 정치 철학은 무엇인가?

좋은 것은 무엇인가? - 힘의 느낌, 힘에의 의지, 인간 안에서 힘 그 자체를 증대시키는 모든 것. 나쁜 것은 무엇인가? - 약함에서 유래하는 모든 것.
- 『안티크리스트』, p.216.

니체의 철학, 혹은 니체의 발언들에서 가장 논쟁적이면서 또 격렬한 찬반을 불러 일으키는 부분은 아마도 그의 '정치'와 관련한 언급, 혹은 철학일 것이다. 표면적으로만 보면 니체를 민주주의를 노골적으로 반대한 '반민주주의 철학자'라고 평가해도 결코 틀린 말이 아니기 때문이다. 니체가 자신의 저서 곳곳에 반민주주의적인 발언을 서슴지 않은데다 여성과 인종에 대한 혐오를 노골적으로 표현한 것은 잘 알려진 사실이다.

이 책을 쓰며 필자가 난관에 봉착한 부분도 여기에 있으며, 도서관과 서점에 꽂혀 있는 많은 니체 책들이 다루지 않거나 의도적으로 피해간다고 느낀 지점도 여기에 있다. 그것은 대중서에만

국한된 것이 아니라 니체를 전문적으로 연구하는 연구자들의 논문에도 대개 공통적으로 나타나는 경향으로 보였다.

그런 채로 많은 니체 관련 책들이 니체의 그럴싸한 아포리즘이나 매력적인 구절들만 가지고 삶에 대해 훈수하고 조언을 한다. 그 책들은 니체의 끔찍할 정도의 반민주주의적 발언들을 정말 모르는 것일까? 아니면 의도적으로 외면하고 있는 것일까? 물론 많은 이들이 변호하듯이 니체의 정치 철학이 그렇게 단순한 것만은 아니다. 민주주의에 대한 반대와 비판을 니체는 보다 철학적이고 세련된 방식으로 설명한다.

오늘날 아무도 더 이상 특별한 권리, 혹은 지배할 수 있는 권리, 그리고 자신과 자신의 동류 앞에서의 경외감을 요구할 용기를 가지고 있지 않다. 격차의 열정을 위한 용기…. 우리의 정치는 이 용기의 부족으로 인해 병적이다![71]

우리에게는 민주주의 운동이란 정치조직의 타락 형식일 뿐만 아니라 인간의 타락 형식, 즉 왜소화 형식으로, 평균화와 가치 하락으로 생각된다.(『선악의 저편』, p.163)

서구의 근대 사상이 어렵게 쌓아 올린 민주주의라는 정치 체제에 대해 니체는 '지배할 수 있는 권리', '격차의 열정을 위한 용기'가 부족한 것으로, 또 인간을 평준화하는 인간 타락의 형식으로 치부한다. 니체의 민주주의에 대한 비판은 말년의 저작으로 갈수록 더 노골화되는데, 이는 '초인'이라든가 '귀족과 노예'의 구분 등 니체 철학이 어느 정도 정립된 토대 위에 행해진 것이다.

니체는 당시 유럽 사회에 큰 영향력을 미쳤던 사회주의 정치사상에 대해서도 비판한다. 인간을 획일적으로, 왜소하게 만들며, 또 무리 짐승, 난쟁이 짐승으로 만드는 체제가 사회주의라고 말이다. 그러니까 니체는 도덕의 기원을 밝히는 작업을 통해 기독교가 연민, 동정, 베풂 등 나약한 노예 도덕을 만듦으로써 강한 주인에 대해 복수를 펼쳤고, 이것이 '도덕'으로 제도화되었다는 논리의 연장선상에서 민주주의와 사회주의 등 당대 여러 정치 제도를 싸잡아 비판하고 있는 것이다.

'초인'을 주장하고 '초인'을 가르친다고 설파한 니체는 고통과 위험을 회피하는 안전지향적이며 나약한 민주주의와 사회주의 등의 정치 제도를 폐기하고, 고통과 위험을 복원하여 인간 종 자체를 더 높은 상태로 고양시켜야 한다며 민주주의 및 그와 유사한 사상에 반대 입장을 표명한다.

이러한 논리에 따라 니체가 귀감으로 삼는 '초인'적인 인물은 강인했던 르네상스인들을 대표하는 체사레 보르자라든가 나폴레옹 같은 정치인 군인들이다. 높고 강인한 인간에 의해 행사되는 폭력적인 것, 악의적이면서 폭군적인 것이야말로 인간 종을 높이는 데 필요하다는 논리가 니체의 정치 철학이다.

니체의 이런 반민주주의적 주장, 반민주주의적 철학에 대해서는 대체로 서너 가지의 상반된 입장들이 존재한다.[72] 헝가리의 마르크스주의 철학자 게오르그 루카치Gyorgy Lukacs는 오래 전부터 니체를 부르주아 기득권을 옹호한 극보수주의 철학자라고 혹평했다. 나아가 니체를 파시스트의 옹호자로 비난했다.

니체의 텍스트들은 정치적으로 무의미하다는 입장도 있다. 20세기 새로운 합리주의 철학을 펼친 위르겐 하버마스Jürgen Habermas는 니체가 민족주의자도 아니고 나치스트도 아니며, 자본주의자, 제국주의자, 인종주의자, 파시스트, 사회주의, 아나키스트 등 그 어디에도 속하지 않는다고 말하며 니체의 주장들이 정치적으로 무의미하다고 진단한다.

그런가 하면 니체의 정치 철학을 부차적인 것, 혹은 실수로 간주하면서 현실 정치에 적용하는 대신 주로 철학적 입장에서만 니체 사상을 긍정하는 입장들이 있다. 아마도 니체를 연구하는 많은 철학자, 연구자들이 이런 입장에 서 있을 것이다.

니체의 반민주주의 사상, 즉 정치 철학에 초점을 맞춰 니체를 이해하고자 했던 김진석에 따르면, 니체가 여러 글 속에 행했던 민주주의에 대한 비난과 비판에 눈 감거나 피해갈 수는 없는데, 특히 한국의 니체 연구자들 다수가 니체의 이런 측면을 합리화하거나 간과해 온 탈정치적 경향을 보여 왔다고 비판한다.

김진석보다 매섭게 니체를 비판하고 있는 학자는 존 스튜어트

밀 John Stuart Mill 의 『자유론』이나 에드워드 사이드 Edward Wadie Said 의 『오리엔탈리즘』 등의 저서를 번역하고 헨리 데이빗 소로, 톨스토이, 조지 오웰, 간디, 이반 일리치 등의 인물에 관한 책을 쓰거나 번역한 바 있는 박홍규다.

서구의 실천적인 철학자, 작가들에 천착한 그가 유독 니체에 대해서만큼은 매정하다시피 거부감을 표명하고 있다. 국내에선 니체의 반민주주의적 철학에 대한 거의 처음이자 본격적인 비판서로 출간된 박홍규의 『니체는 틀렸다』는 정치 철학을 넘어 니체의 철학 전반에 걸친 대대적 비판을 감행하고 있다.

김진석은 박홍규의 비판 작업에 어느 정도 의미를 부여하면서도 그가 사실을 지나치게 단순화하거나 너무 거칠게 비판 작업을 행하고 있으며 니체에 대해 많은 부분을 오해하고 있다고 말한다. 실제로 박홍규의 니체 비판서는 니체의 거친 발언들만큼이나 거칠게 읽힌다. 니체의 철학이나 그의 내적 논리를 이해해 보려는 시도 자체가 없는 것은 아닐까 여겨진다.

김진석은 니체가 민주주의를 긍정하기도 했으며 니체의 이런 발언들을 니체의 전체 철학, 즉 '힘에의 의지'나 강자와 약자의 도덕 등의 견지에서 봐야 한다고 설명하며 니체 정치 철학의 맥락을 짚어간다. 니체가 처음부터 민주주의에 반대한 것은 아니며 그의 초기 철학에서는 어느 정도 민주주의를 긍정했다는 주장은 다음과 같은 구절을 두고 한 말이다.

백 년 동안의 예방 기간 - 민주적인 제도들은 전제주의적인 충동의 오래된 페스트에 대한 검역소들이다. 그런 것으로서 그것들은 매우 이롭고 매우 따분하기도 하다.[73]

그러나 앞서 설명한 바와 같이 말년의 니체는 기독교적인 도덕주의 비판의 연장선상에서 민주주의, 그리고 사회주의 등의 정치 체제에 대해 조롱하고 비난한다. 그리스도교에 의한 노예 도덕이 그 본질에 있어 강자들에 대한 약자들의 복수라고 생각했듯이, 민주주의 역시 약자들의 권력 욕구에 의한 것이며 결국 정치 조직의 차원이 아니라 인간의 평준화, 인간의 왜소화, 나아가 인간 자체가 타락한 형식이라는 것이다.

김진석은 여기서 니체의 민주주의 비판을 단순하게 폄하할 수 없는 것은 니체가 당시 유럽 정세에 대한 나름의 판단에서 이런 비난을 행한 것이며 이를 통해 '위대한 정치'를 표방하고 있다고 설명한다.

유럽이 가장 큰 위험으로부터 벗어나기 위해서는 인도 전쟁과 아시아에서의 갈등만이 필요한 게 아니라 내부적인 전복, 제국을 작은 단체로 쪼개기, 그리고 특히 의회제도라는 어리석은 짓의 도입, 거기에 더하여 모든 사람이 아침에 신문을 읽게 만들기 등이 필요할 것이다. 나는 이것을 희망하는 사람으로서 말하는 게 아니다. 나는 차라리 그와 반대되는 것이 마음에 든다. (⋯) 벌

써 다음 백년은 지구의 지배를 놓고 벌이는 싸움을 가져온다. 말하자면, 위대한 정치를 위한 충동을.[74]

니체는 이 대목에서 벌써 20세기에 벌어지게 될 '지구의 지배를 놓고 벌이는 싸움', 즉 1, 2차 세계대전을 예견하는 듯싶다. 그러나 그 싸움을 피하는 것이 아니라 그 싸움을 무릅쓰는 것이 위대한 정치라고 말하면서[75] 의회민주주의나 작은 정부, 분권화, 시민들이 아침 신문을 읽는 것 등을 의지의 약화와 병약함으로 설명한다.

어떤가? 전쟁을 긍정하고 제국을 옹호하며 현실의 민주주의를 반대하는, 무서운 철학이 니체 철학이 아닌가? 이러한데도 니체를 마냥 긍정할 수 있겠는가?

김진석을 비롯해 많은 철학자, 저자들이 이러한 니체의 정치관에 곤혹스러워하며 어떻게든 니체의 진의를 파고들어 이에 대해 해명하려고 애를 쓴다. 이러한 발언들에도 불구하고 실제로 그가 인종주의자, 반유대주의자였던 여동생의 남편(매제) 퍼르스터에 반대했으며 비스마르크식의 독일 패권주의에도 반대했다는 점에서 니체가 파시즘 철학자가 아니라는 근거로 든다. 그가 19세기 후반에 사유한 전쟁과 제국에 대한 생각과 20세기에 실제로 벌어진 사건들은 같을 수 없으며, 이를 두고 비판하는 것은 지나치게 결과론적이라는 점을 지적하기도 한다.

무엇보다 니체의 정치 철학과 현실 사이에 놓인 격차를 언급하며 그의 철학이 공상적이고 위험하지만 심오한 측면도 있음을 덧붙인다. 니체 철학을 현실이나 역사와 어느 정도 분리하여 '강함'과 '초인' 등 그의 형이상학적인 심오함을 강조하는 경향이 있는가 하면, 반대로 이러한 철학적 의미는 외면한 채 니체 철학이 현실적으로 무의미하고 우스꽝스럽다고 보는 입장도 존재한다는 것이다.

이에 대한 구구하고도 장황한 논의들을 더 설명하는 대신, 김진석의 말을 인용하는 것으로 대신한다. 이보다 더 깊고 풍부한 논의는 김진석의 책을 참고하면 좋을 것이다.

니체는 단순히 정치적 보수주의를 제도적으로 실현하자는 주장을 한 것은 아니다. 역설적으로 보이지만 그는 다소 급진적인 방식으로 철학적 원칙이 정치로 승화하기를 바랐다고 할 수 있다. 이 철학적 정치는 단순히 제도적인 정치적 보수주의로 만족할 수 없는 어떤 것이었다. 이 점은 '위대한 정치'뿐 아니라 그의 '강자' 개념을 고려할 때 명백해진다.[76]

필자 개인적으로, 니체의 정치 철학이 그리 단순하지 않으며 어떤 면에서 충분히 이해할 만하다는 이런 옹호론들에 대해 어느 정도 수긍도 한다. 그러나 그러한 옹호의 논리가 늘 궁색하다는 느낌도 지울 수 없다. 시대적 한계로 인해 그의 정치적 주장을 20

세기에 벌어진 많은 역사적 사실에 곧바로 대입하는 것이 무리라고 한다면, 그 말은 그의 정치적 주장이 많은 한계를 갖고 있음을 말해주는 명백한 징표가 아닌가.

그의 정치 철학의 진의가 어떻든 니체의 정치 철학을 현실 정치에 그대로 적용하거나 권유하는 철학자, 정치 사상가가 있을까? 정치적 목적을 달성하기 위해서라면 교활하고 잔인한 지도자가 되어야 한다고 주장한 마키아벨리의 『군주론』이 정치 철학의 중요한 고전으로 여전히 언급되고 있지만, 니체의 정치 철학은 어떠한가? 그만한 대접을 받고 있는가?

니체의 정치 철학의 진의나 숨은 의미를 떠나 그 효과의 측면에서 보자면 니체의 철학이 결국 히틀러, 나치의 입맛에 매우 잘 맞는 것이었고 그로 인해 나치즘에 이용당한 측면이 있음을 간과할 수도 없을 것이다.

어디 히틀러와 나치뿐이겠는가. 니체의 정치 철학에 유혹을 느끼는 정치 지도자가 있다면 그는 파시즘이나 전체주의에 현혹될 가능성이 크지 않겠는가. 셰익스피어의 비극 〈맥베스〉의 주인공들인 맥베스 부부처럼 말이다. 그러니 그의 정치 철학은 맥베스 장군이 광야에서 만난 세 마녀의 감언이설과 비슷한 것이 아니겠는가. 니체가 나쁜 철학자, 틀린 철학자가 아니라 '위험한 철학자'라 부르는 이유가 이 때문일 것이다.

베수비오 화산[77] 위에 집을 지어야 한다며 위험과 모험에 찬 인생을 설파한 니체, 훌륭한 적이 있다는 것을 축복으로 여기며 전쟁의 불가피성과 전쟁이 지닌 좋은 효과에 대해서도 강조했던 니체를 다시 생각해 보자. 전쟁을 포기하는 것은 위대한 생을 포기하는 것이며, 전쟁과 승리에 기뻐하는 본능이 행복의 본능마저 지배하는 것이 참다운 '자유'의 의미라고 말하는 니체를 생각해 보자.

현대 전쟁의 저변에 깔린 경제적 이유나 복잡성, 가공할 만한 폭력에 대해 니체는 전혀 예상하지도 못한 채 철학적으로 '강함의 미덕'만을 얘기하는 것은 아닌가? 러시아와 우크라이나, 가자와 이스라엘, 미얀마 등지에서 벌어진 근래 전쟁들을 목격하면서도 니체가 권하는 전쟁과 반민주적 영웅을 옹호할 수 있을까? 그런 니체를 긍정할 수 있을까? 니체는 말 그대로 위험한 철학자, 혹은 다이너마이트이지 않은가? 이런 질문들에 대해, 더 높은 단계인 초인과 위대한 정치를 지향하는 니체의 심오함은 도외시한 채 너무 현실적으로만 니체를 해석한다고 비난할 수 있을까?

제 3 부

문학,
니체와 대결하다

니체 같은 사람은 오늘날의 고뇌를
한 세대 이상이나 앞서 체험해야 했지요.
그는 아무에게도 이해받지 못한 채
이 고뇌를 고독하게 곱씹어야 했지만,
오늘날엔 수많은 사람들이 이것을 체험하고 있는 겁니다.

1

니체, 도스토예프스키를 만나다
니체와 도스토예프스키의 삶과 문학, 철학

'진실'이라는 것에 대해서는 아마 아직 그 누구도 충분히 진실하지 못했을
것이다.
- 『선악의 저편』, p.132

    회고록이나 다름없는 말년의 저작 『이 사람을 보라』에서 '나는
왜 이리 현명한가', '나는 이토록 좋은 책만 쓰는가'라며 자화자
찬을 일삼는 니체는 꽤 오만한 사람으로 보인다. 그는 자신이 존
경해 온 인물들과의 대결 의식을 통해 차츰 그들보다 더 유명한
사람으로 성장해 왔다. 쇼펜하우어와 바그너를 숭배했던 그가 두
사람을 넘어서고 그들을 내친 뒤, 그에게는 무언가를 배울 만한
사람이 존재하지 않는 것처럼 보였다. 한 사람만 빼고 말이다. 니
체보다 한 세대 앞선 작가로 인간 영혼의 깊숙한 심연을 탐구한
러시아의 문호 도스토예프스키 말이다.
    니체가 1844년 태어나 1900년에 사망했고, 도스토예프스키

는 1821년 출생해 1881년에 사망했으니 거의 20여 년 터울을 두고 있다. 당시는 유럽 각지에서 태동한 사상과 저술이 자유롭게 국경을 넘나들던 때이고 이를 통해 다양한 학문과 지식들이 활발하게 교류되며 대화하던 때였다.

니체가 어떤 경위로 도스토예프스키의 글을 접하게 되었는지는 알 수 없다. 연보에는 그가 정신적으로 사망하기 얼마 전인 1887년 무렵 도스토예프스키의 책들을 접했다고 하는데, 어떤 책을 접했고 어느 정도 깊이 만났는지는 알려지지 않았다.

다만 어느 글에서 도스토예프스키를 일컬어 '내가 무언가를 배울 수 있었던 유일한 사람'이라고 추켜세우고 있다. 『이 사람을 보라』에서 흥분에 찬 자화자찬을 늘어놓던 시기와 비슷할 것이다. 이러한 언급은 매우 짤막한 것이고, 이에 대해 납득할 만한 설명도 남기고 있지는 않다. 그러나 니체의 삶과 저작들을 톺아보면 언뜻언뜻 도스토예프스키의 그림자가 느껴지는 대목들이 발견된다.

위대한 병자들

잠시 니체의 연인이었던 루 살로메는 자신의 논문과 책에서 니체와 그의 심리 상태를 분석해 소개한 바 있다. 루 살로메는 니체의 창조력의 근원으로 니체가 평생 앓은 지병에 의미를 두었다. 니체가 병 때문에 한 번의 생을 사는 동안 수없이 많은 삶을 산 것이며, 그가 병에 걸리고 그 병에서 회복될 때마다 새로 태어났다고 언급하며 '그는 생각을 통해 병을 앓았고 생각을 통해 회복했다'고 표현했다.[78]

니체의 창조력과 그의 병환과의 관계에 대한 이런 언급은 흔히 도스토예프스키의 창조력과 그가 평생 짊어지고 간 간질병, 즉 '뇌전증'에 대한 진단과 유사한 느낌을 전해준다. 도스토예프스키는 자신의 여러 소설에서 자신이 앓고 있던 간질병을 앓는 인물들을 소설의 주요 인물로 설정했다. 『백치』의 주인공 므이시킨 백작이 그렇고, 『악령』의 키릴로프, 『카라마조프 씨네 형제들』의 주요 인물인 스메자르코프 역시 간질병 환자다. 도스토예프스키는 이 주인공들의 입을 빌어 간질병 발작 직전에 맞이하는 황홀경에 대해 '참을 수 없는 은총의 순간'으로 묘사하곤 했다.

도스토예프스키가 자신이 창조한 인물들을 통해 자신이 겪은 간질병의 황홀함을 묘사하는 방식은, 니체가 자신의 극심한 병을 앓으며 느낀 고통과 광기에 대한 예찬들과 겹친다. 『아침놀』을 집필하고 '영원 회귀'의 아이디어를 구체화하며, 118일간 아팠던 1880년 무렵의 니체에 대해 그의 전기 작가는 다음과 같이 설명한다.

그의 병은 인도를 정복하려는 알렉산더 대왕의 원정이자 아득히 먼 곳에서 자신을 난파하는 수단과 같았다. 그는 고통스러운 발작을 겪을 때마다 고통에 휘둘리지 않는지 능력을 시험 당했고, 그 발작에서 벗어날 때마다 새로운 발견의 대가로 고통의 가치를 확인하며 다시 태어났다. 그리고 죽음의 문턱에서 건강을 조금 회복할 때마다 뛰어난 독창적 영감을 발휘했다.[79]

흔히 『보바리 부인』을 쓴 귀스타브 플로베르Gustave Flaubert와 우리 작가 이상, 김유정 등이 앓았다는 폐병 같은 것을 '문학의 병'으로 언급하며 예술가와 그들이 앓은 지병과의 연관에 주목하는 평론들도 있지만 그 중에서도 도스토예프스키의 간질병과 니체가 앓은 뇌와 관련한 지병은 특히 유명하고 또 그들 작품에 지대한 영향을 미친 것으로 보인다.

'병 덕분에', 혹은 '위대한 건강'[80]으로 인해 위대한 사상을 토해냈다는 니체의 언급은 불교의 〈보왕삼매론〉의 한 구절을 연상시킨다. 세상살이에 곤란함이 없기를 바라지 말 것이며, 공부하는데 마음에 장애 없기를 바라지 말 것이며, 일을 꾀하는데 쉽게 이루어지기를 바라지 말라는 등 10가지 수행법을 제시하는 〈보왕삼매론〉의 첫 구절은 이렇다.

몸에 병이 없기를 바라지 말라. 몸에 병이 없으면 탐욕이 생기기 쉽나니, 그래서 부처님께서 말씀하시되 '병고로써 양약을 삼으라' 하셨느니라.

'초인', 그리고 나폴레옹 숭배

니체 전기를 쓴 수 프리도에 따르면 니체가 일생 동안 이루지 못한 버킷리스트 중 하나가 나폴레옹의 출생지인 코르시카를 방문하는 일이었다고 한다.[81] 나폴레옹은 19세기를 살았던 지식인들에게는 매우 문제적인 인간이었다. 하층 계급에서 출발해 자수성가로 황제까지 올라 유럽의 대부분을 집어삼킨 그의 입지전적인 활동은 신분 상승과 출세에의 가능성과 함께 제2의 나폴레옹을 꿈꾸는 나폴레옹 키즈들을 배출했다.

베토벤과 톨스토이는 처음엔 나폴레옹에 흥미를 보였다가 등을 돌린 케이스지만, 스탕달의『적과 흑』의 주인공 줄리엥 소렐과『죄와 벌』의 주인공 라스콜리니코프는 대표적인 나폴레옹 키드로 표현된다. 여기에 생전에 코르시카 섬을 방문하는 게 소원이었다는 니체 역시 또 다른 의미에서 나폴레옹 키드라 할 수 있을 것이다. 니체는 '초인'의 모델들로 16세기 정치가이자 군인인 체사레 보르자, 그리고 나폴레옹을 염두에 두었을 것이다.

19세기 중후반의 작가나 예술가치고 나폴레옹에 대한 열광이나 환멸을 갖지 않은 사람은 드물었을 것이다. 그중에 도스토예프스키와 니체는 그들이 받은 나폴레옹에 대한 강렬한 영향을 자신들의 사상과 작품에 투영시켰다. 도스토예프스키의 가장 선병질적인 캐릭터인『죄와 벌』의 라스콜리니코프는 나폴레옹에 영향을 받아 전당포 노인 같은 벌레만도 못한 사람을 아무 죄책감 없이 살해할 수 있는 위대한 인간으로 자임한다. 라스콜리니코프가 니체의 철학을 알았다면, 틀림없이 그에 열광했을 것이다.

사실 니체와 도스토예프스키는 본질적으로 매우 다른 사상을 추구한 사람들이었다. 『죄와 벌』의 라스콜리니코프나 『카라마조프가의 형제들』의 이반 카라마조프처럼 도스토예프스키의 매력적인 주인공들은 하나같이 무신론자들이지만 결국 이들조차 신에게 귀의하게 된다. 또 '백치' 같은 지고지순한 성직자 주인공들의 우위를 보여줌으로써 도스토예프스키는 가장 심오한 방식으로 종교로 되돌아온다.

일부 기독교 학자들은 성경 다음으로 훌륭한 기독교 사상서로 『카라마조프가의 형제들』을 위시한 도스토예프스키의 소설들을 권한다고 한다. 무교회주의를 외친 톨스토이는 정교회로부터 파면당해 복권되지 못했지만, 도스토예프스키는 결과적으로 니체가 그토록 경멸해 마지않았던 기독 종교의 한 분파인 정교회의 충실한 작가로 남았던 것이다.

대심문관, 혹은 거짓 사제들

『차라투스트라』를 읽는 중에 도스토예프스키 최고의 걸작으로 꼽히는 『카라마조프가의 형제들』의 한 구절을 읽는 듯한 느낌을 받은 적이 있다.

　오랜 시간 산 속 동굴에서 자신만의 정신과 고독을 즐기다가 십여 년 만에 산을 내려와 시장의 군중들 앞에서 '초인'을 가르쳤을 때, 줄타기 광대가 줄에서 떨어져 사망하는 사고가 발생한다. 이때 사망한 광대의 시체를 메고 가던 익살꾼이 선지자인 차라투스트라에게 다가와 그의 귀에 대고 속삭인 말은 다음과 같다.

　오, 차라투스트라. 이곳을 떠나시오. 여기서는 너무 많은 사람이 그대를 미워하오. 선량하고 의로운 사람들도 그대를 증오하며, 그대를 자신들의 적이요 자신들을 가장 경멸하는 자라고 부르고 있소. 올바른 믿음을 가진 신자들도 그대를 미워하며, 그대를 대중의 위험인물이라고 부르고 있소. 사람들이 그대를 비웃기만 한 것은 다행한 일이오. (…) 그러나 이 도시를 곧 떠나시오. 그러지 않으면 내가 내일은 그대를 뛰어넘을 것이오. 산 자가 죽은 자를 뛰어넘을 거요. (『차라투스트라』, p.33)

　이번에는 도스토예프스키의 『카라마조프가의 형제들』의 백미로 일컬어지는 〈대심문관의 이야기〉의 한 대목을 보자. 카라마조프가의 형제들 중 둘째인 무신론자 이반과 셋째이자 독실한 성직자인 알료샤 간의 길디긴 신학 논쟁 장면에서 이반이 알료샤에게 자신이 창작한 극시劇詩라며 들려주는 삽화가 〈대심문관 이야기〉이다. 이 대목은 일찍이 프로이트가 '세계 문학사의 압권'이라고까지 극찬한 삽화로 니체가 말한 거짓 성직자와 '신의 살해'를 연상케 하는 구절들이 등장한다.

사람들의 간절한 바람에 화답하고 지상에 다시 오겠다는 약속을 지키기 위해, 화형과 이단 심문이 횡행하던 15세기 스페인 세비아에 내려온 예수 그리스도는 단번에 그가 그리스도임을 알아차린 민중들에 의해 열렬한 환영을 받는다. 죽은 소녀를 살려내는 기적을 행하여 민중들을 놀라게 한 예수 그리스도. 그러나 이를 지켜본 추기경과 교회 권력의 최상부에 있던 대심문관은 예수를 체포한 뒤 감옥으로 그리스도를 찾아가 그를 심문한다.

네가 그자(그리스도)냐? 네가? (…) 도대체 무엇 때문에 우리를 방해하러 온 것이냐? (…) 나는 네가 누구인지 모르고, 알고 싶지도 않다. 네가 그 자신이든, 아니면 그저 그의 모조든 여하튼 내일로 나는 너를 단죄하여 가장 극악한 이단자로 화형에 처할 것이니, 그러면 오늘 너의 발에 입을 맞추었던 바로 그 백성들이 내일이면 내 손짓 한 번에 서로 앞 다투어 달려들어 너를 태울 장작불에 숯덩이를 던져 넣을 것이다. (…) 너는 모든 것을 교황에게 넘겼고, 따라서 모든 것은 이제 교황의 수중에 들어 있다. 그러니 너는 이제 아예 오지도 말고, 적어도 때가 될 때까지는 방해하지 마라.[82]

서양문학사에서 가장 위대한 철학서(에세이)와 가장 위대한 소설로 일컬어지는 두 텍스트의 핵심 구절 사이에 비슷한 분위기, 비슷한 의미가 감지된다. 인간들을 위해, 인간에게 초인을 가르치거나 복음을 전하기 위해 다시 인간들 앞에 나타난 선지자들을 위험한 인물로 간주하고 그를 핍박하는 모티프는 매우 흡사하게 읽힌다.

니체가 도스토예프스키의 이 소설을 읽었고, 또 영향을 받았는지는 확신할 수 없다. 전기적으로 보면, 니체가 도스토예프스키의 소설들을 접한 것이 『차라투스트라』의 1부를 쓴 것보다 훨씬 뒤인 1887년경인 것으로 기록되어 있다.

그러나 도스토예프스키의 소설에서 위 구절에 이어지는 대심문관의 심문, 즉 성직자 알료샤로 하여금 아무런 반론도 못하게 만드는 무신론자 이반의 이야기는 여기서 나아가 더 깊고 심오한 철학적, 신학적 물음을 던진다.

자유의지, 특히 양심의 자유를 짊어지는 것에 괴로워하는 인간과 기적에 쉽게 유혹당하는 인간의 불완전함, 또 노예 기질 등에 대해 대심문관은 재림한 그리스도('너')에게 장광설의 설교를 늘어놓는다. 이 구절들에서도 니체 철학을 읽어낼 수 있지 않을까? '노예의 도덕'이나 '초인', '신의 죽음' 같은 주제로 이 구절들을 해석하거나 연결 지어 생각할 수 있지 않을까?

인간에겐 양심의 자유보다 더 매혹적인 것이 없지만 그보다 더 고통스러운 것 또한 없는 법이다. 그런데 너는 인간의 양심을 단번에 영원히 평온하게 해줄 확고한 근거 대신 모조리 유별나고 아리송하고 막연한 것들만 택했고, 인간의 능력이 미칠 수 없는 것들만 택함으로써 그들을 전혀 사랑하지도 않는 것처럼 행동 했는데 (…) (그때부터 인간은) 무엇이 선이고 무엇이 악인가를 자유로운 가슴으로 스스로 결정해야만 했지. 하지만 너는 정녕 생각하지 못했더냐, 선택의 자유와 같은 무서운 짐이 인간을 짓 누르면 결국 그는 너의 형상도, 너의 진리도 거부하고 논박하게 된다는 것을.[83]

'신의 죽음'을 선언함과 더불어 기독교를 세상의 악으로 규정 한 니체지만, 정작 베들레헴의 마굿간에서 태어난 역사적 인물인 예수 그리스도에 대해서는 특히 그의 말년 저작인 『안티크리스 트』를 통해 긍정적으로 평가한다. 기독교와 예수 그리스도를 분 리해 판단한 것이다.

니체가 혐오하는 성직자들의 형상은 도스토예프스키의 〈대심 문관의 이야기〉에 등장하는 대심문관 캐릭터와 닮았다. 이러한 성직자들, 원한을 품은 '성직자 민족인 유대인'들이 조장한 것이 '도덕에서의 노예의 반란'이라는 것이 니체가 계보학을 통해 밝 혀낸 도덕의 기원이다.

성직자들은 잘 알려졌듯이 가장 사악한 적이다. 도대체 왜 그럴 까? 왜냐하면 그들은 가장 무력한 자들이기 때문이다. 그들의 무력감에서 태어난 증오는 기이하고 섬뜩한 것, 가장 정신적이고 독이 있는 것으로 성장한다. 세계사에서 모든 거대한 증오자들은 항상 성직자였으며, 또한 가장 정신이 풍부한 증오자들도 성직자였다. – 성직자의 복수심에 비하면 대체로 다른 모든 정신은 거의 문제가 되지 않는다. (『도덕의 계보』, pp.362-363)

니체, 라스콜리니코프를 흉내 내다?

니체에게서 도스토예프스키의 그림자를 느끼는 것은 그의 저서나 사상을 통해서만은 아니다. 니체의 마지막 퍼포먼스, 혹은 가장 유명한 에피소드인 토리노 광장에서의 발작 사건에서도 도스토예프스키의 그림자가 느껴진다. 1889년 1월, 이탈리아 토리노의 광장 앞에서 마부에게 매를 맞는 말을 향해 다가가 말을 감싸 안고 쓰러진 니체, 그로써 세상과 정신적으로 이별을 고하는 니체. 이 극적인 장면에 대해 다음과 같은 해석이 있다.

말을 끌어안고 쓰러지는 에피소드는 도스토예프스키의 『죄와 벌』(1866)에도 나옵니다. 어린 라스콜리니코프가 시장에서 학대받는 늙은 암말을 끌어안고 흐느끼다가 아버지한테 왜 사람들이 불쌍한 말을 학대하느냐고 항의하는 대목이지요. 니체의 이야기는 정확하게 문학작품을 모방한 에피소드로 유명합니다.[84]

『죄와 벌』에 등장하는 그 장면을 찾아본다. 니체의 에피소드와 얼마나 닮았는가?

라스콜리니코프는 말 곁으로 달려갔다. 앞으로 달려가서 말의 눈을, 바로 눈을 맞는 것을 그는 보았다! 그는 울었다. 가슴이 막 뛰면서 눈물이 흘러내렸다. (…) 가엾은 소년은 이미 제정신을 잃고 있었다. 소리를 지르면서 군중 속을 헤치고 얼룩털 말에게 달려갔다. 이미 죽어서 피투성이가 된 말의 콧등을 껴안고 눈과 입술에 키스를 했다. (…) 그리고 갑자기 벌떡 일어나 자기도 모르게 조그만 주먹을 불끈 쥐고 미콜카에게 달려들었다.[85]

니체의 토리노 광장의 발작 사건이나 『죄와 벌』에서의 이 장면은 흔히 인간의 죄를 대속하기 위해 십자가의 길을 택한 예수의 행동과도 연관지어 설명되곤 한다. 이처럼 늙은 말에 가해진 폭력에 절규했던 라스콜리니코프는 청년으로 자라나 그보다 더한 폭력이라 할 수 있는 살인을 저지르지만, 니체는 돌이킬 수 없는 정신의 암흑 속으로 빠져드는 것이 다르다. 니체가 소설 속 장면을 염두에 두고 토리노 광장에서의 행동을 연출했다면, 그는 정말로 대단한 행위예술가가 아니겠는가. 아울러 도스토예프스키의 충실한 사도가 아니겠는가.

하지만 무엇도 확실히 단정할 수는 없다. 추측과 해석만이 있을 뿐이다. 이렇게 극단적으로 소설과 전기적 사실을 연결시킨다면, 심지어『죄와 벌』의 주인공 라스콜리니코프가 어머니와 여동생에 대해 갖는 괴로움조차 니체의 어머니와 여동생에 대한 복잡한 관계를 연상시킨다고도 할 수 있지 않을까.

2

니체를 미워하고 사랑한 독일의 작가들
헤르만 헤세, 『황야의 이리』 / 토마스 만, 『파우스트 박사』

어떤 사람은 예술을 수단으로 자신의 본질을 즐기기를 원하며, 또 다른 사람은 예술의 도움을 빌려 잠시 동안 자신의 본질을 넘어서서 그것에서 벗어나기를 원한다.
- 『인간적인, 너무나 인간적인 2』, p.203.

제2차 세계대전이 끝난 뒤 니체의 철학은 적어도 패망한 독일 안에서만큼은 입에 담을 수 없는 금기 아닌 금기가 되었다. 니체는 히틀러와 나치즘의 사상적 배경을 제공한 인물로 지목되었고, 불평등을 주장하고 민주주의에 반하는 그의 철학은 특히 마르크스주의 비평가들에 의해 그를 '검은 철학자'로 불리게 했다.

니체가 이런 누명을 벗고 재기하여 20세기 다양한 사상들에 큰 영향을 미치게 된 계기는 전후 프랑스에서부터 시작됐다. 카뮈와 조르주 바타유 Georges Bataille를 비롯한 일군의 작가들이 니체를 다시 읽고 니체에 대한 오해를 불식시키며 니체의 진의를 해명한 것이다. 아울러 1964년 들뢰즈, 푸코 등이 주도한 루아이요

몽의 콜로키움은 니체의 화려한 재기를 알리는 신호탄이 되었다. 독일에서 결정적으로 니체가 부활한 것은 하이데거에 의해서였음은 앞에서 언급한 바 있다. 그러나 니체에 대한 독일 내부의 시선은 꽤 복잡했던 것 같다. 거의 같은 시대를 살아간, 그리고 노벨문학상을 수상한 점에서도 통하는 두 독일 작가를 통해 이를 확인할 수 있다.

1875년생인 토마스 만과 1877년생인 헤르만 헤세는 각각 자신의 주요 작품 속에 매우 적극적으로 니체를 끌어들였다. 여러 작품 속에 이미 니체의 영향력을 암시해 왔던 두 사람이지만, 노년의 대표작들인 헤세의 『황야의 이리』(1927)와 토마스 만의 『파우스트 박사』(1947)에서 두 작가는 니체를 단순한 소재 이상의 문학적 장치로 활용하며 그와 대면하고 대결한다.

헤르만 헤세가 『황야의 이리』를 쓴 것은 1차 세계대전의 패망으로 성립된 바이마르공화국 시기인 1927년 무렵으로, 차츰 세력을 넓혀가는 나치에 의해 새로운 전쟁의 기운이 감돌던 시기와 맞물려 있다. 거기에 더해 작가 자신의 이혼과 정신적 방황 등 피폐해진 삶의 시기를 거치며 헤세 소설 중 가장 자전적 색채가 짙은 기이한 소설 『황야의 이리』를 발표하게 된다.

토마스 만이 『파우스트 박사』를 쓴 것은 2차 세계대전이 끝난 뒤인 1947년이었다. 망명지 미국에 머물다가 전쟁이 끝난 뒤 고

국으로 돌아온 노년의 토마스 만은 자신의 조국 독일이 저지른 두 차례의 전쟁과 야만적인 학살에 대한 물음을 던지기 위해 소설을 썼고, 그 소설을 펼쳐가는 방편으로 니체를 끌어들인다. 모든 것이 파괴된 전쟁의 폐허 위에서 나치에게 채택된 '니체'를 긍정적으로 다루긴 어려웠을 것이다.

요컨대 앞의 소설은 2차 세계대전의 전운이 감돌기 시작한 시기에 쓰였고, 후자는 1, 2차 세계대전에 대한 성찰의 자리에 발표되었다. 그러므로 두 작품은 각 작가의 개성이나 사상적 궤적을 논하거나 파악하기에 앞서, 나치즘을 겪기 전후 니체에 대한 독일 내부의 평가가 어떻게 바뀌고 받아들여졌는지를 알 수 있는 한 척도가 될 것이다.

헤세가 1927년 발표한 『황야의 이리』에서 '검은 철학자'로 니체를 바라보는 시선은 찾아볼 수 없다. 오히려 헤세 자신이 집필 당시 직면한 개인적 고뇌와 시대적 위기를 한 세대 앞선 철학자 니체를 통해 답을 구하고 있는 형국이다. 3중의 액자 구조 등 매우 실험적인 글쓰기를 시도한 소설의 형식과 내용은 이 작품을 헤세의 가장 난해하고도 대담한 작품으로 각인시켰다. 모르긴 몰라도 니체 철학이 부추긴 아방가르드적 실험 정신이 작용한 탓도 있을 것이다.

군국주의자와 전쟁광들이 판을 치기 시작한 불안한 정세 속에서, 소설은 이를 비판하는 지식인 하리 할러가 겪는 정신적 분열을 다루고 있다. 내면에 '사람'과 '이리'의 이중적 존재를 감지하는 할러는 당대의 정치적 위기뿐만 아니라 미국식 재즈와 대중매체, 대중사회가 자리 잡아가는 시대의 분위기에도 위기를 느끼는 지식인으로 등장해 그 괴리를 참지 못해 고독 속에 살며 늘 자살을 꿈꾸는 인물로 설정된다.

그런 인물이 우연한 기회에 헤르미네라는 매춘부와 마리아, 파블로 등의 자유로운 인물들을 통해 춤과 음악을 배우고, 난생 처음 가면무도회에 초대되어 마약과 동성애, 난교 등의 극단적 경험을 하며 새로운 세상에 눈을 뜬다는 내용이다. 소설 말미에 할러의 만성적인 니힐리즘에 대한 치료약으로 제시되는 것은 '유머'로, 이는 니체적인 '삶에의 긍정'과 통한다.

특이하게도 소설에는 초반부터 눈에 거슬린다 싶을 만큼 '니체'가 자주 소환된다. 그 이름이 직접 호명되는 것만도 예닐곱 번이나 되며 니체 철학에 대한 언급은 물론 니체적인 주제인 춤과 음악, 명랑함에 대한 내용이 소설 전반에 배치돼 있다. 아래와 같은 문장들은 헤세가 니체 철학에 대해 비교적 잘 이해하고 있음을 알 수 있다.

나는 할러가 고통의 천재라는 것을 알았다. 그는 니체가 말한 의미에서 무한하고 무서운 천재적인 고통의 능력을 내면에서 길러 왔던 것이다.[86]

인간의 삶이 정말로 고통으로, 지옥으로 변하는 건 두 시대, 두 문화, 두 종교가 서로 교차할 때뿐입니다. 어떤 고대인이 중세에 살았어야 했다면, 그는 그것 때문에 애처로우리만치 숨 막혀 했을 겁니다. (…) 니체 같은 사람은 오늘날의 고뇌를 한 세대 이상이나 앞서 체험해야 했지요. 그는 아무에게도 이해받지 못한 채 이 고뇌를 고독하게 곱씹어야 했지만, 오늘날엔 수많은 사람들이 이것을 체험하고 있는 겁니다.[87]

하지만 이 소설이 니체만을 소환하는 건 아니다. 니체와 함께 소설에서 특별히 중요하게 소환되는 역사적 인물은 괴테와 모차르트다. 하리 할러의 꿈속에 등장하는 인물이 괴테이고, 소설 말미에 삶을 긍정하는 '유머의 철학'을 설파하는 것도 괴테와 모차르트를 통해서다.

그러니 이 소설이 전적으로 니체적이라고만은 할 수 없다. 심지어 어떤 부분은 니체와 거리가 멀다. 자신 안에 내재한 '이리(짐승)'와 '인간' 사이에 머물러 고민하는 하리 할러는 니체가 말한 '초인'을 꿈꾸기엔 여러모로 역부족인 인물이다. 춤과 육체의 세계를 발견하기는 하지만, 할러의 고민은 여전히 더 높은 교양과 고급문화 쪽에 가 있는 듯하다.

이 소설은 헤세 소설 중에서도 가장 난해한 작품으로 꼽힌다. 『싯다르타』(1922) 이후, 『나르치스와 골드문트』(1930) 이전에 발표된 이 소설의 집필 시점은 쉰 살을 바라보는 헤세의 인생에서도 가장 힘든 시기로, 분석심리학자 칼 융과 그의 제자 랑 박사에게 심리치료를 받던 때이기도 하다. 헤세의 모든 소설이 끊임없는 정신적 고뇌와 신열 속에 집필되었지만, 이 소설은 인생의 황혼기를 앞둔 극심한 방황 속에 탄생한 책으로 읽힌다.

『황야의 이리』가 열광적인 조명을 받으며 책이 깔리기 무섭게 동이 나 문고판 출간 한 달 만에 무려 36만 부가 팔린 진기록을 달성한 것은 1960년대 말 미국에서 벌어진 일이다. 양차 대전 후, 서양 정신문화에 심각한 문제의식을 제기하며 폭발적으로 일어난 히피 운동에 (『싯다르타』와 함께) 이 책이 하나의 경전으로 급부상한 것이다.

거기에는 책에 등장하는 춤과 음악, 마약, 동성애 등 무한 자유를 추구하는 갈망이 자리 잡고 있다. 같은 시기 유럽 대륙에서 벌어진 68운동과 함께 히피의 정신에도 니체의 유산을 감지할 수 있을 것이다. 창백한 지식인으로 허무주의와 자살 충동에 휩싸인 하리 할러와의 첫 대면에서 구원처럼 나타난, 그에게 전혀 다른 세계를 안내할 헤르미네의 다음과 같은 대사는 흡사 다음 장에 언급할 그리스 사람 '조르바'의 목소리를 쏙 빼닮았다.

전혀 못 추신다고요? 원스텝 한 번도 안 춰 봤단 말이에요? 그러고서도 열심히 살아왔다고 주장하시는 거예요? 그렇다면 당신은 허풍을 떤 거예요. (…) 하지만 읽고 쓰고 하는 것은 배웠겠죠.

셈하기도 배우고, 아마 라틴어와 프랑스어 따위도 배웠을 거구요. (…) 어쨌든 좋습니다. 그런데도 몇 시간 춤추기 위한 작은 짬도 돈도 들이지 않았단 말이죠.[88]

헤세의 소설과 달리, 1947년에 발표된 토마스 만의 대표작『파우스트 박사』는 철학자 니체에 대해 긍정적인 시선을 보낼 수 없는 환경 속에 집필되었다. 중세 유럽의 연금술사 파우스트의 신화와 그로부터 착안한 괴테의『파우스트』를 잇는 이 소설은 주인공 레버퀸의 삶을 대부분 니체의 전기적 사실로부터 구하고 있다.

요컨대 작품의 큰 모티프는 악마에게 영혼을 판 파우스트의 전설에 빚지고 있지만, 현대판 파우스트의 현현인 아드리안 레버퀸의 삶은 니체의 전기적 사실에 기대고 있는 것이다. 니체의 사상이나 그가 남긴 말을 차용하기보다 소설의 캐릭터와 서사 자체를 니체의 전기에서 구하고 있다는 점에서 꽤나 흥미로운 시도로 보인다.

주인공 레버퀸의 직업이 음악가라는 점에서부터 한때 음악가를 꿈꾸고 실제로 몇 개 노래를 작곡한 바 있는 니체의 인생이 보인다. 토마스 만이 이 책을 통해 궁극적으로 질문을 던지고 있는 것, 또 철학과 음악의 나라 독일에 대한 성찰을 위해서도 주인공의 직업을 음악가로 설정한 점은 꽤 그럴듯해 보인다.

음악과 작곡가에 대한 천착은 토마스 만의 초기 중단편들인

「토니오 크뢰거」나 「베니스에서의 죽음」에도 보인다. 토마스 만은 이웃한 국가들에 비해 이러한 것에 능한 독일인의 기질에서 두 차례 세계대전을 일으킨 원인을 찾고 있는지도 모른다.

토마스 만은 독일인의 본성이 추상적 사변에 능한 동시에 신비주의적 감성에 쉽게 현혹된다고 보았다. 다시 말해 고도의 추상적 사유의 구성물인 동시에 인간의 영혼에 호소하는 신비한 마력을 지닌 음악이야말로 독일 정신을 가장 잘 설명해 줄 수 있다고 생각한 것이다. (…) 이 소설은 아드리안 레버퀸이라는 독일 음악가의 생애와 음악을 통해 '예술과 문화, 인간과 정신이 처한 위기'를 진단하고 있다.[89]

젊은 날 창작의 에너지를 공급받고 예술적 성공을 얻기 위해 레버퀸은 악마와 계약을 맺는다. 괴테의 『파우스트』에서 메피스토펠레스와 맺은 계약에 '멈춰라, 너는 참 아름답구나!'라는 말을 하면 파멸을 맞게 된다는 조항이 있듯이, 레버퀸이 악마와 맺은 계약은 '누구도 사랑해서는 안 된다'는 규정과 함께 24년 뒤에는 레버퀸의 영혼이 악마에게 몰수된다는 조항이 따라붙는다.

여기서 악마를 통해 성공을 구가하는 레버퀸의 음악이란 서구의 고전주의적 전통이 쌓아 올린 조화와 균형, 휴머니즘과 이성 등을 부정하고 해체하는 전혀 새로운 음악이다. 20세기 불협화음의 음악으로 대표되는 아놀드 쇤베르크Arnold Schonberg의 음악을 모델로 한 레버퀸의 탐미적 음악은 다분히 니체가 지향하는 예술, 니체가 트리스탄 코드를 통해 바그너에게 경도된 세계를 떠올리는 부분이기도 하다.

이처럼 레버퀸의 삶 곳곳에 니체의 전기적 사실을 떠올리게 하는 장면들이 등장한다. 이를테면 레버퀸이 동성애적 관계에 있던 슈베르트페거라는 바이올리니스트와 마리 고도라는 프랑스 여인과의 삼각관계는 니체와 그의 친구 파울 레, 그리고 루 살로메의 삼각관계에 대응한다. 아울러 아무도 사랑해서는 안 된다는 조항조차 평생 사랑에 실패하고 독신의 생활을 유지한 니체의 실제 삶을 연상시키는 면이 있다.

레버퀸이 가진 두통과 관련한 질환 역시 니체의 신체 상태와 닮았다. 악마와 계약이 끝난 24년 뒤 천재 음악가 레버퀸이 매독에 걸려 치매 상태에 빠지는 설정 역시 니체가 앓았던 것으로 전해지는 지병과 최후를 그대로 재현한다. 레버퀸의 이야기를 전하는 화자 차이트블롬의 직업이 고문헌학을 전공한 인문학자라는 점은 실제 고문헌학을 전공한 니체의 이력과 무관할 수 없다.

이처럼 소설 곳곳에서 레버퀸의 캐릭터와 행적은 니체의 삶을 모방하고 흉내 낸다. 창작의 에너지를 공급받는 악마의 힘은 니체가 말한 '힘에의 의지'의 우의적인 표현인지도 모른다. 결과적으로 작가는 니체의 철학에서 광기를 읽었고, 니체적 광기가 독일이 저지른 두 차례 전쟁과 무관하지 않다는 것을 니체의 삶을 구현한 레버퀸의 비극을 통해 보여주고자 한 것이다. 레버퀸이라는 인물의 일대기를 그린 『파우스트 박사』는 독일인과 독일 정신이 저지른 극단의 광기에 대한 절망적 고백의 성격을 띤다. 작가는 이 광기의 발작을 막지 못한 독일 지성을 대표해, 이 책을 통해 통렬한 자기비판과 속죄를 수행하고 있는 것이다.

20세기 독일을 대표하는 토마스 만과 헤르만 헤세는 두 차례 세계대전을 겪은 인생 여정에서 닮았고 독일적 관념의 세계를 추구했다는 점에서 닮았으며 그들 사이에도 특별한 교류가 있었던 점에서도 연결된다. 토마스 만은 1929년에 노벨문학상을 받았고, 헤세는 전쟁 이듬해인 1946년 노벨문학상을 수상했다. 괴테와 칸트, 헤겔, 쇼펜하우어와 니체, 그리고 위대한 음악가들을 배출한 자신들의 조국 독일이 일으킨 야만의 경험은 두 작가로 하여금 처절하고도 깊숙한 내면의 성찰을 요구했다.

그들의 공통 경험에 니체가 있었다. 비록 나치를 경험하기 전과 후라는 차이가 존재했고, 니체에 대한 긍부정의 시선이 교차했지만, 그들에게 니체라는 인물은 독일이라는 공간과 현대라는 시간을 앞에 두고 반드시 풀고 넘어가야 할 과제였던 것이다.

3

영원 회귀로 삶이 참을 수 없이 가벼워진다면
밀란 쿤데라, 『참을 수 없는 존재의 가벼움』

한 시대가 나쁘다고 느끼는 것은, 보통 전에는 좋다고 느꼈던 것의 반시대적
인 여운이다.
– 『선악의 저편』, p.126.

밀란 쿤데라의 『참을 수 없는 존재의 가벼움』만큼 니체 철학을
본격적으로 언급하고 다루는 소설도 없을 것이다. 헤르만 헤세나
토마스 만이 니체라는 사람, 혹은 니체와 관련한 시대적 분위기
와 문화적 경향을 다루면서도 정작 니체의 철학적 주제는 깊이
다루지 않았지만 쿤데라는 이 소설을 통해 니체의 주요 철학을
소설로 풀어내 보겠다는 야심을 보이고 있다. 소설의 첫 문장부
터 니체를 언급하고 있으며 니체와 관련한 에피소드나 생각들을
소설 곳곳에 배치하고 있다.

니체 철학은 소설의 제목이기도 한 '존재의 가벼움(그리고 무
거움)'과 관련해 중요한 생각의 틀을 제공한다. 이 소설에서 쿤데

라가 대결하며 그 중심에 제공하고 있는 철학적 주제는 무엇보다도 니체의 '영원 회귀'이다. 순간과 영원, 필연과 우연, 그리하여 무거움과 가벼움 등의 핵심 주제가 영원 회귀와 관련해 다뤄지고 있다.

사회주의 체제의 체코슬라바키아에서 작가에게 고난을 안겨 주었던 초기 소설『농담』의 풍부한 소설적 내러티브와 캐릭터는 희미해지고 1982년 망명지인 파리에서 탈고한『참을 수 없는 존재의 가벼움』과 그 성공 이후 내놓은 책들은 작가 자신이 고민하고 궁구한 철학적 문제와 관념들이 끌고 가는 경향을 보여준다.

'영원'과 '불멸'의 문제를 다룬『불멸』이나『정체성』,『느림』, 그의 유작이 된『무의미의 축제』까지의 여정은 소설적 형상화의 약화와 더불어 철학적 관념, 개념어들이 점차 행간을 지배해 나간 과정에 다름 아니었다. 쿤데라가 한 잡지와의 인터뷰에서 자신은 소설책보다 철학 서적을 즐겨 읽는 편이라고 말한 것이 이를 입증해 주고 있다.

사회주의 종주국 소련과 동구권의 몰락, 거대 서사의 죽음으로 대표되는 8, 90년대 포스트모더니즘과 가장 잘 어울리는 작가로 쿤데라를 꼽는 데는 그의 소설들이 지닌 독특한 형식과 주제에 빚지는 바도 크다. 그 시기는 특히 니체 키즈들이라 할 수 있는 프랑스의 후기 구조주의 철학자들을 통해 니체적인 사유가 왕성하게 복권된 시기와 일치한다.『참을 수 없는 존재의 가벼움』에서

대뜸 니체를 언급하고 있는 첫 구절은 다음과 같다.

영원한 회귀란 신비로운 사상이고, 니체는 이것으로 많은 철학
자를 곤경에 빠뜨렸다. 우리가 이미 겪었던 일이 어느 날 그대로
반복될 것이고 이 반복 또한 무한히 반복된다고 생각하면! 이
우스꽝스러운 신화가 뜻하는 것이 무엇일까?[90]

앞서 영원 회귀 사상을 간략하게 소개하며 이 아이디어에 대한
작가나 철학자들의 해석이 천차만별이었음을 밝힌 바 있다. 이
사유가 철학자들을 곤경에 빠뜨렸다는 언급은 그러므로 틀린 말
이 아니다. 곤경에 빠진 철학자 중에는 그 자신도 있다는 듯이 쿤
데라는 이 아이디어가 의미하는 바를 소설이라는 형식을 통해 깊
이 고민하며 이를 통해 삶의 '가벼움과 무거움'의 여부에 존재의
추를 들이대고 있다. 니체의 영원 회귀를 소설의 사고 실험에 차
용하여 그러한 아이디어로 우리가 삶을 바라보는 관점과 시각이
얼마나 달라질 수 있는지 실험하는 것이다.
　니체의 '영원 회귀'는 '가령'의 철학이라고 할 수 있을 것이다.
가령 이 순간과 삶이 영원히 반복된다고 가정해 보자. 그러면 무
슨 일이 벌어지며, 삶에 대한 태도는 어떻게 달라질 수 있을까?
14세기 아프리카의 두 왕국 사이에 벌어진 전쟁으로 30만 명이
죽은 사건이나, 18세기 말 프랑스 혁명에서 단두대의 피비린내를
일으키다 그 역시 단두대에 목이 잘린 로베스피에르Robespierre[91] 같

은 혁명가들의 삶을 예를 들어 설명한다.

만일 그런 순간과 삶이 영원히 반복된다면 30만 명이 죽은 사건도, 로베스피에르 같은 피의 비극도 무한히 반복될 것이라는 것. 그렇게 되면 그 사건들이 갖는 비극성이나 상징성은 다 어떻게 될까?

쿤데라는 이러한 주제를 기원전 6세기 철학자 파르메니데스가 제기했던 가벼움과 무거움의 이분법(모순)과 연결을 시키고 있다. 쿤데라는 니체의 영원 회귀 사상을 '세상사를 우리가 아는 그대로 보지 않게 해주는 시점을 일컫는 것'(p.10)이라고 일단 정의한다. 쿤데라 역시 '영원 회귀'의 사유를 곧이곧대로 받아들이기보다 인생의 의미를 성찰하는 하나의 '효과'로 음미하는 것이다.

영원 회귀, 그리고 그로 인해 생기는 '가벼움과 무거움'이라는 사유의 틀을 통해 소설 속 등장인물들의 행동과 심리가 현미경을 통해 들여다보듯 관찰된다. 1968년 소련군의 탱크가 밀고 들어와 진압된 '프라하의 봄' 사건을 배경으로 하여, 그 시대를 살아간 바람둥이 의사 토마시와 그의 애인이 된 테레자, 토마시의 한때 연인이었던 사비나와 사비나를 흠모했던 청년 프란츠 등의 인물, 또 역사책에 등장하는 무수한 유명인과 문학작품 속 인물의 행동과 삶, 죽음 같은 사건들을 풀어나가며, 거기 깃든 가볍거나 무거운 의미들을 탐색하고 음미한다.

니체의 영원 회귀 사상에 주목해 인생과 역사의 의미를 궁구하고 있는『참을 수 없는 존재의 가벼움』의 구구한 내용이나 그 의미에 대해서는 소설 속에도 직접 소개하고 있거니와 이를 소개하는 이현우의 책[92] 등에도 꼼꼼하게 분석되고 있으니 여기서는 생략하기로 한다.

다만 개인적으로, 영원 회귀와 관련하여 새롭게 흥미를 끄는 대목은 소설의 5부 '가벼움과 무거움' 챕터에서 16번째 장에 소개된 '미체험의 행성' 부분이다. 과거 이 소설을 읽었을 때에는 미처 깨닫지 못하거나 그리 중요하게 여기지 않아 가볍게 넘어간 장이지만 다시 소설을 훑어보다가 이 장의 내용이 매우 의미심장하게 다가왔다.

쿤데라가 이 소설을 집필하고 발표할 당시인 1980년대 초에는 무르익지 않은 개념이었겠지만 우리 시대 SF 문학과 영화에 단골로 등장하는 소재인 '평행우주Parallel Universe', 혹은 '다중우주Multi-verse'의 그림자가 이 장에 어렴풋이 느껴지는 것 아닌가. 평행우주의 그림자가 느껴지는 '미체험의 행성' 개념을 니체의 아이디어인 영원 회귀와 연결시키고 있는 것은 아닌가. '평행우주론'을 설명하고 있는 백과사전의 내용은 이렇다.

같은 시간을 공유하지만 공간과 차원이 다른 수없이 많은 우주가 존재한다는 것으로, 넓은 의미로는 여러 개의 우주가 병렬적으로 존재한다는 다중우주를 의미한다. 평행우주는 전자와 같은 양자가 동시에 서로 다른 장소에 존재할 수 있고 서로 상충되는 성질을 동시에 갖는다는 양자역학 이론을 배경으로 하고 있다. (…) 한 가지 선택을 할 때마다 우주는 이러한 선택에 따라 두 개의 우주로 갈라지는 것이다. 반면에, '다중우주 해석'은 이미 무한개의 우주가 존재하고 있다고 가정한다. 평행우주가 존재하려면 4차원 이상의 공간을 가정해야 한다. 이러한 4차원 공간에서는 평행우주가 무한히 존재할 수 있다.(네이버 지식백과 '평행우주' 항목)

쉽게 말해 우리 우주와 비슷한 우주가 어딘가에 평행하게 존재한다는 가설로, 하나의 사건에서 여러 선택이 일어남에 따라 우리 우주 안에서 갈라져 떨어져 나온 또 다른 우주를 일컫는 것이 평행우주다. 이를테면, 보헤미아의 어느 작은 마을에서 토마시가 우연히 테레자를 만나게 되는 우주가 있어 그들이 서로 사랑에 빠지는 우주가 있는가 하면, 그들이 다시 만나지 않음으로 해서 서로를 모른 채 살아가는 다른 우주가 존재할 수 있다.

'테레사와 사는 것이 나을까, 아니면 혼자 사는 것이 나을까?' 고민하는 토마시의 선택에 따라 또다시 분기가 이루어질 수 있고 그들이 사랑하는 국면 국면에서 선택에 따라 분기를 거듭하는 것이 평행우주에 근접한 개념이다.

황당무계한, 그럴법한 SF적 상상으로 치부할 수도 있지만 이는 작가들의 머리에서만 나온 상상만은 아니다. 어떤 선택에 따라 갈라지는 여러 우주에 대한 개념은 1957년 휴 에버렛 3세Hugh Everett III라는 과학자의 박사학위 논문에서 비롯된 것으로, 양자역학에서 코펜하겐 해석과 쌍벽을 이루는 주요한 개념이라고 한다.[93] 말하자면, SF 작가들 뿐 아니라 과학자들 역시 매우 진지하게 제기하고 검토하는 가설이라는 것이다.

대단히 매력적인 아이디어라고 할 수 있는 '평행우주', '다중우주'에 대한 아이디어는 근래 SF 영화들에서 쉽게 찾아볼 수 있다. 〈인투더미러〉나 〈소스 코드〉 같은 영화들이 대표적이며, 2023년 아카데미 작품상을 받은 매우 독특한 〈에브리싱 에브리웨어 올 앳원스〉 같은 영화도 평행우주, 다중우주의 아이디어에 기초한 것이다. 꽤 어려운 하드 SF에 속하는 영화임에도 많은 관객을 동원한 〈인터스텔라〉에도 평행우주의 아이디어가 감지된다.

그렇다면, 쿤데라의 소설 속 '미체험의 행성' 부분은 어떠한가.

우주 어디엔가 우리가 두 번째 태어나는 행성이 있다고 가정해보자. 또한 지구에서 보낸 전생과 거기에서 익힌 경험을 완벽하게 기억한다고 해보자. 그리고 이미 두 번의 전생 체험을 가지고 세 번째로 태어나는 또 다른 행성이 존재할 수도 있다. (…) 이것이 영원 회귀에 대한 토마시의 생각이다.[94]

영원 회귀가 '평행우주'나 '다중우주'의 아이디어와 일치하거나 비슷하다고 할 수는 없지만 그렇다고 아주 멀기만 한 생각은 아닌 것 같다. 이러한 생각은 다분히 시간적인 개념에 가까운 '영원 회귀'를 공간적인 개념인 또 다른 우주, 우리가 체험해보지 못했지만 우리와 같은 시간이나 같은 삶을 공유하는 행성이 어딘가에 존재하고 있다는 생각으로 연결된다.

쿤데라는 이렇게 설정한 '미체험의 행성'을 통해 다시 한 번 삶의 의미를 캐묻는다. 1번 행성인 지구에서의 경험을 기억하여 두 번째, 세 번째, 네 번째 행성으로 갈수록 인간은 더 현명해질 수 있는지, 그리하여 새로운 행성에서의 반복적이고도 축적된 경험을 통해 삶이 완숙한 경지에 도달할 수 있는지 말이다.

'5번 행성에서는 인간 역사가 피를 덜 흘릴 것이라고 생각하는 사람'은 낙관주의자이며, 그것을 믿지 않는 자는 비관주의자라고 쿤데라는 말한다. 영원 회귀에 대한 다른 방식의 '사고 실험'인 것이다. 밀란 쿤데라가 당대 SF에서 서서히 다뤄졌을지 모를 '평행우주' 이론에 대해 어느 정도 인지하고 있거나 관심을 가졌는지는 알 수 없다. 3차원에 사는 인간으로서 4차원, 5차원, 11차원의 세계를 그려보는 일이 불가능한 만큼 '영원 회귀'에 대해 상상하는 것 역시 쉬운 일이 아니다.

강아지 이름에 '카레닌'이라는 이름을 붙이거나 토마시와 테레사를 이어주는 책으로 『안나 카레니나』를 다루는 등, 이 소설에는 톨스토이의 그림자도 언뜻언뜻 비친다. 그러나 책은 니체적 사유, 그중에서도 영혼 회귀라는 '골 때리는' 사상에 대한 골몰과 그것의 관점에서 삶의 무거움과 가벼움을 고민하는 내용으로 가득 차 있다.

소설의 마지막 7부 '카레닌의 미소'에서 동물에 대한 데카르트적 사유를 비판하며 니체가 채찍질 당하는 말을 부둥켜안고 발작을 일으킨 극적인 삽화를 싣고 있는데, 이 역시 니체를 소환한 대표적인 장면이다. 이에 대해서는 영화〈토리노의 말〉을 다룬 장에서 설명하기로 한다.

4

디오니소스처럼, 차라투스트라처럼 춤추며
니코스 카잔차키스, 『그리스인 조르바』

소유는 단지 어느 한계까지만 인간을 더 독립적이고 더 자유롭게 만들어줄
수 있다. : 그 한계에서 한 단계만 나아가면 소유는 주인이 되고 소유자는 노
예가 된다.
-『인간적인, 너무나 인간적인 2』, p.180.

엄마는 말했어요, 넌 걷기 전에 춤부터 추었다고.
말을 배우기 전에 노래부터 배웠다고.
-아바ABBA, \<Thank you for the music\> 중에서

걸음마를 배우기도 전에 춤을 출 줄 알고, 말을 익히기도 전에
노래를 부를 줄 아는 아이. 그것은 디오니소스적 아이이자 그리
스 사람 조르바와 같은 인간이 아닌가. 걸음마를 배우기도 전에,
아이는 누운 채로 팔다리를 허공으로 휘저으며 누군가의 눈치도
볼 것 없는 현란한 춤을 춘다. 혀와 구강에 의해 분절화된 말을 배
우기 전에 아이는 누구도 알아들을 수 없는 옹알이로 자신의 감

정과 기분을 솔직하게 표현한다.

이것이야말로 진정한 춤과 노래가 아닌가. 이것이야말로 낙타보다, 또 사자보다 높은 아이의 위대함이 아닌가. 화가 피카소가 평생의 목표로 삼았다는 '아이처럼 그리는 것'의 회복, 그것이야말로 인간의 가장 높은 상태가 아닐까.

니코스 카잔차키스Nikos Kazantzakis가 1946년 발표한 소설『그리스인 조르바』는 현대 그리스 문학의 걸작으로 꼽힌다. 오늘날 유럽 문명의 젖줄을 형성한 문명 발상지 그리스가 근현대 유럽의 다양한 정신적 세례를 받아 탄생시킨 작품이 이 소설이다.

신화와 올림픽, 연극과 철학의 찬란했던 시절은 어디 가고, 이제는 지중해의 작고 조용한 나라로 머물러 있는 그리스. 그런 그리스가 탄생시킨『그리스인 조르바』는 그러나 그간 유럽이 쌓아 올린 과학과 문명이 빚어낸 인간과는 전혀 다른 인간상을 제시한다. 조상들이 숭배한 신 디오니소스를 쏙 빼닮은 조르바가 그런 사람이다. 그것은 또한 고대 그리스인에게서 극한의 허무주의에 맞선 강인함을 발견한 니체의 사유와도 연결된 캐릭터다.

책과 학문에 속박된 삶을 살았던 지식인 화자 '나'가 고향인 크레타 섬에 갈탄 광산 사업을 위해 가던 중 우연히 알렉시스 조르바라는 인물을 만나게 되고 광산 사업에 그를 고용하면서 겪게 되는 일들을 그리고 있다. 조르바와 함께 지내며 겪게 된 여러 소동과 마을 사람들과의 에피소드를 펼쳐놓고 있지만 소설 전반에 걸쳐 조르바의 삶과 세상에 대한 태도를 관찰하고 배우는 화자의 이야기가 주를 이룬다.

'살아 있는 가슴과 풍성한 언어, 야성이 넘치는 영혼'을 지닌 조르바가 예순 살 가까운 인생에서 겪은 이야기들, 이를테면 산토르라는 악기에 빠졌던 이야기, 전투에 참가한 이야기, 무수한 여성들과 잠자리를 같이 한 이야기 등 산전수전을 다 겪은 회고담은 높은 교육을 받고 창백한 지식인으로 살았던 '나'에게 큰 충격과 깨달음을 주는 것이었다.

한 번도 교육다운 교육을 받지 못한 조르바에 의해 오히려 학문과 지식의 탑을 높이 쌓아올리며 살았던 '나'는 인생을 바라보는 눈을 차츰 바꾸게 된다. 책과 학문의 세계에서 여자와 춤의 세계로, 이성과 합리적인 사고가 지배하는 세계에서 파격과 충동이 앞서는 세계로.

조르바를 통해 강렬하게 니체를 떠올리는 것은 무엇보다 '춤'과 관련한 장면들 때문이다. 소설을 원작으로 하는 1964년 동명의 영화는 물론, 원작 소설에서도 중요한 장면은 춤, 그리고 노래와 관련돼 있다. 가장 인상 깊은 장면 역시 이별을 앞두고 화자가 조르바에게 춤을 배우는 후반부 장면이다. 책밖에 모르는 몸치였던 화자가 조르바에게 춤을 가르쳐 달라고 하자, 조르바는 기뻐하며 춤을 가르쳐 준다. 여기 흐르는 분위기와 묘사를 읽으며 니체가 생각났다. 춤추는 차라투스트라가 떠오른 것이다.

"해봐요! 자, 같이!" 그가 말했다. 우리는 함께 춤을 추었다. 조르바는 내게 춤을 가르쳐 주고 엄숙하고 끈기 있게, 그리고 부드럽게 틀린 부분을 고쳐 주었다. 나는 차츰 대담해졌다. 내 가슴은 새처럼 날아오르는 기분이었다. "브라보! 아주 잘 하시는데!" 조르바는 박자를 맞추느라고 손뼉을 치며 외쳤다. (…) 그는 공중으로 뛰어올랐다. 팔다리에 날개가 달린 것 같았다. (…) 조르바의 춤을 바라보며 나는 처음으로 무게를 극복하려는 인간의 처절한 노력을 이해했다.[95]

여기서 화자가 말하는 '무게를 극복하려는 인간'이라는 대목은 『차라투스트라』 3부에 등장하는 〈중력의 영靈에 대하여〉와 연결된다. '인간에게 대지와 삶은 무겁다. 그리고 중력의 영이 그러길 바란다! 그러나 가벼워지고 새가 되기를 바라는 자는 자신을 사랑해야 한다. 나는 이렇게 가르친다.'(『차라투스트라』, p.347)

이를테면 춤이란, 중력(무게)의 영을 물리치고 날아오르는 일이다. 중력이란 대지에 붙박인 인간에겐 피할 수 없는 숙명이지만, 그 숙명을 견디지 못하는 사람들에게는 특히 더 무겁게 다가온다. 위 장면과 겹치는 『차라투스트라』의 한 대목을 읽어 보자.

나의 형제들이여, 그대들의 가슴을 펴라. 활짝, 더 활짝! 그리고 그대들의 다리도 잊지 마라! 그들의 다리도 들어 올려라, 그대들 훌륭한 무용가들이여, 그대들이 물구나무를 선다면 더욱 좋으

련만! (…) 춤추는 자 차라투스트라. 날개로 신호하는 가벼운 자 차라투스트라, 모든 새들에게 신호하면서 날아오를 준비가 끝난 자, 지복에 가득 찬 가벼운 자, 예언자 차라투스트라, 진정으로 웃는 자 차라투스트라 - 『차라투스트라는 이렇게 말했다』, 제4부. (<자기비판의 시도>에서, 『비극의 탄생』, pp.38-39)

배우 안소니 퀸Anthony Quinn이 조르바 역할을 맡은 1964년 영화 〈그리스인 조르바〉에는 작곡가 미키스 데오도라키스Mikis Theodorakis가 작곡한 주제곡에 맞춰 조르바와 화자(두목)가 함께 춤을 추는 장면이 나온다. 그러나 그 곡은 그다지 니체스럽지 못하다는 인상을 준다. 니체적이라 하기엔 너무 감미롭고 잔잔하다 할까? 하긴 소설의 분위기나 흐름으로 보면 그런 감미로움이 어울리기도 한다. '명랑함'을 표현한 선율이고 꽤 중독성이 있는 유명한 곡이지만 그래도 어쩐지 허전하다. 니체가 직접 작곡한 곡을 처음 접했을 때에도 이런 실망감이 들었지만 말이다.

우리가 니체적인, 또 차라투스트라적인 음악으로 기대하는 것은 광기와 전율에 찬, 디오니소스적 도취를 표현하는 음악이기 때문일까? 이를테면 리하르트 슈트라우스Richard Strauss의 교향시 〈차라투스트라는 이렇게 말했다〉 같은 곡 말이다.

디오니소스적인 노래와 춤에서 그리스의 본성이 드러난다고 말한 니체의 미학은 20세기 현대 무용에도 많은 영감을 제공했다. 이와 관련한 김미기의 논문에 따르면, 니체에게 있어 '춤'은

'정신(이성/영혼)'에 대한 '육체(감성/자연)'의 우위를 의미하여, 심신이원론을 통해 육체를 경멸해 온 전통 형이상학과 철학에 대한 전복을 상징한다.

또한 춤은 모든 종교적 가치들과 허무주의를 극복한 '자유정신'을 상징하고 그 중에서도 특히 그리스도교의 신의 극복을 의미한다는 것이다. 이를 통해 현세를 부정하고 내세와 죄의식, 염세주의, 도덕을 강요해 온 종교적 가치를 전복하는 것이다.

나아가 춤은 '중력의 영'을 이겨낸 사유의 가벼움과 해방된 지혜, 그리하여 보다 높은 문화의 실현과 '철학자의 이상'을 상징한다는 것이다. '보다 높은 인간'이 되기 위해선 무엇보다 춤을 배워 출 줄 알아야 한다는 것이다. 마지막으로 춤은 디오니소스적 음악의 도취와 황홀감, 무한한 자유와 해방감을 통해 당대 바그너적인 음악과 낭만주의 예술이 결여한 예술 생리학적 조건을 회복하려는 것이라 할 수 있다.[96]

이러한 니체의 춤에 관한 미학은 무용 예술에 대한 진지한 철학적 논의를 가능하게 했고, '형식과 질서를 추구하는 아폴론적 본성보다는 강함과 열정의 상징인 디오니소스적 본성에 대한 새로운 인식이 고조'되는 계기를 만들었다. 이를 통해 그때까지 유일한 무용 예술로 대접받던 발레에 반기를 들며 자연스러움과 자유스러움을 추구하는 현대 무용의 논리를 제공한 것이다.

'인상주의 무용'이라 불리는 새로운 무용을 최초로 시도한 로

이 플러Loie Fuller나 이사도라 던컨Isadora Duncan, 루돌프 폰 라반Rudolf von Laban 등의 무용이 전통 발레로부터 벗어나 여타의 철학 사상을 수용하여 새로운 해석과 혁신을 벌여 왔는데, 특히 니체 철학이 여기에 크게 기여했다.

　디오니소스적인 무용 정신을 펼친 이사도라 던컨은 니체의 『차라투스트라』를 경전처럼 여겼으며, 과감한 실험정신과 도전 정신으로 기존 무용의 표현 방식을 해체하고자 한 포스트모던 무용의 아버지 머스 커닝엄Merce Cunningham, 그리고 1970년대 이후 반反무용, 비非무용의 시도에 이르기까지 니체 철학은 현대 전위 무용에 광범위한 영향을 미치게 된다.[97] 니체가 디오니소스적인 것과 차라투스트라를 통해 말하고자 한 '춤'은 비유와 상징의 의미를 지님과 동시에, 문자 그대로 육체의 건강과 위대함을 표현하는 것이기도 했다.

　『그리스인 조르바』는 머리(이성)에 대한 몸의 우위, 학문보다 육체적 활동을 찬양하는 대목들로 가득 차 있다. 젊은 날 그리스 국토를 순례하던 카잔차키스가 아토스 산의 '성인' 마카리오스를 만나서, '사람의 육체 또한 하느님께서 당신의 형상에 따라 빚으신 작품입니다. 어째서 육체를 부정해야 하느님 나라에 들 수 있는지 몰라서 이러는 것입니다'[98]라고 물어보았다는 일화는 그가 일찍부터 정신과 이성을 강조한 서양의 종교, 형이상학에 반발해 '육체'를 중요시해 왔음을 보여준다.

질그릇을 만들려고 물레를 돌리는 데 왼손 검지가 걸리적거려 도끼로 잘라 버렸다는 일화를 비롯해, 조르바는 걸핏하면 먹물 (학문)의 세계에서 헤어나지 못하는 화자에게 핀잔을 주며 수시로 몸과 쾌락의 철학을 설파한다.

인간의 영혼은 육체라는 뻘 속에 갇혀 있어서 무디고 둔한 것이다.(p.13)

당신 책을 한 무더기 쌓아 놓고 불이나 확 싸질러 버리쇼. 그러고 나면 누가 압니까. 당신이 바보를 면할지.(p.140)

한편, 이 소설에 심심치 않게 등장하는 여성에 대한 성적 농담이나 비하의 표현들은 종종 적잖은 논란을 불러일으킨다. 셀 수 없이 많은 여성들과 잠자리를 하고, 잠자리를 함께 한 여성들의 치모로 만든 베개를 자랑하는 난봉꾼이면서도, 조르바는 여성을 악마나 성적인 대상으로 곧잘 비하해 표현한다. '자유'로 포장된 조르바의 철학이 실은 여성 혐오 위에 서 있다는 비난도 심심찮게 제기되는 까닭이다.

이 점에서도 여성에 대한 비하의 말을 거침없이 쏟아낸 니체와 흡사한 점이 있다. 『차라투스트라』에서 '여인에게 간다고? 그렇다면 채찍을 잊지 말게!'라고 한 악명 높은 발언은 니체의 목소리로도, 또 조르바의 목소리로도 들린다.

그러나 이는 조르바의 위악적인 측면으로 봐야 하지 않을까 싶다. 그가 쏟아내는 말들은 조르바의 풍부한 인생 경험을 증언해주면서 그를 꼽진한 인물로 부각시켜 주는 역할을 하는데, 특히 여성에 대한 발언들이 그렇다. 실제 조르바의 행동은 이와 다르다. 살해 위협에 몰린 과부를 보호하려는 행동이나 약혼한 오르탕스 부인이 사망하자 깊은 애도를 표하는 모습을 보아도 그렇다.

작가 카잔차키스는 평생에 걸쳐 자신이 스승으로 삼은 인물들로 호메로스와 니체, 그가 실제로 만난 실존 인물인 조르바, 그리고 베르그송을 꼽았다. 그의 강의를 들은 또 다른 유명 소설가인 마르셀 푸르스트Marcel Proust와 우연히 조우했는지는 모르지만, 젊은 카잔차키스는 베르그송의 강의도 직접 찾아가 들었다고 한다. 베르그송의 생의 철학, 생의 도약을 의미하는 '엘랑비탈élan vital' 같은 개념은 니체 철학과 다르지만 비슷한 지점 또한 적지 않다. 베르그송에 경도된 카잔차키스는 비슷한 시기에 니체에게도 큰 영향을 받았다.

여러 측면에서 조르바와 니체를 연결시켜 보았지만, 조르바가 왜 니체적인지 설명하자니 궁색함마저 든다. 그냥 읽어 봐도 니체적인 인물로 보이지 않는가? 천국과 내세를 위해 사는 사람이 아닌 지금, 이 순간을 사는 사람, 일상의 하잘것없는 순간에도 아름다움과 존엄성을 구하는 인물이라는 점에서 말이다. 내가 읽어 아는 소설의 주인공들 중에 이보다 니체 철학에 가까운 캐릭터를 떠올리기는 쉽지가 않다. 삶의 철학자 조르바의 주옥같은 명언 중 두 문장을 더 인용해 본다.

인생이란 가파른 경사도 있고 내리막길도 있는 법이지요. 잘난 놈들은 모두 자기 브레이크를 씁니다. 그러나 나는 브레이크를 버린지 오랩니다. 나는 꽈당 부딪치는 걸 두려워하지 않거든요.(p.217)

"분명히 해둡시다. 나한테 윽박지르면 그때는 끝장이오. 결국 당신은 내가 인간이라는 걸 인정해야 한다 이겁니다." "인간이라니, 무슨 뜻이지요?" "자유라는 거지!"(p.24)

기꺼이 위험을 감수하는 삶의 용기는 '나를 죽이지 않는 것은 나를 더 강하게 만든다'고 말하는 니체의 목소리를 그대로 닮았다. 또 인간을 인간이게 하는 '자유'라는 것. 종교도, 철학도, 과학도 아닌 니체적인 자유는 신이 죽은 시대에 인간이 인간임을 입증하는 가장 중요한 가치일 것이다. 니체 철학을 한 마디로 표현하는 가장 적절한 말은 무엇보다 '자유'가 아닐까.

5

추방당한 소피스트들을 위하여
로버트 M. 피어시그, 『선과 모터사이클 관리술』

고대 세계의 사람들은 더 많이 기뻐할 수 있는 방법을 알고 있었던 반면, 우리는 덜 우울해지는 방법을 알고 있다.
- 『인간적인, 너무나 인간적인 2』, p.123.

고문헌학을 공부해 20대 중반에 바젤대학의 교수직을 얻은 니체의 흥분에 가득 찬 목소리에 고무되어 그의 데뷔작 『비극의 탄생』을 읽어나갔다. 디오니소스적이며 음악적인 그리스 비극의 위대함을 찬양하며, 고대 그리스인에게서 삶에 대한 긍정과 초월, 건강함을 발견하는 니체의 목소리는 내내 격앙돼 있다. 그렇듯 위대했던 그리스의 비극을 서서히 망친 무리들이 누구인지 밝히는 대목은 집요하면서도 격정에 차 있다.

위대한 그리스 비극을 망가뜨리고 결국 '살해한' 이들로 니체는 극작가 에우리피데스와 그를 배후 조종한 소크라테스를 지목한다. 회고록의 성격이 강한 말년의 저작 『이 사람을 보라』에서 니체는 자신의 첫 출세작인 『비극의 탄생』의 의의에 대해 '소크라테스를 그리스의 용해의 도구이자 전형적인 데카당으로 최초로 파악해낸 점에 있다'(p.390)고 스스로 자부할 정도다.

책에서 소크라테스를 성토하는 부분을 읽을 때마다 떠오르는 소설이 하나 있다. 그리스 철학을 전공한 대학교수였던 저자 자신이 겪은 사회적, 정신적 고난을 담담히 써내려간 로버트 M. 피어시그Robert M. Pirsig의 소설 『선禪과 모터사이클 관리술』이 그 책이다. 800여 쪽에 달하는 묵직한 이 소설 역시 소크라테스와 그 일당들에 대한 비난과 성토가 강렬했던 것으로 기억한다.

피어시그가 소크라테스 일당들을 비판하며 명예 회복을 꾀한 이들은 오랫동안 (소크라테스 같은) 주류 철학자들로부터 '궤변론자', 말만 앞서는 한심하고 교활한 사람들이란 누명을 써온 '소피스트'들이다. 소크라테스가 아니라 '차라리 소피스트들의 철학이 주류가 되어 후대에 전해졌다면!' 하는 아쉬움이 피어시그의 책에 가득 묻어난다.

이 책을 읽어나가며 줄곧 니체 생각을 한 터라 책에 틈틈이 적은 메모에도 '니체'란 글자가 자주 보인다. 『선과 모터사이클 관리술』을 읽으며 『비극의 탄생』을 생각했듯 『비극의 탄생』을 읽으며 다시 『선과 모터사이클 관리술』을 떠올린 것이다.

작가의 설명대로 이 소설은 2개의 스토리, 혹은 '2개 책'으로 이루어져 있다. 소설의 중심 플롯은 저자 피어시그가 어린 아들크리스를 모터사이클 뒷자리에 태우고 떠나는 여행 이야기다. 미국 중북부에 위치한 미네소타 주 트윈시티를 떠나 서부 태평양 연안으로 향하는 17일간의 여정이 중심 서사를 이룬다. 여기에 그 여행 4~5년 전 정신병동에서 지내는 동안 상실되었던 피어시그의 과거사가 여행을 통해 차츰 복원되면서 그가 겪은 핍박과 고난의 과정이 또 다른 플롯을 구성한다.

어린 아들과 함께 한 여행 이야기는 내러티브가 뚜렷한 문학작품으로 읽히고, 상실했던 기억을 떠올리는 부분은 한 권의 묵직한 철학서에 육박한다. 문학작품과 철학 서적의 콜라보라 할 만한 성격 때문에 이 책을 소설로 분류하기에도 애매하다.

여행 중에 맞닥뜨리게 된 여러 단서로 인해 자신의 잃어버렸던 과거를 하나씩 되찾는 회고담을 통해 피어시그의 과거 행적이 차츰 드러난다. 한국전쟁에도 참전한 독특한 이력을 가진 저자는 한국에서의 경험과 이후 인도 바라나시에서 공부한 경험에 영향을 받아 한때 동양사상에도 매료된다. 그러나 그는 결국 고대 그리스 철학을 자신의 전공으로 삼게 된다. 애초에 생화학을 공부하던 그가 학문적 고뇌와 갈증에 의해 다다른 곳이 그리스 철학이었던 셈이다.

그런 그가 미국에서도 그리스 철학에 관한 한 최고의 권위를 갖고 있던 보수적인 시카고대학에서 수사학을 강의하는 교수직을 얻은 것이 결국 화근이 되었다. 대학의 기대와 바람에 아랑곳

없이 그는 소크라테스-플라톤-아리스토텔레스로 이어지는 서양 철학의 신성불가침한 영역에 의문을 제기한다. (니체와 마찬가지로) 동양사상의 수혜를 받은 피어시그 역시 소크라테스 일당의 이성 만능주의, 변증법 따위가 세상을 병들게 만든 철학이라고 본 것이며, 그 일당들에 의해 배척받은 소피스트들의 생각들이야 말로 세상을 더욱 풍부하고 유연하게 만든 지혜로운 철학이었다는 걸 깨닫고 이를 증명하고자 했다.

저자 피어시그는 니체와는 사뭇 다른 곳에서, 다른 방식으로, '가치Value'라든가 '질Quality' 같은 그만의 색다른 개념어들을 동원해 '안티 소크라테스'의 논리를 펼친다. '질' 같은 개념을 통해 저자는 동양사상의 중요한 개념인 '도道'라든가 '선禪'같은 개념에 근접해 가기도 한다.

일탈적으로 보이는 그의 연구에 교수 사회의 반응은 싸늘했다. 이단의 철학자로 여겨진 피어시그를 그들은 곱지 않은 시선으로 보았으며, 일련의 과정을 통해 피어시그는 대학에서 퇴출당하게 된다. 곧 그는 지독한 정신병을 얻어 오랜 기간 병원 신세를 지게 되고, 거기서 받은 전기 충격 요법으로 차츰 기억을 상실하게 된다.

니체가 그리스 비극을 중심으로 비극의 살해자로 소크라테스를 비난한 것과 달리 피어시그는 비극에 대한 언급 없이 철학과 형이상학 테두리 안에서 자신만의 사유와 논리를 밀고 나간다.

바로 소크라테스(와 플라톤, 아리스토텔리스로 이어진) 무리들이 절대적인 영향력을 행사함으로써 고대 그리스는 물론 철학사 내 내 매장당한 소피스트들을 복권시키고 있는 것이다. 그중에서도 '늑대'라 불리던 소피스트 '파이드로스'에게서 생생하게 살아 있는 철학의 대안을 구한다.

그러나 무소불위한 2,600년 전 철학자 소크라테스의 권위와 영향력은 시대를 넘어 오늘날에도 서슬 퍼렇게 살아 있음이 확인된다. 그와 논쟁을 벌였던 파에드로스는 소크라테스의 제자 플라톤에 의해 궤변론자의 일원이 되어 오늘날까지 폄하되었는데, 그와 비슷한 일이 20세기 미국의 한 대학에서 재연된 것이다. 소크라테스의 권위에 도전한 대가는 오늘날에도 참혹했고, 파이드로스를 옹립하려 한 피어시그의 기획은 호되게 단죄되었다.

바젤대학의 혈기 왕성했던 젊은 교수 니체가 큰 포부를 갖고 자신만만하게 써내려간 『비극의 탄생』이 그의 스승이었던 리츨 교수나 동료였던 야코프 부르크하르트 등에 철저히 무시당했듯이, 피어시그도 교수 사회에서 외면당하고 극심한 정신병을 앓으며 생은 피폐해졌다.

정신병을 어느 정도 치유한 뒤, 관계가 소원했던 어린 아들과 함께 광활한 미국 대륙을 누비며 서부를 향해 여행하는 이야기는 1950년대 비트 세대의 '경전'으로 널리 읽힌 잭 케루악Jack Kerouac의 『길 위에서』나 1960년대 뉴아메리칸 시네마의 대표적 영화

〈이지라이더〉, 또 체 게바라의 젊은 날 남미 대륙 여행기인 〈모터사이클 다이어리〉 같은 영화의 분위기를 풍긴다. 인류의 종말 이후 세상에 남겨진 아버지와 어린 아들의 모험을 그린 코맥 메카시 Cormac McCarthy의 소설 『더 로드』도 여기에 겹친다.

저자가 모터사이클 여행에 가져간 책이자 '수백 번을 읽어도 물리지 않는 책'으로 칭송해 마지않는 헨리 데이빗 소로 Henry David Thoreau의 『월든』은 이 책을 이해하는 데 중요한 암시를 던진다. 그 밖에도 괴테의 시에 슈베르트가 곡을 붙인 가곡 〈마왕〉이나 페르시아 시인 오마르 하이얌의 『루바이야트』 같은 작품들이 언급되면서 문학적 정취를 높여준다.

그런가 하면 칸트와 『도덕경』, 불교와 힌두교 등의 종교철학이 무시로 언급되어 동서를 넘나드는 사유의 향연이 펼쳐진다. 모터사이클을 타고 어린 아들과 여행하며 핍박받았던 학문적 고난의 길을 회상하는 것이, 소설로도 철학서적으로도 보기 애매한 800페이지에 가까운 『선과 모터사이클 관리술』의 내용이다. 피어시 그의 여정 속에서 동양과 서양이 만나고 뮈토스와 로고스가 만나며 인문학과 공학이, 예술과 과학이 만나고 있다.

이 책은 저자의 한국전쟁 참전 이력 때문인지 국내에도 일찌감치 소개되었다. 2010년 문학과지성사에서 장경렬의 번역으로 출간되기 이전에도 두어 번 출간된 것으로 안다. 첫 번역본은 '일지'라는 스님이 1991년 고려원에서 펴낸 『선을 쫓는 늑대』라는 제목의 책이었다. 당시에는 크게 주목받지 못했으나 장경렬에 의해 문학과지성사에서 번역되며 널리 읽히게 된다.

번역자 장경렬은 고대 그리스 시대의 중요한 양대 학문이었던 변증법과 수사학의 대립이라는 관점에서 이 책의 주제를 해석한다. 즉 변증법을 근간으로 하는 철학과 수사법을 핵심으로 하는 문학 간의 투쟁이, 결국은 소크라테스와 소피스트 간의 투쟁에 다름 아니었다는 설명이다. 그러나 변증법의 우위를 내세웠던 소크라테스와 플라톤의 무리들 역시 (문학적인) 수사법에 의존해 책을 썼으며 수사법을 통해 변증법을 펼쳤다는 것이다. 그 사실을 최초로 간파한 사람이 니체였다고 하면서 말이다.

소크라테스와 플라톤이 내세운 변증법의 세계를 '철학'으로 규정한다면 소피스트들이 내세운 수사학의 세계는 '문학'으로 규정될 수 있는데, 어떤 의미에서 보면 니체와 데리다는 철학의 문학적 성격을 규명하고, 나아가 철학이 문학의 한 영역일 수 있음을 증명해 보인 사람들이라고 할 수 있겠다. 아니, 소크라테스와 플라톤 이후 몇 천 년 동안 철학의 위세에 눌려 기를 펴지 못했던 문학에게 응분의 자리를 찾아준 사람들이라고 할 수 있겠다.[99]

공교롭게도 피어시그의 책에는 니체에 관한 언급이 거의 등장하지 않는다. 그가 니체를 몰랐거나 니체를 폄하할 이유가 없어 보이는데도 말이다. 그런 면에서 피어시그의 책은 독특하면서도 독자적이다. 철학자로서 그가 사용하는 '가치Value'라든가 '질Quality', 덕, 다르마, 아르떼 등의 개념들을 온전히 이해하는 것은 쉬운 일이 아니겠지만 피어시그의 책에 아른거리는 니체의 그림자를 어렴풋이나마 감지할 수 있을 것이다.

엉뚱한 이야기일 수도 있지만, 이 책에서 부자를 태운 모터사이클이 수목한계선을 넘은 고산지대에 힘겹게 다다랐을 때 저자가 말하는 '정신의 고산지대' 부분을 읽으며 또 한 번 니체를 생각했다. 피어시그가 얘기하는 '사유의 세계에 존재하는 고산지대'는 어쩌면, 니체의 페르소나인 차라투스트라가 십년을 세상과 결별한 채 지낸 산과 비슷하지 않을까 하는 생각이 들었다. 철학이야말로 정신의 고산지대에 거하는 일이 아니던가.

여기에서 나는 종류가 다른 또 하나의 고산지대, 그러니까 사유의 세계에 존재하는 고산지대에 관해 이야기하고자 한다. (…) 그곳을 여행한 사람은 드물다. 그곳을 돌아다녀 봤자 실질적으로 이득 될 것이 없기 때문이다. (…) 정신의 고산지대에 들어선 사람은 우리가 이 고산지대에서 희박한 공기에 익숙해져야 하듯 불확실성에 익숙해져야 한다. 또한 엄청난 고도에 익숙해져야 하듯 엄청나게 고고한 질문에 익숙해져야 하고, 또 이들 질문에 대한 예사롭지 않은 답변에도 익숙해져야 한다. (…) 진리란 무엇이며, 우리가 진리에 이르렀을 때 그것이 진리임을 우리는 어떻게 알 수 있을까.[100]

6

백마 타고 오는 초인을 기다리며

동아시아의 니체 수용 -루쉰, 구인회, 김동리, 이육사

시인은 운율의 마차 위에 사상을 태우고 성대하게 끌고 온다. 왜냐하면 보통
사상은 자기 발로 걸어갈 수 없기 때문이다.
-『인간적인, 너무나 인간적인 1』, p.194.

그 자신은 정신의 암흑 속을 헤매고 있어 그 사실을 알 수 없었
지만, 니체는 1900년 육체적으로 사망하기 이전에 이미 세계적
으로 유명한 사람이 되어 있었다. 1889년 토리노 광장에서의 발
작 사건을 맞기 한두 해 전에 자신의 철학이 서서히 유럽 사회를
뜨겁게 달구어가고 있음을 직감했을 뿐, 그는 자신의 영향력이
이토록 무섭게 퍼져나가는 걸 보지 못했다. 유럽과 미 대륙은 물
론, 심지어 유라시아 대륙의 반대편 끝인 동아시아에도 그의 명
성과 사상이 전파되고 있던 것이다.

그가 생존해 있는 동안에 일본에서 그의 저술이 일부 번역, 소
개되었는가 하면 그가 사망한 직후에는 중국과 조선의 지식인들

에게도 차츰 사상적인 영향력을 행사하기 시작했다.

19세기 중반에 완료된 메이지유신과 개항으로 일찌감치 서구 문물과 사상을 받아들인 일본을 중심으로 20세기 초반의 동아시아는 서구에서 유래된 학문과 사상들이 백가쟁명식으로 소개되고 전파되었다.

니체, 마르크스, 톨스토이를 비롯해 칸트, 헤겔, 스피노자, 루소 등의 철학자와 그 사상들이 각국의 잡지와 신문 등을 통해 동아시아 지식인들에게 활발히 소개되었다. 이 사상들을 하나씩 검토하며 서양보다 뒤늦은 근대화를 어떻게 받아들이고 시작할 것인가를 고민하였던 것이다.

일본에 니체를 처음 소개한 글은 1893년 12월 신학잡지 〈심해 心海〉에 실린 「유럽의 두 윤리 사상의 대표자, 니체와 톨스토이의 견해 비교」라는 제목의 글이었다. 러시아 유학생이었던 고니시 마스타로가 집필한 이 글은 같은 잡지의 다음 호에도 이어 수록되며 니체 사상의 일단을 처음 소개하고 있다.

이 두 편의 글은 니체의 『도덕의 계보』를 중심으로 기성의 도덕과 종교에 반기를 든 니체의 윤리학을 다룬 일종의 '잡문'이었다. 러시아에서 신학을 공부한 저자의 글답게 톨스토이의 도덕주의를 높이기 위한 대립항의 철학으로 니체 철학의 부도덕함을 설파하던 당대 러시아의 시각과 분위기가 기저에 깔려 있는 글이었다. 그러면서도 러시아의 시각을 일부 벗어나 톨스토이의 도덕주의와는 다른 니체만의 철학을 긍정하기도 했다. 니체가 아직 생존해 있던 시기에 일본에 그의 사상이 소개된 사실은 당시 서구사상의 빠른 전파 속도를 가늠케 한다.

이후 니체 관련 글은 일본 지식인 사회의 지속적인 관심을 통해 그의 도덕론이나 미학 이론, 시 등이 소개되는 한편,『차라투스트라』를 비롯한 주요 저작의 부분 발췌와 번역이 이루어졌다. 니체 사후에 일어난 그의 열풍에 힘입어 피상적인 이해 수준을 넘어 차츰 니체 철학의 핵심을 파고드는 방향으로까지 나아가게 된다. 그러나 20세기 초반까지는 여전히 니체를 철학자보다는 문학가로 접근하는 수준에 머물렀고, 철학에 대한 관심이라 해도 주로 도덕과 종교에 관한 부분에 집중된 정도였다.

니체와 관련한 당시의 논쟁 중에는 니체를 쾌락주의, 허무주의, 비도덕주의 등 부정적인 철학자로 바라보는 입장들도 존재했다. 이런 점증하는 관심에 힘입어 1911년 일본에서 최초로『차라투스트라』가 완역되었으며,[101] 나아가 1929년 무렵에는 〈니체 전집〉이 번역, 간행되기에 이른다. 매우 적극적이고도 빠른 소개와 번역이 아닐 수 없다.

니체에 대한 관심과 열풍은 처음 일본 지식인들을 중심으로 일어났지만 곧 20세기 초 도쿄에 유학 중이던 중국과 조선, 베트남

등 동아시아의 젊은 지식인들을 크게 흔들어 놓았다. 중국의 경우, 서양의 선진 사상을 앞장서서 소개해오던 계몽주의자 량치차오梁啓超, 양계초가 1898년 변법자강운동이 실패한 뒤 일본으로 망명을 가 그곳에서 니체를 처음 접하게 된다.

1902년 량치차오는 자신이 창간한 〈신민총보〉에 1902년 니체를 '새로운 종교사상가'로 처음 중국에 소개했다. 그러나 그는 얼마 지나지 않아 니체에 대해 비판적인 입장으로 돌아선다. 나중에 「광인일기」, 「아Q정전」, 「고향」 등의 작품을 써서 중국의 국민 작가로 부상하게 된 루쉰도 그 무렵 일본 도쿄에 유학을 하던 중 일찌감치 니체를 접했고, 그에게 깊은 영향을 받았다.

량치차오와 달리, 루쉰은 훗날 '중국의 니체'라고 불릴 정도로 니체 사상의 열렬한 추종자가 됐다. 청년 시절부터 니체를 영웅이자 천재라 극찬한 루쉰은 작업 노트에 니체와 쇼펜하우어에 관한 메모를 심심찮게 적어두었다. 1920년 『차라투스트라』의 서언 10절을 번역하여 〈신조〉라는 매체에 실은 뒤 덧붙이는 말에 '니체의 문학은 대단히 훌륭하다'고 언급하면서도 '외관상으로 보아 모순이 많아 이해하기는 쉽지 않다'고 평가하기도 했다.[102]

루쉰의 데뷔작이자 중국 근대 소설의 효시로 꼽히는 단편 「광인일기」의 화자는 『차라투스트라』의 목소리를 흉내 내어 중국을 낙후된 나라로 이끈 전통적 가치의 죽음을 선고하는가 하면, 중국의 썩어 버린 정신의 실체를 니체가 말한 '노예의 도덕'으로 규정하여 비판하기도 했다.

이러한 주제는 그의 대표작인 「아Q정전」과 「야초」 등의 작품을 통해서도 형상화되고 있다. 중국의 국민성을 혁파하는 사상운동으로 니체의 철학에 주목한 루쉰의 문장과 문학작품에는 이처럼 니체의 그림자가 짙게 깔려 있다.

이후 중국 지식인들 사이에 활발하게 전파된 니체는 1919년 중국의 5.4운동에도 사상적인 우상으로 추앙되는 등 폭넓게 수용되었으며, 그에 힘입어 1928년 궈모로郭沫若, 곽말약에 의해 『차라투스트라』가 중국어로 처음 번역, 소개되기에 이른다.[103] 중국에서의 니체 수용은 일본과는 달리 문학 분야를 중심으로 '이루어졌다.

일본의 식민지 치하에 놓여 있던 조선의 경우는 어떠했을까? 1909년 일본 극우주의자 우키타 가즈미타의 니체 관련 글이 〈서북학회월보〉에 소개되었고, 1914년 잡지 〈학지광〉에 최승구의 글이 니체를 언급한 것으로 알려져 있지만, 이 글들은 일본에서 앞서 수용되었던 사회진화론적인 시각이나 계몽적 주장에서 크게 벗어나지 못하였다.[104]

조선에 니체가 처음 본격적으로 소개된 것은 1920년 천도교 잡지인 〈개벽〉을 통해서였다. 소춘小春이라는 필자가 쓴 「力萬能主義(역만능주의)의 急先鋒(급선봉), 푸리드리히 니체 先生(선생)을 紹介(소개)함」이라는 글이 니체를 본격적으로 다룬 글로 알려져 있다.

이 글과 다음 호의 글에서 소춘은 니체의 주요 사상인 '영원 회귀, 위버멘쉬, 강자의 철학, 힘에의 의지, 모든 가치의 전도' 등의 개념을 '영원 회귀, 초인주의, 약즉악강즉선弱卽惡 强卽善, 역만능주의力萬能主義, 선악 표준善惡標準의 도치倒置' 등으로 표현하고 있으며, 니체의 이런 철학들을 천도교의 교주 최제우의 후천 개벽 사상을 옹호하고 뒷받침하는 사상으로 활용했다.

〈개벽〉에서의 소개 이후 박달성, 이돈화, 이대위 등 철학자들이 니체를 다루거나 언급한 글들을 내놓는다. 1920년대 조선에 소개된 니체는 역시 일본에서 먼저 소개되고 알려진 내용들을 수입해 오는 수준이었고, 사회진화론이나 도덕 철학 등 당면한 민족적 과제의 관점에서 니체를 파악해가는 과정에 그쳤으며 그것도 주로 철학 분야에 집중해 다뤄진 정도였다.

1930년대에 이르러 니체는 조금 더 외연을 넓혀 문학, 예술 분야로 영향력을 확장해 나갔다. 박종홍, 안호상 등 이후 명성을 구가하는 철학자들에 의한 진지한 철학적 접근이 시도되었는가 하면, 문예 비평에서 김오성, 김동리, 서정주, 유치환, 오장환, 윤곤강 등에 의한 니체 사상의 수용도 활발히 이루어졌다.

1925년 결성되어 당시 가장 큰 영향력을 발휘했던 문학단체 카프KAFF, 조선프롤레타리아문학동맹가 마르크스, 레닌의 사상을 자신들의 이론적 배경으로 내세웠던 시기에 '순수문학'을 주장하는 문학가와 문학단체들에게 니체는 카프에 대한 강력한 대안의 철학자로 보였을 것이다.

1930년대 조선 문학계에 가장 높은 미학적 성취를 이룬 구인회의 멤버들 역시 니체에 직간접적으로 영향을 받은 것으로 평가된다. 구인회의 핵심 멤버였던 이상, 정지용, 김기림 같은 시인들의 시 속에 니체적 주제라 할 수 있는 삶의 비극성과 그 극복, 운명에 대한 사랑, 디오니소스적인 예술과 비극의 그림자가 언뜻언뜻 비친다. 아울러 그들의 시어에 니체적인 이미지와 상징, 모티브가 두루 활용되고 있다.[105]

구인회만큼이나, 아니 어쩌면 그 이상으로 니체에 경도되어 니체 사상으로 무장한 일군의 문학인들도 있었다. 1940년대와 해방공간, 한국전쟁을 거치며 이후 남한 문학의 주류 세력으로 성장하게 되는 김동리, 서정주, 조연현 같은 이른바 '생명파' 작가와 평론가들이 그들이다.

1930년대 유진오, 임화 등의 선배 문학가들과 뜨거운 논쟁을 펼치며 우파 문학계의 젊은 좌장으로 떠오른 김동리는 1930년대 후반 플라톤, 아리스토텔레스, 데카르트, 칸트, 헤겔, 쇼펜하우어를 비롯해 니체와 베르그송 등을 폭넓게 접했고, 특히 일본에서 유행하던 도스토예프스키, 니체 철학과 접촉하며 자신만의 '순수문학론'을 정립하고 벼려 왔다.

그러나 그의 순수문학론은 니체를 비롯한 서양철학을 피상적으로 접근한 한계를 보이는 것으로, 이들 서양철학 사상에 민족정신이라든가 민족 문학의 전통을 접목한 그만의 독특한 이론이었다. 여기에 그의 평생 친구였던 평론가 조연현과 시인 서정주의 이론과 실천이 더해져, 이들의 문학 이념이 한국전쟁 이후 남한 문학계의 중심적인 문예 비평으로 자리 잡게 된다. 특히 조연현은 일제 강점기 후반부터 해방 이후까지 니체를 자신의 문학 비평에 적극적으로 끌어들여 연구했으며 김동리, 서정주와 마찬가지로 카프와 계급문학에 맞서는 대항 논리로 니체를 활용했다.

김동리의 '구경적究竟的 생의 형식론'이나 조연현의 '생리生理'론 등 이들의 순수문학론, 본격문학론 등의 주장에는 초기부터 실존철학, 생철학 등 니체와 베르그송의 영향이 지속적으로 감지되고 있다.[106]

니체에 심취해 그를 적극적으로 수용한 시인, 문학가가 또 있다. 40년의 짧은 생애에 17번의 감옥살이를 치른 민족시인 이육사가 그다. 자신이 존경했던 중국의 루쉰과 마찬가지로, 그 역시 침략자인 일본과 맞서 싸우는 와중에 철학자 니체에게서 민족을 구할 해결책을 모색했는가 하면 그 역시 니체의 목소리를 흉내내어 글을 쓰기도 했다. 1936년 루쉰 사후에 추도문을 쓰고, 루쉰의 「고향」을 번역해 발표한 이육사는 루쉰의 니체에 대한 존경에도 영향을 받은 듯하다.

이육사는 어느 글에서 1930년대 뜨거웠던 김오성의 휴머니즘 논쟁을 언급한 바 있는데, 이것이 그가 니체를 알고 있었다는 증거로 제시된다. 서양의 사유 체계를 이해하기 위해 불안정한 망명자의 신세 속에서도 방대한 독서를 멈추지 않았던 이육사였지만, 그가 니체를 정확히 이해하는 데는 여러모로 한계가 있었을 것이다. 수필 「계절의 표정」(1942. 01.)에서 니체의 시가 가슴을 찢어놓을 정도라고 언급하고 있어 그가 어느 정도 니체 텍스트에 심취했음을 추측해 볼 수는 있을 것이다.[107]

1942년에서 43년 무렵 쓰인 것으로 추정되는 대표작 「광야」에 등장하는 '백마 타고 오는 초인'을 니체와 연관 지어 생각하는 것도 무리는 아닐 것이다. 「광야」뿐만 아니라 「한 개의 별을 노래하자」(1936), 「아편」(1938), 「청포도」(1939), 「절정」(1940)을 비롯해 그의 많은 시편 속에 직간접적으로 니체의 목소리를 느낄 수 있다.
  철저한 비밀생활을 했기에 개인적인 기록을 많이 남기지 않아 니체로부터 받은 영향력을 구체적으로 파악하기는 쉽지 않다. 그가 존경했던 루쉰과 마찬가지로, 이육사 역시 니체의 문제의식을 조선의 현실에 대입해 이를 해결하고자 했다. 1900년에 사망한 니체는 1940년대 초 조선의 독립운동가이자 민족 시인이었던 육사의 시에도 깊은 자국을 남기고 있다.

제 4 부

연극과 영화, 니체에 빠지다

'신은 죽었다'는 선언이나 차라투스트라의 호기로운 발언들,
극심한 고통 속에서 '아모르파티'를 말하는
니체의 인생이 흥미롭고 극적인 이야기들로 채워져 있지만,
니체 드라마의 정점은 무엇보다 말을 구하려다 사망한
이 낭만적이고도 숭고한 엔딩 스토리에 있을 것이다.

1

비극에 대한 아리스토텔레스와 니체의 다른 생각

아리스토텔레스, 『시학』

니체, 『비극의 탄생』 / 소포클레스, 「오이디푸스 왕」

신이 작가가 되고자 했을 때, 그리스어를 배웠다는 것 - 그리고 그가 그것을
더 잘 배우지 못했다는 것은 미묘한 일이다.
- 『선악의 저편』, p.119.

원래 비극은 '합창'이었을 뿐 '연극'은 아니었다.

(『비극의 탄생』, p.127)

그리스 비극과 관련한 가장 유명한 책은 무엇보다도 BC 4세기
경에 쓰인 아리스토텔레스의 『시학』과 1872년 출판된 니체의
『비극의 탄생』일 것이다. 쇠퇴기에 접어들었다곤 하지만 그리스
비극이 창작되고 무대에 오르던 당시에 쓰인 아리스토텔레스의
저작과 그로부터 2,200~2,300여 년 뒤 고문헌학을 연구한 젊은
학자 니체에 의해 쓰인 저작 사이에는 그 시간적 거리만큼이나
확연히 다른 내용과 관점이 놓여 있다.

세계 최초의 문예이론서, 문학비평서로 불리는 아리스토텔레스의 『시학』이 주로 비극의 작동 원리와 창작 방법론에 관심을 기울이고 있다면 니체의 야심만만한 데뷔작은 비극을 통해 그리스의 위대한 정신문화, 그리고 그리스인의 건강함과 명랑성을 밝히는 데 초점을 두고 있다.

니체는 자신의 비극 이론을 펼치는 가운데, 결코 무시할 수 없는 대선배 아리스토텔레스의 비극론을 종종 언급하고 비판한다. 아리스토텔레스의 비극론에 대한 니체의 비판 요지는 니체 말년에 쓰인 『우상의 황혼』과 자신의 철학적 회고록인 『이 사람을 보라』에 이를 재인용한 다음 글에 어느 정도 윤곽이 보인다.

(비극은) 공포와 동정에서 벗어나기 위해서도 아니고, 위험한 감정을 격렬히 방출시켜 그 감정에서 자기 자신을 정화시키기 위해서도 아니다. 아리스토텔레스는 이런 식으로 오해하고 있지만 말이다. 오히려 공포와 동정을 넘어서서 파괴 시의 기쁨도 포함하고 있는 생성에 대한 영원한 기쁨 그 자체이기 위해서이다. 이런 의미에서 나는 나 자신을 최초의 비극적 철학자로서 - 말하자면 염세적 철학자에 대한 극단적인 대립이자 대척자로서 이해할 권리가 있다.(『이 사람을 보라』, p.393)

'공포와 동정(연민)', 그리고 '카타르시스(정화)'를 핵심 개념으로 하는 『시학』의 주장을 직접적으로 언급하며, 니체는 아리스토텔레스가 비극을 오해하고 있으며 후대 사람들 역시 아리스토텔레스를 통해 비극을 잘못 이해하고 있다고 말한다. 그러면서 자신이야말로 비극을 제대로 이해한 최초의 철학자라고 말하고 있다. 본격적인 비극론인 『비극의 탄생』의 후반부에 아리스토텔레스 비극론에 대해 조금 더 상세한 비판을 가하고 있다. 두 사람의 비극론은 어떻게 다르고 또 어떻게 비슷한가. 이는 연극 예술을 바라보는 다른 관점과 시각을 보여주는 장면이기도 하다.

　기원전 8세기경부터 시작된 드높은 육체의 향연인 올림픽 경기와 함께 기원전 5세기 내외로 그리스 문화가 황금기를 구가한 사례로 흔히 언급되는 것이 당시 매우 큰 행사였던 아테네의 비극 경연이라 할 수 있다. 비극 경연은 그리스 문화의 위대함을 보여주는 중요한 행사이기도 하거니와 그를 통해 배출된 작품들은 단순한 개별 작품을 넘어 인류의 위대한 정신 유산으로 남았고, 오늘날에도 일부 비극들은 활발하게 무대에 오른다.

　니체는 초창기 그리스 비극에서 아폴론적인 부분을 '대화'로, 디오니소스적인 부분을 '춤'이나 '음악'으로 이해한다. 이러한 구분을 바탕으로 니체는 작품들이 남아 전해지는 그리스의 주요 비극 작가들인 아이스킬로스와 소포클레스, 에우리피데스의 작품에 대한 대략적인 분석을 시도한다. 모두 기원전 5세기 무렵 활발히 활동했던 비극의 대가들인 이 작가들로부터 니체는 초창기 비극의 형태에 대한 실마리와 비극이 어떤 세력들에 의해 몰락의 길을 걷게 되었는지 추적한다.

즉, 이들 중 가장 선배인 아이스킬로스의 연극에서는 디오니소스적인 도취와 열정이 가득했던 반면에 역시 위대한 비극 시인인 소포클레스의 작품들로부터 수상한 조짐이 보이기 시작했다는 것, 그리고 이들의 후배 작가인 에우리피데스에 이르러 그리스 비극 속의 '디오니소스적인 것'이 상당 부분 소멸, 파괴되었다는 것이 니체가 파악한 비극의 몰락에 대한 진단이다. '저 근원적이고 전능한 디오니소스적 요소를 비극으로부터 제거하고 비극을 순수하면서도 새롭게 비非디오니소스적인 예술, 관습과 세계관 위에 건립'하려 한 자가 '비극의 살해자' 에우리피데스라는 것이다.(『비극의 탄생』, p.159)

다행히 아리스토텔레스가 『시학』에 언급하는 작품들 중 소포클레스의 「오이디푸스 왕」을 비롯한 몇몇 작품이 전해져 당대에 상연된 비극의 대체적 윤곽과 함께 아리스토텔레스가 『시학』에서 말하고자 하는 바를 어느 정도 이해할 수 있다.

아리스토텔레스의 비극론을 요약하면 이렇다. 아리스토텔레스가 '자연의 모방'인 예술, 그 중에서도 '시詩'이자 '행동의 모방'으로 파악한 비극은 (보통 이하 사람의 이야기인 희극과 달리) '보통 이상의 사람'에 관한 이야기로, 승승장구하던 그들의 몰락과 파멸을 통해 관객들로 하여금 (극에서 벌어진 아이러니한 운명적 상황에 대한) '공포'와 (가혹한 운명의 덫에 걸린 인물에 대한) '연민'을 느끼게 하고, 이로써 감정적으로 '정화(카타르시스)'를 느끼게 하는 것이 목적이라는 것이다.

무소불위의 위세를 떨치던 (보통 이상의 사람인) 왕이나 장군 같은 영웅이 어떠한 이유로 인해 몰락과 파멸의 길을 걷게 되고, 이를 통해 관객이 '공포와 연민'을 느껴 '카타르시스'를 통한 각성을 얻게 된다는 것이다. 비극은 이러한 메커니즘으로 그리스 시민들을 교육하는 교훈적 성격의 예술이라는 것이다. '저렇게 훌륭한 영웅도 몰락하는데!' 하는 교훈 내지는 경고랄까?

그리스 비극에서 보통 이상의 사람(영웅)이 몰락, 파멸하게 되는 주된 원인은 그 주인공들이 갖고 있는 성격적 결함, 즉 '하마르티아hamartia'에 있다. 영웅임에도 불구하고 그를 몰락으로 인도하는 어떤 성격, 인성이 그의 생애를 비극으로 맺게 한다는 것이다. 대개 서양의 문학 전통에서 늘 경계해 온 '오만함'이나 '의심', 과도한 '욕망' 같은 성격이 비극적 결함, 하마르티아를 이룬다.

그런 결함으로 인간 영웅들은 신들에 의해 파멸당하고 가혹한 운명의 희생자로 추락한다. 감히 신을 넘어서거나 반항하려 하다니! 영웅들의 비참한 파멸의 이야기는 결국 신에게 복종하는 유순한 시민들을 양성한다. 연극이야말로 매우 효과적인 교육 수단인 것이다. 연극이론가 아우구스토 보알Augusto Boal은 이러한 아리스토텔레스적 비극을 하나의 잘 구축된 '협박 체계'로 설명한다.

『시학』에서 중요하게 언급하는 작품인 소포클레스의 「오이디푸스 왕」을 보면 이러한 논리가 꽤 잘 들어맞는다. 즉, 스핑크스의 수수께끼를 풀어 작은 왕국 테베를 재앙으로부터 구출해 낸 (보통 이상의 사람인) 영웅 오이디푸스가 새롭게 맞닥뜨린 위기인 역병을 해결하기 위해 이번에도 역시 오만에 가까운 자신감으로 이 문제를 풀어가는 과정을 보여준다. 아폴론의 신탁에 의하면, 아버지를 살해하고 어머니와 같은 침대를 쓰는(결혼한) 흉악한 범죄자 때문에 나라에 역병이 돌고 있는 것이므로 그를 잡아 추방하면 역병을 해결할 수 있다는 것이다.

인간 중 제일이라는 칭송을 받는 오이디푸스 왕은 자신만만한 재판관이 되어 그 범죄자를 찾아 나선다. 그러나 한두 명씩 왕 앞에 소환된 증인들에 의해 그 범죄자가 실은 오이디푸스 그 자신이라는 혐의로 좁혀 온다. 진실을 먼저 눈치 챈 왕비(실은 오이디푸스의 어머니)가 재판을 멈추라고 다그치지만 오만함에 사로잡힌 오이디푸스는 재판을 멈추지 않는다. 곧 모든 것이 만천하에 드러난다. 차츰 드러나는 엄청난 진실을 끝까지 외면한 채 재판을 밀고 나간 자, 바로 오이디푸스 자신이 범인이었던 것이다.

비극적 주인공 오이디푸스의 성격적 결함(하마르티아)은 '오만함'이다. 스핑크스의 수수께끼를 해결하고 테베의 왕이 된 영웅 오이디푸스는 그렇게 몰락한다. 그 과정을 지켜본 관객들은 오이디푸스의 몰락을 통해 '공포'와 '연민'을 느끼게 되고, 결과적으로 감정의 '정화'인 카타르시스를 경험하게 된다는 것이다. 신 앞에 오만하지 말 것, 이것이 바로 작품이 가르치는 준엄한 교훈이다.

『시학』후반부에 매우 중요하게 언급하는 사항은 현실에서는 선형적인 시간에 의해 순차적으로 이루어지는 사건을 극적인 드라마로 재배치하고 재구성하는 '플롯(구성)'의 중요성이다. 한 사건이 다른 사건으로 '인하여' 일어나는 것과, 다른 사건에 '이어서' 일어나는 것 사이에는 큰 차이가 있다[108]고 말하며 '플롯'과 '성격(캐릭터)'을 중심으로 드라마 작법의 기술을 언급한다.

「오이디푸스 왕」의 경우, 원래 시간 순서대로 배치하면 오이디푸스가 저주를 받은 채 태어나 버려지고 다른 나라(코린토스)에서 성장하여 성인이 된 뒤, 기막힌 운명의 장난으로 친부를 살해하고 친모와 결혼하는 과정이 이어져야 한다. 그러나 그리스 비극 「오이디푸스 왕」은 극의 시작을 이미 테베의 왕이 되어 있는 성년의 오이디푸스로부터 시작하여 그에게 깃든 운명의 비극을 여러 증인들의 증언을 통해 밝히는 내용으로 진행된다. 여러 측면에서 「오이디푸스 왕」은 아리스토텔레스의 『시학』을 설명하기에 더없이 적절한 텍스트였던 셈이다.

그렇다면 니체가 아리스토텔레스의 비극론에 대해 비판하고 있는 것은 무엇일까? 니체는 1872년 『음악 정신으로부터 비극의 탄생』이라는 제목으로 출판한 책을 14년이 지난 1886년 재간행하며 그 제목을 『비극의 탄생, 또는 그리스 문명과 염세주의』로 바꾸었고, 그러면서 유명한 〈자기비판의 시도〉라는 서문을 덧붙였다. 이 서문에서 니체는 '무엇이 디오니소스적인 것인가'라는 질문에 대답할 수 없다면 그리스인들은 전혀 인식될 수도 상상될 수도 없다(p.21)며 그리스 비극과 문화의 근원이 '디오니소스적인 것'에 있음을 상기시킨다.

『비극의 탄생』을 읽지 않은 사람들도 '디오니소스적인 것'과 '아폴론적인 것'이라는 개념은 낯설지 않을 것이다. 앞서 1부에서도 간략하게 설명했지만, 범박하게 말해 '아폴론적인 것'은 외부 세계에 대한 재현을 위주로 하는 조형예술을, 그리고 '디오니소스적인 것'은 도취와 황홀경과 함께 하는 비재현적이며 비정형적인 예술을 뜻하며 대개 음악예술과 결부된다.

대체로 아폴론적인 것보다 디오니소스적인 것을 높이 평가하는 니체지만, 그가 그리스 비극을 위대하다고 여기는 것은 그것이 아폴론적인 것과 디오니소스적인 것이 결합한 형태로 나타나기 때문이다.

우리는 아폴론적 예술이 음악정신에 의해서 날개를 얻고 하늘 높이 오른 바로 이곳에서 아폴론적 예술의 힘이 최고로 상승되고, 이와 함께 아폴론과 디오니소스의 저 형제결의 속에서 아폴론과 디오니소스의 예술적 의도가 극치에 도달했다고 인정하지 않을 수 없었다.(『비극의 탄생』, p281)

그리스 비극에 대한 이러한 입장이 니체의 아리스토텔레스 비판의 기본 전제가 된다. 즉, 재현적인 부분인 대사와 연기는 물론, 음악과 합창, 무용 등이 종합된 비극이 도취와 황홀경의 디오니소스적 충동을 불러일으키는 우세함 속에서, 아리스토텔레스의 시학은 지나치게 문학적이며 텍스트적인 한계에 머물고 있다는 것이다. 아리스토텔레스에게 비극은 공연보다는 독서 텍스트의 형태로서만 우선시 된다. 이러한 점은 니체의 동시대에 이르기까지 지속되어 왔다.[109]

심재민에 따르면, 니체가 아리스토텔레스의 비극 이론에 대해 비판하는 것은 크게 2가지다. 그 하나는 성격적 결함인 '하마르티아'를 통한 주인공의 몰락과 관객에 주는 교훈이라는 것이 결국 '신'의 윤리를 상정하는 것으로, 여기에 '윤리적 관점이 개입되었다'는 것이다. 나중에 '도덕'이 어떻게 비도덕적일 수 있는지를 설파하게 되는 니체이고 보면 비극과 예술이 윤리(도덕)의 도구, 그것도 죽음을 선언한 '신'의 윤리에 좌우된다는 점을 용납할 수 없었을 것이다.

비극적인 것의 효과를 단지 이러한 도덕적 원천에서만 추론해 내려고 했던 사람은 자신이 예술을 위해서 무엇인가를 했다고 생각해서는 안 될 것이다. 예술은 무엇보다도 자신의 영역 내에서의 순수성을 요구해야만 하기 때문이다. 비극적 신화를 해명하기 위해서 제일 먼저 요구되어야 할 것은 그것(비극적 신화)에

게 고유한 희열을 순수하게 미학적인 영역에서 찾아야 하며 동
정심, 공포감, 윤리적이고 숭고한 것의 영역으로 뛰어들어서는
안 된다는 것이다.(『비극의 탄생』, p.284)

니체가 『시학』을 비판하는 또 다른 지점은 아리스토텔레스가
비극을 '읽는 텍스트'로 접근하여 노래나 춤, 표정술, 제스처 등
이 어우러진 '총체 예술'로 인식하는 데까지 나가지 못했다는 점
이다. 이를 통해 '무대 오케스트라와 객석 사이에 자생하는 에너
지, 호흡, 리듬 등' '다양한 육체적 감정의 교류'를 무시했다는 것
이다.[110]

니체가 그리스 비극에서 중요하게 생각하는 것은 그가 말한
'디오니소스적인' 부분, 즉 '의지 자체의 직접적인 모사'인 음악
과 관련된 부분일 터다. 그래서 초판 제목이 『음악 정신으로부터
비극의 탄생』이며, 비극이란 원래 연극보다는 합창에 가까웠다는
주장을 펼치는 것이다.

반면에 아리스토텔레스의 『시학』은 철저히 문학적이다. B.C 4
세기 무렵 사람인 아리스토텔레스가 『시학』을 집필한 당시는 (니
체에 따르면) 소크라테스 같은 철학자의 사주를 받은 에우리피데
스 같은 극작가에 의해 비극의 풍부한 음악적, 디오니소스적 토
대가 무너지기 시작하던 무렵이거나 그 이후일 가능성이 높다.

비극을 '별로 지성적이지 못한 사람들'에게 어필하는 것이기

에 아니꼽게 바라보았던 '디오니소스의 살해자' 소크라테스나 혼돈에서 질서를 추구한 아폴론적인 작가 에우리피데스 같은 무리들에 의해 힘이 넘쳐났던 비극의 무대가 쇠락을 면치 못했다는 것이다. 이에 부응한 아리스토텔레스의 텍스트 위주의 비극 이론은 필연적으로 디오니소스적 황홀경을 도외시해 '힘의 감소'를 초래할 수밖에 없었던 것이다.

이 모든 사람들이 (…) 최고의 예술로서의 비극에 대해 아무것도 체험하지 못했음이 분명하다고 결론 내릴 수밖에 없게 된다. 문헌학자들이 의학적 현상인지 도덕적 현상인지 제대로 구별할 수 없는 저 병리학적인 감정 발산, 즉 아리스토텔레스가 말하는 카타르시스는(…)(『비극의 탄생』, p.268)

니체에 따르면, 아리스토텔레스의 카타르시스는 '힘의 감소', 즉 '파토스적 긴장'의 약화, 해체, 상실의 과정을 초래한다.[111] 아리스토텔레스와는 확연히 다른 니체의 비극 이론은 텍스트 내부를 넘어 공연 현장에서 온몸을 통해 전해지고 체감하는 '몸'의 교류와 소통이며 이성과 논리를 넘어선 황홀경의 이론인 셈이다.

디오니소스적 흥분은 대중 전체에게 자신들이 정령들에 둘러싸여 있음을 보고 그들과 내적으로 하나가 되어 있음을 알 수 있는 이러한 예술적 재능을 전해 줄 수 있다. (…) 자신의 눈앞에서 자신이 변하는 것을 보고 마치 자신이 다른 사람의 몸과 성격 속으로 들어간 것처럼 행동하는 것, 이것이 연극의 근원 현상인 것이다.(『비극의 탄생』, p.123)

마법에 걸리는 것이 모든 극예술의 전제이다. 이렇게 마법에 걸린 상태에서 디오니소스적 열광자는 자신을 사티로스로 보고 사티로스로서 그는 다시 신을 바라본다. (…) 이러한 인식에 따라서 우리는 그리스 비극을, 아폴론적 형상 속에 항상 새롭게 거듭해서 자신을 방출하는 디오니소스적 합창으로 이해해야만 한다.(『비극의 탄생』, p.124)

그럼에도 니체의 비판 역시 자신의 이론에 갇혀 아리스토텔레스를 곡해하고 있다는 혐의를 지울 수 없다. 니체의 입장에서 아리스토텔레스의 이론이 지나치게 텍스트 중심적이라면, 아리스토텔레스 쪽에서 보면 니체가 (극의 출발점이 되는) 대본을 무시한 채 연극의 결과와 효과에만 집중한다고 볼 수도 있지 않을까?
아리스토텔레스의 비극론이 '신의 윤리'를 설파한다는 비판에 대해 일부 수긍할 수도 있지만, 20세기 베르톨트 브레히트^{Berthold Brecht} 같은 극작가가 펼친 비몰입적이며 철저히 이성적인 연극인 '서사극' 같은 것이 이에 대한 또 다른 대안을 제시하고 있지 않던가. 니체 스스로 십 수 년 뒤에 회고하듯이 『비극의 탄생』이 주장하고자 한 핵심은 비극 밖에 있었던 것 같다.

그리스 정신과 염세주의 - 이것이야말로 그 책에 대한 좀 더 명료한 제목이었을 것이다. 말하자면 어떻게 그리스인들이 염세주의를 잘 해결했는지를 최초로 알려주는 가르침으로써 - 무엇을 가지고 그들이 염세주의를 극복했는지에 대한 가르침으로써 말이다. 비극이야말로 그리스인들이 염세주의자가 아니었다는 점에 대한 증거이다.(『이 사람을 보라』, p389~390)

2

셰익스피어의 주인공들-초인인가, 악인인가?

셰익스피어, 「리처드 3세」와 「맥베스」

악은 드물다 - 대부분의 사람은 악하게 되기에는 너무나도 자신의 일에 몰
두해 있다.
- 『인간적인, 너무나 인간적인 1』, p.98

   셰익스피어의 비극과 사극 작품들은 매혹적인 악인들의 경연
장처럼 보인다. 물론 그의 희곡들에는 '폴스타프'나 '광대' 같은
매력적인 희극 캐릭터도 등장하지만. 비극과 사극 작품들에는 우
리가 통상 '악인'이라 일컬을 만한 인물들이 저마다의 찬란한 악
행을 뽐내며 활동하고 있다.

   무엇보다 셰익스피어의 가장 탁월한 작품들로 불리는 4대 비
극의 주인공들이 범박하게 '악인'의 범주에 포함될 수 있을 것이
다. 권력에 대한 야욕에 도취되어 왕위를 찬탈하고 불안 속에 살
아가는 맥베스 장군은 물론, 간신 이아고의 함정에 빠져 사랑하
는 아내를 살해하고야 마는 무어인 장군 오셀로, 자신에 대한 찬

양과 아부에 눈이 멀어 진실을 보지 못한 채 파멸하는 노인 리어왕, 그리고 의심과 갈등 속에 고뇌만 거듭하며 행동으로 나아가지 못함으로써 많은 사람을 죽음으로 몰아넣은 덴마크 왕자 햄릿도 악인 내지는 어리석은 사람들로 해석할 수 있다.

이 주인공들은 앞서 그리스 비극에서 언급한, 아리스토텔레스의 비극 체계에 비교적 잘 들어맞는 인간들이다. '보통 이상의 사람'으로 그 자신이 가진 성격적 결함(하마르티아)을 통해 극적인 갈등을 빚어내고 결국 파국을 맞는 인물들을 통해 셰익스피어 당대의 관객들은 물론 오늘날 사람에게까지 연민과 공포, 카타르시스를 불러일으키는 캐릭터들이기 때문이다.

맥베스의 과도한 '야망', 오셀로의 터무니없는 '의심', 리어왕의 '어리석음', 햄릿은 '주저함' 같은 것이 이 주인공들이 갖고 있는 치명적인 성격적, 비극적 결함이라고 할 수 있을 것이다.

셰익스피어의 작품 중 니체의 철학, 그 중에서도 '힘에의 의지'나 '초인'의 철학으로 해석할 수 있는 작품으로 4대 비극의 하나인 「맥베스」와 함께 사극으로 분류되는 「리처드 3세」를 들 수 있다. 이 희곡의 주인공들은 '강한 자'들이다. 그렇다면 강한 자들은 어떤 사람들인가?

'강함의 철학'을 펼친 니체가 '강한 자'의 전형으로 삼은 역사적 인물로, 로마의 군인이자 정치가였던 카이사르와 함께 전성기 피렌체의 정치인이었던 체사레 보르자, 근대 유럽을 손아귀에 넣었던 나폴레옹을 들 수 있다.

체사레 보르자의 경우, 고대 그리스인들의 강인한 정신을 이어받은 르네상스의 사람들 중에서도 가장 '높은 인간'으로 니체는 평가한다. 동정심과 배려를 도덕으로 여기는 나약하고 퇴행적인 근대인들에 비해 르네상스 사람들은 강인했던 그리스인들의 정신을 부활시킨 사람들이었고 웬만한 고통은 고통으로 여기지도 않았던 강인한 사람들로 보고 있는 것이다. 그 정점에 체사레 보르자 같은 사람이 있었다는 것이다.

체사레 보르자는 어떤 사람이었던가. 1475년 로마에서 태어난 그는 이후 교황 알렉산데르 6세가 되는 부친 로드리고 보르자의 사생아로 태어났으며 어릴 적부터 무자비하고 냉혹한 성격에 여동생과 근친상간 관계가 있었던 것으로 알려져 있다. 유년 시절부터 아버지의 후원과 영향력 속에 교육과 출세, 명예와 권력을 획득해 나간 체사레 보르자는 15세에 주교가 되고 17세에 대주교와 추기경에 임명되는 등 승승장구하는 청년기를 보냈다.

1498년 추기경직을 사임하고, 부친이 집권한 로마 교황청 군대의 총사령관이 된 체사레 보르자는 로마냐에 왕국을 세워 군주가 되려는 야심을 키우던 중 프랑스의 지원을 받아 로마냐와 나폴리, 밀라노, 피렌체 등의 공국을 위협하고 정벌하며 위세를 떨쳤다. 이 과정에서 체사레는 목적을 위해 수단과 방법을 가리지 않는 잔인하고 냉혹한 행동, 기만과 술책으로 유명해졌다.

그러나 부친인 교황 알렉산데르 6세가 말라리아에 걸려 사망한 뒤, 보르자 집안과 라이벌 관계에 있던 새 교황에 의해 몰락하고 옥에 갇힌 체사레 보르자는 재기를 꿈꾸었지만 실패해 31세의 이른 나이에 사망하고 말았다.

이런 체사레 보르자에 주목한 사람이 1513년 무렵 『군주론』을 쓴 마키아벨리였다. 마키아벨리는 체사레 보르자의 거침없는 결단력과 추진력이 그가 간절히 꿈꾸었던 이탈리아 통일을 위해 꼭 필요한 군주의 자질로 생각했다. 오늘날까지도 막강한 영향력을 미치고 있는 정치 철학의 고전인 『군주론』에서 그는 체사레 보르자를 이상적인 군주의 전형으로 언급한다.

『군주론』의 핵심이라 할 수 있는 제17장 '잔인함과 인자함, 그리고 사랑받는 것과 두려움의 대상이 되는 것 중 어느 편이 나은가'라는 장에서 마키아벨리는 백성들에게 사랑받기보다는 두려움의 대상이 되는 군주가 낫다는 주장을 펼치며 체사레 보르자를 다음과 같이 평가한다.

체사레 보르자는 잔인하다고 생각되었지만, 그의 엄격한 조치들은 로마냐 지방에 질서를 회복하게 했고 그 지역을 통일시키고 또한 평화롭고 충성스러운 지역으로 만들었다. (…) 따라서 현명한 군주는 자신의 신민들을 결속시키고 충성스럽게 유지할 수 있다면 잔인하다는 평판을 받는 것을 걱정해서는 안 된다.[112]

1884년의 한 유고에서 니체는 '언젠가 마키아벨리보다 더 사악한 책 한 권을 지을 것'이라고 고백한 바 있는데, 그것은 그의 미완성 원고로 여동생 엘리자베스에 의해 편집된 『권력에의 의지』로 알려져 있다.[113]

체사레 보르자를 '힘에의 의지'를 구현한 '초인'으로 여긴 니체는 마키아벨리와 그의 저서도 잘 알고 있었다. 우리가 받아들인 '도덕'의 기원을 '좋은 것과 나쁜 것'의 대립으로부터 구하면서, '노예의 도덕'에 의해 강자의 도덕이 모함 받고 침해받은 것으로 파악한 니체는, 고통의 가치를 긍정하고 고통에 의해 고양되는 것을 높고 강인한 인간을 위해 필요한 일이라고 선언한다.

그가 어릴 적부터 나폴레옹을 좋아한 이유 역시 나폴레옹이 도덕이나 선악 판단에 얽매이지 않고 큰 힘을 발휘한 위인이라 생각했기 때문이다. 니체가 끝내 실현하지 못한 버킷리스트 중 하나가 나폴레옹의 고향인 코르시카를 방문하는 일이었다는 점도 이를 입증한다. 니체가 말한 '강자의 철학'에 따르면 폭력적인 것, 공포스럽고 잔인한 것, 악의적인 것도 모두 긍정된다.

우리는 가혹함, 폭력, 노예근성, 뒷골목과 가슴속에 있는 위험, 은둔, 금욕주의, 유혹의 기술, 모든 종류의 악마성, 그리고 인간이 가진 모든 악과 공포스러운 것, 포악스러운 것, 맹수 같은 것과 교활한 것이 (⋯) '인간'이라는 종을 향상시키는 데 잘 기여한다고 생각한다. (『선악의 저편』, No.44, p.75)

체사레 보르자의 행적과 그의 냉혹함에 대한 전기적 사실을 접하다 보면, 셰익스피어 극에 나오는 무수한 악인, 주인공들과 겹치는 부분이 많다. 셰익스피어가 창조한 악인 중 가장 잔인하고 무자비한 악인, 그러면서도 역사에 실존했던 인물인 리처드 3세의 찬란한 악행은 셰익스피어보다 100년을 앞서 살았던 체사레 보르자를 종종 떠올리게 한다. 빼어난 외모로 흔히 오늘날 예수 그리스도 초상화의 원조 모델로도 오해되고 있는 체사레 보르자와 달리 척추측만증(곱추)을 앓고 다리를 심하게 절었던 리처드 3세의 외모는 '지나가는 개마저도 짖어댈' 정도로 사나운 몰골을 하고 있지만 말이다.

자신의 야망을 달성하기 위해 왕위 계승자인 조카를 비롯해 무수한 사람들을 척살한 리처드 3세의 악행은 비극에서 말하는 '성격적 결함'이랄 것도 없이 매우 '순수하고 순결한' 악인의 이미지를 보여주고 있다. 그가 발산하는 힘에의 의지, 강함에의 경도는 충분히 니체를 사로잡을 만한 것이 아니었을까 싶다.

사극으로 분류되는 「리처드 3세」와 달리 일부의 역사적 사실과 허구적 상상력을 동원한 「맥베스」의 주인공 맥베스와 그의 부인 '레이디 맥베스' 역시 잔인함과 무자비함, 그리고 '힘에의 의지'로 충만한 인간들로 보인다. 전쟁에서 승리하고 돌아오는 들판에서 만난 마녀들의 달콤한 예언에 눈이 멀어 권력 찬탈의 야망을 갖게 된 맥베스 부부는 국왕을 암살하고 왕위에 오르면서 그의 정적들을 살해하는 연쇄적인 악행을 저지르다 끝내 반격해

오는 저항군에 멸망하고 만다.

　이런 비열하고 잔인하며 사적인 악행까지 동의하고 묵인한 것은 아닐 수도 있겠지만, '강함'을 옹호한 니체가 어느 정도의 잔인함과 폭력을 용인한 것은 사실이다. 두 작품에 등장하는 다음 같은 대사들에는 니체 철학의 그림자가 언뜻 비친다.

맥베스 부인 : (상략) 나는 당신의 성품이 염려됩니다. 당신은 지름길을 취하기에는 너무나 인정이 많으십니다. 대망도 있고 야망이 없는 것도 아니면서 그것을 성취하는 데 꼭 있어야 하는 부정한 수단을 사용하려고 하지는 않아요. 무한한 욕망이 있으면서도 고상한 수단으로 성취하려 하시지요. 부정한 짓을 하려고 하지도 않으면서 부정한 것을 얻으려고 해요.[114]

리처드 : (상략) 양심이란 건 겁쟁이 같은 놈들이 하는 소리니라, 원래 강한 자를 위협하기 위해 꾸며낸 말이지. 우리의 강한 이 팔이 양심이며 이 칼이 법이니라! 자, 진격이다. 용감하게 돌격한다. 적진을 쑥밭으로 만들라. 천국으로 가지 못하는 날엔 손에 손잡고 지옥으로 가는 거다.[115]

　앞선 책들에서 셰익스피어에 대해 짤막한 평가를 내린 바 있는 니체는 『이 사람을 보라』에서도 셰익스피어에 대해 매우 상반된 평가를 하고 있다. '내 예술가적 취향은 셰익스피어와 같은 황량한 천재에 대해 통분하면서 몰리에르나 코르네유, 라신 등의 이름을 옹호한다'(p.358)고 밝히고 있지만, 몇 페이지 뒤에는 '나는 셰익스피어보다 더 가슴을 찢는 비통한 작품을 알지 못한다'(p.360)고 하며 그를 추켜세우기도 한다. 셰익스피어의 비극적 주인공들에 대한 개별적인 평가는 잘 보이지 않지만 니체는 나약한 주인공인 '햄릿'에 관해서는 몇 마디 언급하고 있다. 여기서는 '강함과 나약함'이 문제가 되는 것이 아니라 인식에 갇혀 행동으로 나아가지 못하는 비겁함에 대해 비판하고 있다.

인식은 행동을 죽인다. 행동하기 위해서는 환각의 베일에 싸일 필요가 있다. 이것은 햄릿의 가르침이며 (…) 반성이 아니라 참된 인식이, 무서운 진리에 대한 통찰이 햄릿은 물론이고 디오니소스적 인간에게도 행동을 유발하는 모든 동기를 말살해 버린다. (『비극의 탄생』, p117)

꼭 셰익스피어의 주인공이 아니더라도 많은 문학작품 속에서 악인들은 늘 그 반대편에 선 착한 주인공들보다 더 많은 동정과 열광을 불러일으키곤 한다. 전당포 노파를 살해한 법학도 라스콜리니코프나 의로운 장발장을 끝까지 추적하는 자베르 경감, 『적과 흑』의 줄리앙 소렐, 『폭풍의 언덕』의 히스클리프까지, 결코 착하고 정의로운 주인공들이라 할 수 없는 인물들에게 독자들은 더 큰 매력과 연민을 느끼는 것은 아닐까.

'악의 심미성'이라 할 수 있는 이러한 현상을 어떻게 설명할 수 있을까? 니체의 '힘에의 의지'와 '초인'의 철학으로 이를 설명할 수 있을까? 본인의 의도와 달리 히틀러에게 이용당한 니체의 철학이 오해를 받고 있다고 말하는 사람들이 많고, 그런 옹호론엔 어느 정도 일리가 있다고 생각한다. 그러나 히틀러에게 니체 철학이 아주 잘 맞는 옷으로 보였듯이, 힘과 강자의 논리에 매혹당한 세상의 무도한 정치인들에게 그의 철학은 제 입맛대로 요리해 먹을 수 있는 정치 논리의 성찬으로 보일 것이다. 니체 철학이 '위험한 철학'으로 평가받는 것도 이러한 이유 때문이다.

민주주의에 대한 열렬한 갈망이 군홧발에 무참히 짓밟힌 1980년 겨울로부터 봄의 대한민국을 배경으로 한 영화 〈서울의 봄〉에서, 군사 쿠데타를 모의하고 이를 실현하고자 하는 보안사령관 전두광의 대사를 듣는 순간 흠칫 니체가 떠올랐다.

그렇다. 니체 철학은 언제든 독재자나 전제주의자에게 악용될 소지가 다분하지 않겠는가. 전두광의 이런 망상과 합리화는 셰익스피어의 악인들, 즉 맥베스의 생각이자 리처드 3세의 생각, 히틀러나 세상 모든 불한당들의 흉중에 파고들 수밖에 없는 생각이 아닐까. 니체의 어떤 생각과 발언들이 그러하지 않겠는가.

전두광 : 인간이란 동물은 안 있나, 강력한 누군가 자기를 리드해 주길 바란다니까.

3

타임루프, 이 순간이 영원히 반복된다면?
<사랑의 블랙홀>, <패터슨>과 타임루프 영화들.

모든 좋은 것은 전에는 나쁜 것들이었다.
- 『도덕의 계보』, p.475.

'타임루프time loop'라는 장르가 있다. 많은 영화, 드라마, 게임들이 이 장르로 분류될 수 있는데 이 장르의 시초로 지목되는 작품은 우리에게 〈사랑의 블랙홀〉이란 제목으로 소개된 1993년 영화로, 원제는 〈Groundhog Day〉다. 우리에게는 생소하지만 봄이 멀지 않은 2월 2일에 열리는 미국의 축제일 이름이 '그라운드호그데이', 번역해서 '성촉절'이다.

성촉절을 취재하러 '펑츄토니'라는 도시로 동료들과 내키지 않는 출장을 가야 했던 까칠한 기상캐스터 필 코스너가 겪게 되는 황당한 경험을 다룬 영화다. 여기서 황당한 경험이란 영원히 반복되는 시간에 갇히게 되는 타임루프의 경험을 뜻한다. 예기치 못한 초현실적 경험을, 삶에 대한 깊은 성찰로 이끄는 로맨틱코미디로 이 영화를 요약할 수 있을 것이다.

펑츄토니의 호텔방에서 이튿날 아침 알람소리에 깬 필 코스너는 객실에서 계단을 내려가다가 성가신 호텔 매니저를 만나 농담을 나누고, 곧 조식이 준비된 식당에서 호텔 종업원 여인의 귀찮은 아침인사를 받기도 하며, 거리로 나섰다가 보험회사 직원이 된 고등학교 동창을 만나 보험 가입 권유를 받는가 하면, 그의 눈엔 유치하기 짝이 없는 성촉절 행사를 취재하며 하루를 보낸다.

자신의 할 일이 끝났다고 판단한 필은 차를 몰고 도시를 떠나려 하지만, 갑자기 몰아친 폭설로 인해 도시 탈출은 실패로 돌아가고 다시 호텔로 돌아와야만 했다. 이튿날 아침, 똑같은 호텔방에서 똑같은 알람소리에 깬 필 코스너는 창밖을 보고 놀란다. 전날 그를 도시에 묶어둔 폭설의 흔적은 온데간데없고 창밖은 전날 아침 바라본 풍경과 똑같지 않은가.

필 코스너는 객실에서 계단을 내려가다가 성가신 호텔 매니저를 만나 농담을 나누고, 곧 조식이 준비된 식당에서 호텔 종업원 여인의 귀찮은 아침인사를 받기도 하며, 거리로 나섰다가 보험회사 직원이 된 고등학교 동창을 만나 보험 가입 권유를 받는가 하면, 그의 눈엔 유치하기 짝이 없는 성촉절 행사를 취재하며 또 하루를 보낸다. 전날과 똑같은 하루가 반복된 것이다.

사흘째 되는 아침, 똑같은 알람소리에 깬 필 코스너는 객실에서 계단을 내려가다가 성가신 호텔 매니저를 만나 농담을 나누고 조식이 준비된 식당에서 호텔 종업원 여인의 귀찮은 아침인사를 받고, 거리로 나섰다가 보험회사 직원이 된 고등학교 동창을 만나⋯. 아, 매일 매일 똑같은 하루가 그에게 반복되고 있는 것이 아닌가!

자신이 설명할 수 없는 황당한 상황에 빠져 버렸다는 것을 알게 된 필 코스너는 이를 벗어나기 위해 갖은 노력을 다한다. 일부러 차를 탈취하는 범죄를 저지름으로써 경찰서 유치장에 갇히기도 하고 차를 몰고 벼랑 끝으로 질주해 자살을 시도하며 성공하지만, 이튿날 아침 똑같은 알람소리를 들으며 같은 침대에 깨어남으로써 같은 상황이 무한히 반복되는 사태를 피할 수 없음을 알게 된다.

필 코스너는 어떻게 이 위기, 이 저주에서 벗어날 수 있을까? 그에게 닥친 이 전대미문의 경험은 저주인가, 축복인가? 저주라면 어째서 저주이고, 축복이라면 어째서 축복인가? 결과적으로 이 '끔찍한' 타임루프에서 벗어나는 데 성공하게 되면서 까칠남이었던 필 코스너가 인생에 대해 의미있는 교훈을 얻는다는 결말에 다다른다. 궁금하다면 영화를 직접 찾아보실 것을 권한다.

이 영화가 본격적인 출발점이 된 타임루프 장르를 니체의 '영원 회귀'와 관련해 설명할 수 있지 않을까?

〈사랑의 블랙홀〉은 로맨틱코미디로 분류되지만 나는 이 영화가 지금껏 나온 영화 중 가장 철학적인 영화라고 생각한다. 필 코스너가 영원히 반복되는 하루라는 축복이자 저주와 씨름할 때, 그는 철학의 주요 주제와 씨름하고 있는 것이기도 하다. 무엇이 도덕적 행위인가? 우리에겐 자유의지가 있는가, 아니면 정해진 운명대로 사는가?[116]

『소크라테스 익스프레스』의 저자 에릭 와이너 Eric Weiner는 영화 〈사랑의 블랙홀〉이야말로 니체의 영원 회귀 사상을 가장 충실하게 표현한 영화라고 말한다. 그러고 보면 『차라투스트라』에서 집중적으로 소개된 '영원 회귀'가 왜 끔찍한 사상인지, 왜 악몽과도 같은 사상이며 거침이 없던 차라투스트라를 앓아눕게 만든 사상인지, 추측만 할 뿐 명확히 이해하거나 상상할 수 없었다. 이 영화가 이를 보여주고 있는 것이다.

지금 이 순간이, 그리고 우리의 삶이 영원히 반복된다는 것이 어쩐지 끔찍할 것 같지만 어쩌면 축복일 수도 있지 않을까? 영원히 순간이 반복되는 경험을 통해, 우리는 시험문제의 답안을 미리 알 수도 있고 주식 투자에 성공할 수 있으며 개인과 사회의 운명을 예측하는 예언자 행세를 할 수도 있지 않을까?

자살도 시도해 보았지만 이튿날 호텔방에서 다시 깨어난 필 코스너처럼 고통에 대해, 심지어 죽음에 대해서조차 두려워할 필요도 없을 것이다. 그런데 고통과 죽음을 두려워할 필요가 없다고 인생이 행복해질까? 순간이 영원히 반복되는 영원 회귀 속에서 인생이 갖는 의미는 무엇일까?

〈사랑의 블랙홀〉은 영원 회귀로 인해 벌어질 삶의 시나리오를 구체적으로 시연해 보여준다. 영원 회귀 안에 삶이 갇히면 어떤 일이 벌어질까? 그 안에서 어떻게 살아가야만 할까? 똑같은 순간, 똑같은 하루가 무한 반복되는 삶에서 우리는 어떤 생각과 태도를 가져야 할 것인가? 삶이란 무엇이고 사랑이나 도덕, 범죄, 심지어 죽음이란 다 어떤 의미를 갖게 될까?

〈사랑의 블랙홀〉 이후로 타임루프물로 분류될 영화들이 우후죽순 쏟아져 나왔다. SF의 형식을 띤 〈엣지 오브 투모로우〉나 〈시간을 달리는 소녀〉 같은 애니메이션 영화도 타임루프물에 속할 것이다. 이밖에도 소설, 드라마, 만화, 애니메이션, 게임 분야에 무수한 타임루프물이 등장했다.

그럼에도 〈사랑의 블랙홀〉이 유독 '타임루프물'의 원조로 여겨지는 건 무슨 까닭일까? 이 영화 이전에도 타임루프물은 있었지만 타임루프물의 특징을 인간 삶에 대한 철학적 고찰로 엮어냈을 뿐 아니라 매일 반복되는 하루에 놀라고 지루해하고 좌절하다 결국 삶의 중요성을 깨닫게 되는 타임루프물의 공식이 이 영화에서 완성되었다는 것이다. 모든 뱀파이어 장르의 작품들이 〈드라큘라〉의 영향 아래 있는 것처럼 타임루프물 작품들은 모두 이 영화에 영향을 받았다는 것이다.[117]

그렇다면 〈사랑의 블랙홀〉을 비롯한 타임루프물 영화들이 보여주는 순간의 무한 반복은 니체가 말한 영원 회귀 사상과 일치하는가? 그에 앞서 니체가 다소 모호하게 제시한 영원 회귀는 어떤 방식으로 작동되며 어떤 철학적 함의를 가지는가? 들뢰즈는 니체의 영원 회귀 사상의 다양한 국면에 대해 다음과 같은 구체적인 질문들을 정리해 던지고 있다.

분명히 영원 회귀는 시간의 부정도 아니요, 시간의 제거도 아니며, 또 시간을 초월한 비시간적인 영원성도 아니다. 하지만 이러한 영원 회귀가 순환이면서 동시에 순간이라는 것을 어떻게 설명할 것인가? 즉 한편으로는 (순환적인) 계속이지만, 다른 한편으로는 (순간적인) 되풀이라는 것을 어떻게 설명할 것인가? 한편으로는 세계를 구성하는 (순환적인) 생성 과정의 계속성을 가리키지만, 다른 한편으로는 바로 이러한 생성 또는 과정을 탈환하는 것이요, 또 그것에 대한 (순간적인) 번쩍임이자 신비스러운 관점이라는 것을 어떻게 설명할 것인가? 한편으로는 존재하고 있었던 것이 계속적으로 재시작하는 것을 말하지만, 다른 한편으로는 일종의 강렬한 불씨에로의, 의지의 '원점'에로의 순간적인 회귀라는 것을 어떻게 설명할 것인가?[118]

앞서 '영원 회귀'를 요약한 장에서, 들뢰즈는 니체가 영원 회귀 사상을 펼치기 위한 준비만 했을 뿐 그것을 밝히지 않았으며 그럴 시간도 없었다고 하며 이 사상이 불완전한 상태로 전해졌다고 진단했음을 언급했다. 들뢰즈는 니체의 영원 회귀 사상에 영향을 받아 '차이와 반복'이라는 그만의 독특한 사상을 발전시켰다. 또 많은 철학자, 작가, 인문학자들은 영원 회귀 사상의 진리 여부를 떠나 이 아이디어가 가지는 '효과'에 주목하고 있다고 설명했다.

우리 삶의 모든 것이 동일하게 반복되는 회귀 속에 있다는 가정은 우리가 삶을 어떻게 살아야 할지 성찰하는 효과를 가진다는 것이다. 틀에 박힌 우리의 일상과 삶이 영화 〈사랑의 블랙홀〉처럼 모든 것이 정확하게는 아닐지라도 매일매일 벗어날 수 없는 지루한 반복 속에 있는 것은 아닌가.

매일 똑같은 시간에 기상하고 똑같은 시간에 밥을 먹고 출근하며, 똑같은 업무를 하고 사람들을 만나며, 똑같은 시간에 귀가해 요즘 누구나 다 본다는 TV드라마를 보다가 잠드는 일상. 이러한 일상이 모여 그럴만한 나이에 대학에 가고 그럴만한 나이에 취업하며 그럴만한 나이에 결혼하고 그럴만한 나이에 은퇴하고 그럴만한 나이에 생을 마감하는 한 평생의 주기 같은 것 말이다. 거기에 삶의 모험이나 짜릿함, 다른 이들과 차별되는 삶의 특별함 같은 것이 끼어들 자리는 없을 것이다.

권태와 지루함으로 점철된 삶. 실제로 우리는 그런 천형과도 같은 삶을 매우 열심히 살아가고 있지 않은가? 니체의 영원 회귀를 이런 동일한 일상이 반복되는 삶에 대한 은유로 볼 수 있지 않을까? 이는 기독교나 여타 종교에서 상정한 '천당과 지옥'을 대신한 새로운 윤리적 잣대로까지 부상할 주제가 아니던가?

엄격한 의미의 타임루프물 영화라 보기는 어렵지만, 미국 독립 영화의 거장 짐 자무쉬^{Jim Jarmusch} 감독이 만든 〈패터슨〉(2016)을 이런 느슨한 관점에서 영원 회귀의 영화로 볼 수는 없을까? 패터슨이라는 미국 뉴저지 주의 작은 도시에서 버스를 운전하는 소시민 패터슨 씨의 7일간 반복되는, 어찌 보면 매우 지루하고 따분한 일상이 영화 속에 천천히 진행된다.

월요일 아침 6시 10분에 일어난 패터슨의 일상이 화, 수, 목, 금, 토, 일, 그리고 다음 월요일 아침까지 반복되는 것이 영화 내 러티브의 전부다. 매일 6시 10분에서 6시 15분경에 일어난 패터슨은 아침을 콘프레이크로 먹고 출근해 아내가 싸준 도시락으로 폭포수 아래 앉아 점심을 먹으며 종일 버스 운전을 하다가 집으로 돌아온다. 아내와 저녁을 먹은 뒤 반려견 마빈과 산책을 겸해 동네 바에서 맥주를 한 잔 마시는 것으로 하루를 마무리하는 패터슨의 삶은 어떤 변화나 사건이랄 게 일어날 것 같지 않은 권태로운 일상으로 채워져 있다. 그나마 그가 특별하게 해나가는 일이 있다면, 비밀노트에 자신의 일상을 기록하고 시를 쓰는 일이다.

겉으로 보기엔 매우 무미건조하게 살아가는 것 같지만 버스 운전사이자 아마추어 시인인 패터슨의 삶에는 심드렁하게 반복되는 일상 사이에 깨알 같은 작은 변주들이 숨어 있다. 시인의 감수성을 지닌 패터슨의 고요한 일상과 달리 그의 주변엔 하루 전, 이틀 전과 다른 미묘한 변화와 사건들이 벌어지고 있는 것이다. 패터슨과 매우 대조적인 성격을 가진 그의 아내는 커튼에 그림을 그리거나 전자기타를 주문하기도 하며 파이나 케이크 등 음식을 만들며 일상에 변화를 꾀하는 인물이다.

패터슨이 한낮의 버스나 길거리, 한밤의 바에서 마주치는 사람들도 이런저런 사소하거나 소소한 사건들을 만들어 낸다. 무엇보다 영화 속 6번째 날인 토요일에 그가 아끼는 반려견 마빈에 의해, 패터슨에겐 지구의 종말과도 같은 끔찍한 사건이 벌어진다. 다른 사람이 보기엔 대수롭지 않을 일일 수도 있지만 말이다. 역시 영화를 직접 보시길 권한다.

이처럼 무미건조하게 반복되어 변화조차 없는 삶과 인생은 문득 무한한 '루프'에 갇힌 삶으로 보인다. 하지만 제자리를 맴도는 것처럼 보이는 패터슨의 삶에도 미묘한 변화들은 끊임없이 일어나며, 이러한 작은 변화에 예민하고 민감한 시인에겐 모든 것들이 창작의 소재가 된다. 지루하게 되풀이되는 반복 속에 차이가 성립되며 이것이 창조의 원천이 되는 것이다. 오래 '반복'을 거듭하는 연주자에게 강도의 '차이'가 발생하는 것처럼 말이다.

니체의 '영원 회귀'에서 시작해 들뢰즈의 독특한 철학인 '차이와 반복'의 사상으로 이 영화를 해석해볼 수 있을 것이다.

동일한 악보를 연주하는 연주자는 결코 같은 연주를 하는 것이 아니다. 그는 매번 반복함으로써 항상 다른 경지에 이른다. 처음에는 어떤 강도도 느낄 수 없던 연주가 점차 강도로 느껴지기 시작하는 것이다. (…) 반복이란 강도의 지각을 통한 차이를 발견해나가는 과정이다. 따라서 차이는 반복에 의해서 만들어진다. 들뢰즈에게 차이란 이렇듯 반복에 의해서 얻어지는 강도의 차이이다. 반복의 과정에서 그때마다 일어나는 것을 들뢰즈는 '사건événement'이라고 부른다. 사건이란 나름대로 고유한 차이와 강도를 지닌 것이다.[119]

영원 회귀를 순전히 '시간'에 관한 철학이라고 할 수는 없지만 그것과 무관하다고 할 수도 없다. 시간(그리고 공간)의 문제는 과학뿐 아니라 철학에서도 언제나 가장 중요한 주제였다. 니체 사후 십 수 년 뒤 아인슈타인에 의해 시간에 대한 획기적인 사고 전환이 일어나지만, 니체의 말년에도 이미 시간에 대한 다양한 해석과 이론이 등장했다.

그때까지 의심되지 않았던 '과거-현재-미래'로의 선형적, 순차적인 시간관념, 공간과는 무관하게 존재하는 뉴턴적인 시간 관념들이 의심되고 도전받는 시기가 이때였다. 시계라는 것이 생겨나 '시간의 공간화'가 이루어진 때이기도 하고, 니체의 말년과 겹치는 베르그송이 시간을 분절해 온 사고방식을 비판하며 시간에 대한 '지속'의 개념을 펼친 시기도 이때였다.

1차 세계대전이 발발하기 직전, 평화롭고 풍요로운 유럽의 마지막 태평성대로 기억되는 '벨 에포크 Belle Époque, 아름다운 시절'로 불린 이 무렵, 과학과 철학은 물론 문학, 미술, 영화 전반에 걸쳐 시간에 대한 새롭고 도전적인 사유들이 등장한다.

마르셀 뒤샹Marcel Duchamp의 〈계단을 내려오는 나부〉(1912)나 이탈리아 미래파 화가 자코모 발라Giacomo Balla의 〈줄을 단 개의 역동성〉(1912), 베르그송의 강의를 들은 바 있는 소설가 마르셀 푸르스트Marcel Proust의 『잃어버린 시간을 찾아서』(1913~1927) 같은 작품들은 '시간'에 대한 새로운 사유가 폭발하던 당대의 시대상을 증언해 준다. 니체가 사망하기 전인 1895년, '시간 여행자'라는 획기적인 상상을 소설에 담은 허버트 조지 웰스Herbert G. Wells의 『타임머신』을 보면 당대 사람들의 '시간'에 대한 관념이 어디까지 와 있는지 엿볼 수 있다.

> 우리가 시간 속에서 움직일 수 없다는 당신 말은 틀렸소. (…) 문명인은 기구를 타면 중력을 이기고 위로 올라갈 수 있소. 그렇다면 궁극적으로 시간의 차원을 따라 어느 시점에 멈추거나 이동 속도를 가속화하거나 심지어 방향을 바꿔 반대 방향으로 여행할 수 있을 것이라고 기대하지 못할 이유가 있겠소?[120]

이미 1890년대 중반에 3차원의 '공간'을 넘어 4차원의 '시간'을 자유자재로 오가는 여행에 대한 사고 실험이 시도되고 있다. 불완전한 사상에 그치고 말았다고는 하지만 니체의 영원 회귀 사상이 싹트기 시작한 당대의 과학적 상상력과 관심을 가늠해 보는 것도 흥미로운 일이 될 것이다.

4

니체는 왜 말을 부둥켜안고 미쳐 버렸을까?

벨라 타르, <토리노의 말>

만일 그대들이 옳다면, 만일 그대들의 진리가 정당성을 얻는다면, 아무런 진
리도 없는 것이 낫다.
- 『비극의 탄생』, <자기비판의 시도>, p.35.

1889년 1월 3일 토리노. 카를로 알베르토 거리 6번지의 집에서
외출을 나선 프리드리히 니체는 6번 문밖으로 향한다. 산책을
하거나 우편물을 가지러 갈 생각이었다. 그로부터 그리 멀지 않
은 곳에서 한 마부가 말 때문에 애를 먹고 있었다. 아무리 어르
고 달래도 말은 움직일 줄 몰랐다. (…) 마부는 참지 못하고 채찍
을 휘두르고 만다. 니체는 인파로 다가가서 분노로 미쳐 날뛰는
마부의 잔혹한 행동을 말리려고 한다. 건강한 체구의 니체가 갑
자기 마차로 뛰어들어 말의 목에 팔을 두르더니 흐느낀다. 이웃
이 그를 집으로 데려갔고 그는 침대에서 이틀을 꼬박 조용히 누
워 있다가 비로소 몇 마디 마지막 말을 웅얼거린다.

"어머니, 전 바보였어요."

그 후로 10년 동안 가족의 보살핌을 받으며 얌전하게 정신 나간 상태로 누워 있게 된다. 그 토리노의 말에 대해선 알려진 바가 없다.(영화 〈토리노의 말〉 오프닝 내레이션)

〈토리노의 말〉(2011)은 1889년 1월 3일, 니체가 발작을 일으킨 유명한 토리노 광장에서의 사건 이후를 다룬 허구의 영화이다. 그러나 영화가 관심을 갖는 것은 이 사건으로 발작을 일으킨 철학자 니체가 아니라 니체의 발작에 원인을 제공한 말과 마부의 이후 행적이다.

영화 오프닝에 짤막한 설명으로만 등장할 뿐 니체는 영화에 전혀 등장하지 않는다. 짤막한 오프닝의 설명도 어느 정도 허구적인 상상력에 의한 각색이 보인다. 이를테면 발작을 일으킨 니체가 웅얼거렸다는 '어머니, 전 바보였어요' 같은 말이 그렇다.

니체의 발작 사건은 그에게 관심이 있고 없고의 여부를 떠나 많은 작가와 예술가들의 상상력을 자극한 모양이다. 역시 상당 부분 허구가 가미된, 이 사건에 대한 가장 극적인 묘사는 앞서 언급한 밀란 쿤데라의 『참을 수 없는 존재의 가벼움』의 한 장에 서술된다. 발작 사건을 묘사한 이 부분은 소설 후반부에 중요한 자리를 차지한다.

토리노의 한 호텔에서 나오는 니체. 그는 말과 그 말을 채찍으로 때리는 마부를 보았다. 니체는 말에게 다가가 마부가 보는 앞에서 말의 목을 껴안더니 울음을 터뜨렸다. 그 일은 1889년에 있었고, 니체도 이미 인간들로부터 멀어졌다. 달리 말해 그의 정신질환이 발병한 것이 정확하게 그 순간이었다. 그런데 내 생각에는 바로 그 점이 그의 행동에 심오한 의미를 부여한다. 니체는 말에게 다가가 데카르트를 용서해 달라고 빌었던 것이다.[121]

밀란 쿤데라는 왜 소설 후반부에 니체와 말에 관한 일화를 이처럼 극적으로 언급했을까? 소설 맨 앞부분에 던진 '영원 회귀' 사상에 대한 언급과 소설 후반부의 위 문장들은 '니체'라는 인물을 빼곤 어떤 연관도 없는 것처럼 보이는데 말이다.

그런데 또 다른 의문이 든다. '니체는 말에게 다가가 데카르트를 용서해 달라고 빌었다'는 대목 역시 순전히 쿤데라의 창작일 것이다. 그런데 왜 하필 데카르트일까? 니체가 평생 극복하고자 했던 소크라테스나 바그너가 아니고 데카르트를 여기 끌어들인 것일까?

인용한 위 구절 앞부분에 이에 대한 설명이 있다. 즉 데카르트는 어느 책에선가, 동물은 영혼이 없을뿐더러 자동인형, 혹은 움직이는 기계Machina Animata 같은 존재에 불과하다고 말했다는 것이다. 동물이 신음소리를 내는 것도 작동 상태가 나쁜 기계 장치의 삐걱거림에 불과하다고 말이다. 따라서 실험실에서 산 채로 조각나는 개 때문에 눈물을 흘려서는 안 된다는 것이 데카르트의 주장이었다. 말을 껴안은 니체의 행동은 이에 대한 강렬한 저항을 의미할 수 있다.

동물에 이성을 포함한 정신, 혹은 영혼이 있는지 없는지에 대한 논쟁은 아리스토텔레스 이후 철학에서 지속적으로 제기된 문제이며 인간의 이성이 가장 절대시된 데카르트 철학에 와서 동물의 이성은 가차없이 폄하되었다. 데카르트보다는 그 목소리가 다소 약화되었지만 칸트 역시 동물은 이성적일 수 없다는 주장을 펼친 바 있다.

반면에 영국의 경험주의 철학자 데이비드 흄David Hume은 '동물의 이성에 관해'라는 글을 통해 동물들도 인간과 마찬가지로 생각과 믿음을 가지고 이성적으로 사유할 수 있다는 의견을 피력했다. 밀란 쿤데라 역시도 자신의 소설에서 이 문제에 관련해 다음과 같은 냉소적인 농담을 던진다.

창세기 첫머리에 신은 인간을 창조하여 새와 물고기와 짐승을 다스리게 했다고 씌어 있다. 물론 창세기는 말馬이 아니라 인간이 쓴 것이다. 신이 정말로 인간이 다른 피조물 위에 군림하길 바랐는지는 결코 확실하지 않다. 인간이 암소와 말로부터 탈취한 권력을 신성화하기 위해 신을 발명했다고 하는 것이 더 개연성이 있다. 그렇다, 염소를 죽일 권리, 그것은 가장 피비린내 나는 전쟁 와중에도 전 인류가 동지인 양 뜻을 같이한 유일한 권리

이다.[122]

니체가 핍박받는 말을 구하려다 발작을 일으키며 정신적으로 사망하게 된 사건은 흡사 죄 많은 인간들을 대속하기 위해 스스로 십자가에 못 박힌 예수 그리스도의 행적을 떠올리게 한다. '신은 죽었다!'는 선언이나 바그너와의 우정과 결별, 차라투스트라의 호기로운 발언들, 극심한 고통 속에서 '아모르파티'를 외치는 '광기의 철학자' 니체의 전 인생이 흥미롭고 극적인 이야기들로 가득 채워져 있지만, 니체 드라마의 정점은 무엇보다 말을 구하려다 발작을 일으키고 정신적으로 사망한 이 낭만적이고도 숭고한 엔딩 스토리에 있을 것이다.

그 뒤 10년이라는 세월을 기나긴 망각과 정신적 암흑 속에 살다가 죽었다니, 이보다 극적이면서 니체적인 드라마가 또 있을까?

니체의 의도치 않은 퍼포먼스에 크나큰 의미를 부여하다 보면 니체를 현대 생태학의 원조, 혹은 동물권 주장의 선구자로 보는 시각에까지 다다른다. 니체의 행동에서 생태학의 단초를 읽는 것도 어느 정도 수긍이 가는 일이다.

생태학적 사유를 적극 피력하지는 않았지만 인간 중심의 세계, 이성 중심주의를 비판하며 생성과 몸의 철학을 설파한 사유의 연장선상에서 이는 꽤 그럴듯한 주장으로 보인다. 그렇지 않다면 마부에게 매 맞는 말에게 다가가 흐느끼는 니체를 상상할 수 없지 않을까.

학대받는 말에 대한 니체의 돌발적인 행동을 도스토예프스키의 소설『죄와 벌』속 일화와 동일시하는 해석도 있다. 니체가 유일하게 인정한 '위대한 심리학자' 도스토예프스키의 소설 속 행위를 그가 은연중에 재현한 것이라는 해석은 퍽 흥미롭다. 이에 대해선 앞서 도스토예프스키와 니체를 함께 다룬 장에서 설명한 바 있다. 그렇다면 니체야말로 퍼포먼스 예술의 시조라고 불러도 되지 않을까?

다시 〈토리노의 말〉로 돌아와 본다. 광장에서의 사건 이후 '토리노의 말에 대해선 알려진 바가 없다'는 오프닝의 설명에서처럼 말과 마부에 대한 이야기는 니체의 서사에서만 잠시 등장할 뿐 어느 기록에도 전해지지 않는다. 〈토리노의 말〉의 내용은 원작자와 감독의 허구이자 창작인 것이다. 헝가리 소설가 라슬로 크라스나오카이 László Krasznahorkai의 작품 「아무리 늦어도, 토리노에서는」을 바탕으로 벨라 타르 감독이 각색해 만든 이 영화는 니체의 발작 사건 이후 6일간의 이야기를 그린다.

토리노 광장에서 집으로 돌아온 말과 마부. 그리고 그 집에 함께 사는 딸, 그리고 영화에 잠깐 등장하는 이웃집 사내가 영화에 등장하는 인물과 생명의 전부이다. 나무 문짝을 부숴버릴 듯 거센 바람이 몰아치는 척박한 광야의 오두막에서 6일간 매일 무료하게 반복되는 가난한 부녀의 삶이 영상으로 흐른다. 큰 변화가 없는 일상으로 보이지만, 이 자그만 세계는 수상한 조짐들과 함께 엄청난 붕괴에 직면한다. 58년간 멈추지 않았던 나무좀의 소리가 멈추고, 말이 짐을 지고 수레를 끄는 것을 거부하다 급기야 먹이와 물마저 거부한다.

니체가 부둥켜안았던 말은 왜 오두막에 돌아온 뒤 그런 이상 행동을 보였을까. 곧 집의 생명수와 같았던 집 앞의 우물이 마르고 빛과 소리마저 희미해지며 이 작은 세계는 급격하게 무너져간다. 함께 감자를 나눠 먹던 딸이 음식을 거부하는 6일째의 사건은 모든 희망의 소멸을 의미한다.

한 평론가는 이 오두막집에서 일어난 6일간의 이야기를 성경 속 〈창세기〉의 6일간의 창조 이야기를 전복한 묵시록적 전유로 해석한다.[123] 영화 속 고요한 침묵의 세계와 어두운 분위기가 황량한 세상의 종말에 대한 암시를 전한다는 것이다. 침묵의 영화, 말수가 적은 작품일수록 그것의 상징과 비유를 해석하는 작업은 어렵지만, 흥미롭다.

1889년 1월 3일, 토리노의 카를로 알베르토 광장의 니체가 눈앞에서 매 맞는 말을 보고 순간적으로 든 감정과 생각의 정체는 무엇이었을까? 무엇이 그로 하여금 발작을 일으키게 하고 돌이킬 수 없는 정신의 암흑으로 빠져들게 했을까? 자신에게 임박한 종말을 예견이라도 하듯, 자신에게 삶의 시간이 많지 않음을 직감이라도 한 듯, 그 몇 개월 전인 1888년 가을에 자서전인 『이 사람을 보라』를 집필한 니체가 말이다.

그 앞뒤로 몇 권의 저작들을 직물처럼 깁고 토해낸 니체. 1889년 1월 3일이 오기 보름 전부터 지인들에게 보낸 편지들에 유서처럼 써 내려간 글들을 통해 그 무렵 니체의 정신 상태를 눈여겨볼 필요가 있으리라.

짙어만 가는 정신적 사망의 조짐들, 자신이 유명한 인물이 될 거라는(혹은 되었다는) 망상과, 자신을 '디오니소스'나 '십자가에 매달린 자'로 표현한 니체의 서명들은 무엇을 말해주고 있는가. 1889년 1월 3일을 향해가는 그 편지들을 읽어 보면 '토리노의 말' 사건은 그날 느닷없이, 우연히 일어난 일로 보이지 않는다. 그 사건에 대해 어떠한 말도 덧붙이지 않음으로써, 니체의 이 의미심장한 공식 퇴장 퍼포먼스는 다양한 상상력을 자극하며 하나의 신화 아닌 신화가 되었다.

5

니체는 어떻게 히틀러에게 이용당했나?
레니 리펜슈탈, 〈의지의 승리〉

광기는 개인에게는 드문 일이다. 그러나 집단, 당파, 민족, 시대에서는 일상
적인 일이다.
- 『선악의 저편』, p.127.

웅장한 음악이 배경에 깔리고 '총통의 감독, 감찰 아래 제작'
되었음을 알리며 영화의 타이틀이 올라간다. 이어서 '1934년 9
월 5일'이라는 자막과 '세계대전 발발 20년 뒤, 독일의 고통이 시
작된 16년 뒤, 독일이 새롭게 태어난 지 19개월 뒤'라는 자막들
이 뒤따른다. 이어 '히틀러는 그의 충성스러운 지지자들을 만나
기 위해 다시 뉘른베르크로 향했다'는 자막이 이어진다.

자막과 오버랩 되어 이어지는 장면은 항공 샷이다. 비좁은 비
행기 운전대의 창을 통해 하늘 위에 떠 있는 풍성한 뭉게구름들
이 눈에 들어온다. 마치 그 안에서 유영을 하듯 비행기가 뚫고 헤
쳐 나가는 구름은 게르만 신화에 등장할 법한 신비스럽고 장엄한

장면을 연출한다.

이 비행기 안에 히틀러와 괴벨스 같은 나치 지도부가 타고 있음을 암시하듯 곧 지상에 도착하는 비행기에서 그들이 내리는 장면이 이어질 것이다. CG나 난이도 높은 합성이 불가능했을 당시에 이런 항공 장면이 가능했던 걸 보면 이 영화가 누군가의 전폭적인 지지와 후원 속에 탄생했음을 짐작할 수 있다.

곧 마지막 구름이 걷히면서 거대한 교회 첨탑이 비쭉 솟아오른 도시의 모습이 스크린에 펼쳐진다. 카메라는 뉘른베르크의 상공을 날아 전통과 현대가 교차하는 독일의 유서 깊은 도시와 새로운 문명을 예감케 하는 풍경들을 보여준다.

거대한 첨탑 사이를 곡예하듯 비행기가 날고, 광장과 거리에 개미 떼 같은 사람들이 분주히 거니는 모습, 거대한 거인족처럼 이어지는 웅장한 주택과 건물들을 훑으며 영상은 신비감을 더한다. 틀림없이 소형 비행기의 좌석에서 이러한 영상을 촬영했을 것이다. 누군가 이런 기회를 제공해준 사람 덕분에 말이다.

이 장면들은 흔히 사진 이론에서 '신의 시선'과도 곧잘 동일시되는 '새의 시선' 숏, 즉 '버즈 아이 뷰 숏bird's eye view shot'의 시각으로 촬영되었다. 이런 흔치 않은 시점의 영상이라면 누가 봐도 신비롭고 매우 잘 만든 영상이라는 생각이 들 것이다. 그것이 20세기 가장 끔찍한 전쟁을 일으키게 되는 정치 지도자를 찬양하고 선전하는 영상이라고 해도 말이다.

비행기가 착륙하자 저마다 오른팔을 높이 치켜들며 환호하는 군중들, 누군가를 간절히 기다려 온 사람들의 영상이 이어진다. 역시나 비행기에서 히틀러가 내리고 괴벨스가 뒤따라 내리는 영상이 뒤따른다. 자신들을 환영하러 나온 인파들을 바라보며 대단히 흡족한 표정을 짓는 히틀러의 얼굴. 곧 이들을 태운 자동차들이 공항에서 호텔로 이어지는 도로변에도 오른팔을 높이 쳐든 환영인파들이 가득하다. 달리는 차 위에서, 환호하는 인파들과 함께 역시 오른손을 어깨 위로 들어 올려 답하는 히틀러의 뒷모습을 가까이서 촬영한 사람이 있었을 것이다.

그런 영광(?)을 누린 사람이라면 총통과 지도부에게 큰 신뢰를 받는 사람이 아닐 수 없다. 뉘른베르크에 있었던 나흘간의 당 대회를 기록할 임무도 그에게 주어졌다.

여성 영화감독 레니 리펜슈탈Leni Riefenstahl의 영화 〈의지의 승리〉Triumph Des Willens, Triumph Of The Will, 1935를, 그것도 니체와 관련해 언급하는 일은 유쾌한 일이 아니다. 영화의 선전 선동적 가능성을 일찌감치 간파한 히틀러와 그의 선전 참모 괴벨스는 나치즘을 효과적으로 선전하기 위해 레니 리펜슈탈이라는 유능한 여성 감독을 기용하고 그에게 전폭적인 지원을 아끼지 않았다. 그렇게 탄생한 것이 〈의지의 승리〉를 비롯한 몇 편의 정치 다큐멘터리 영화다.

〈의지의 승리〉보다 한 해 앞서 제작한 〈신념의 승리〉(1933)로 히틀러의 총애를 받게 된 레니 리펜슈탈은 이보다 한층 선전성이 강화된 〈의지의 승리〉로 히틀러를 신격화하는 데 큰 역할을 했다. 1934년 뉘른베르크에서 열린 나흘간의 나치 전당대회를 기록한 이 영화는 당시로선 상상할 수 없었던 촬영 기법과 구도, 미장센 등으로 독재자의 우상 숭배에 성공함과 동시에 뜻하지 않게 영화 미학을 한 단계 높인 걸작으로 영화사에 기록되었다.

1936년 베를린 올림픽을 기록한 다큐멘터리 영화 〈올림피아〉 역시 히틀러의 전폭적인 지원을 받아 최첨단 영상 장비들과 리펜슈탈 감독의 재능이 총동원된 작품으로 제작됐다. 이 작품 역시 조금 다른 방식으로 나치즘, 아리안 민족 우월주의를 찬양한 영화로 평가받는다. 가장 우수하고 아름다운 육체들의 향연인 올림픽 게임을 통해, 몸의 아름다움을 독일 민족주의와 교묘하게 연결시킨 편집으로 베니스 영화제에서 최고상을 수상하는 한편, 영화사에 오래도록 기록된 명작으로 남게 됐다.

그럼에도 이 영화들을 '나쁜 영화'라 할 수 있지 않을까. 상상을 초월한 폭력과 잔인함을 행사하게 될 지도자들과 그릇된 길을 걷게 되는 역사의 순간을 찬양하고 선전하는 목적에서 제작된 영화들로 말이다. 그러나 이 영화들은 거부할 수 없이 '아름다운 영화'이기도 하다. 상식적인 수준의 도덕 관념으로도 이 영화들을 거부하고 비난할 수 있지만, 말초적이면서 감각적인 측면에서는 이 영화들의 형식 미학을 폄훼하기 어렵다.

나치즘의 선전을 위해 히틀러의 전폭적인 지원 하에 제작된 이 영화는 당시는 물론이고 오늘날에도 쉽게 따라하기 어려운 영상 미학을 선취했다. 〈스타워즈〉 시리즈 같은 블록버스터 영화의 일부 장면에 그 흔적을 남길 정도였으니 말이다.

독일의 패전 뒤 전범으로 기소된 레니 리펜슈탈은 나치와 히틀러를 우상화한 이러한 행적에 대해, 자신은 정치에는 관심이 없고 오로지 영화의 아름다움만을 생각했다며 스스로를 변호했다. 결국 전범 재판에서 무죄로 석방되었지만, '나치의 치어리더'라는 비판과 오명은 평생을 따라다녔으며, 101세로 장수하는 동안 독일 사회에서 거의 매장되다시피 하며 살아야 했다

앞서 말했듯이 레니 리펜슈탈과 니체를 연결하는 것은 낯설 뿐 아니라 즐겁지 않은 일이기도 하다. 둘 사이에 직접적인 연결고리는 없다 해도 히틀러와 나치라는 무시할 수 없는 매개항이 존재하기 때문이다. 두 사람 사이를 직접적으로 연결하는 관련 논문도 쉽게 검색되지 않는다. 다만 제목에 있는 '의지will'라는 단어가 눈에 들어올 뿐이다. 히틀러가 가장 좋아했던 두 철학자, 쇼펜하우어와 니체의 사상에 핵심을 이루는 키워드가 바로 '의지'가 아닌가.

한때 화가가 되기를 꿈꾸었던 히틀러는 독일 문화 전통에 대해 어느 정도의 이해를 바탕으로 자신이 철학적 지도자라는 생각에 곧잘 빠져들어 위대한 철학자들의 이름을 자주 거론했다고 한다.

그러나 그가 니체의 책을 실제로 읽었는지, 니체의 사상을 진지하게 공부한 적이 있는지 정확히 알려진 바는 없다.

다만 그가 1924년 감옥에서 집필한 『나의 투쟁』에서 가지고 있던 도서를 적은 목록에 니체의 책이 포함되지 않았던 점과 니체의 책을 공부했다는 증언이나 사실이 전해지지 않는 것으로 봐서 그가 니체 철학을 제대로 읽거나 알지 못했을 것이라는 의견들이 많다.

1934년 뉘른베르크 전당대회에서 상영된 나치 선전 영화에는 니체의 철학이 묻어나는 듯한 〈의지의 승리Triumph of the Will〉라는 제목이 붙었는데, 그 영화의 감독인 레니 리펜슈탈이 니체의 책을 좋아하는지 히틀러에게 물어보자 히틀러는 이렇게 답했다. "아니, 그렇지 않소. 그와는 할 일이 별로 없소…. 그는 나의 지도자가 아니오." 니체의 책에 담긴 복잡한 사상은 히틀러에게 아무런 쓸모가 없었다. 하지만, '위버멘쉬', '힘에의 의지', '지배자의 도덕', '금발의 짐승', '선악의 저편' 같은 표현은 얼마든지 왜곡해서 사용할 수 있었다.[124]

자신의 사후 2, 30여 년 뒤 벌어질 악의적인 왜곡과 도용의 과정을 알았다면 니체는 어떤 기분이 들었을까? 모르긴 몰라도 상당히 억울해하고 분노했을 것이다. 적어도 유쾌한 기분은 아니었을 것이다. 여동생 엘리자베스와 지인들의 주도로 이뤄진 이러한 왜곡 과정을 니체가 의도하거나 예상했다고 볼 순 없다. 반유 대주의와 독일 우월주의, 아리안 민족주의로 기울어 버린 바그너와 결별하고, 그러한 극우적인 사상에 앞장섰던 엘리자베스의 남편 쾨르스터를 못마땅해 했던 니체이고 보면, 그는 결코 국가사회주의자들(나치스)의 프로젝트에 동의하거나 협력하지 않았을 것이다.

그러나 '결과적으로' 니체의 사상, 즉 불평등과 '강자의 도덕'을 노골적으로 주장하고 '초인'과 같은 지도자에 의한 잔인하고 폭력적인 지배를 어느 정도 승인한 그의 사상은 나치와 히틀러에게 더없이 좋은 철학적 명분이 되었고, 어떤 살상무기보다 유용한 무기로 받아들여졌을 터다.

그러나 이것은 니체 철학만의 문제도 아니다. 세상의 무수한 '이즘'과 사상은 원작자, 혹은 그 사상의 창시자의 원래 의도와는 다른 길을 걷기 마련이다. 작금의 교회나 불교 사찰이 예수 그리스도와 붓다의 사상을 그대로 실천하고 있다고 보기도 어렵지 않은가. 톨스토이 같은 사상가는 원시 교회가 그랬듯이 헌금이나 성직자, 교회도 없는 무교회주의 신앙을 설파함으로 인해 러시아 정교회로부터 오랫동안 파문을 당해야 했다.

소비에트와 스탈린, 마오쩌둥, 북한의 사회주의 같은 것이 마르크스 사회주의 이론을 오롯이 계승했다고 보기도 어렵다. 예수 그리스도는 기독교인인가? 기독교인이라면 가톨릭인가, 정교회인가? 감리교인가, 장로교인가? 불교의 창시자 고타마 싯다르타 는 불교도인가? 불교도라면 소승(小乘)인가, 대승 쪽인가? 마르 크스는 사회주의자인가? 사회주의자라면 소비에트 식인가, 중국 식 사회주의 식인가? 마찬가지로 니체의 핵심 사상과 그 주장을 자신들의 입맛에 맞게 편집해 사용한 나치즘과 니체 사이에도 무 시할 수 없는 거리는 있기 마련이다.

그렇다고 해서 니체가 설파한 강자의 철학, 불평등 철학, 반민 주주의적 철학이 덮어놓고 옹호되는 것은 아니다. 니체 철학에 극렬한 반대를 표명하고 있는 박홍규의 『니체는 틀렸다』의 문제 제기를 순진한 해석으로 바라보고 그 오해를 풀려는 노력도 있었 지만, 그렇다고 니체 철학이 오용된 역사마저 덮어둘 수는 없다. 그의 철학이 어느 야망에 찬 정치가, 지도자의 정치사상으로 둔 갑하는 순간 나치즘 같은 악용의 역사가 되풀이되지 말라는 법도 없을 것이다.

니체 스스로 마키아벨리보다 더 사악한 책을 쓰겠다는 포부를 밝힌 바 있지만, 마키아벨리즘이 현대 정치사상의 중요한 텍스트 로 빈번하게 언급되는 반면, 니체 철학을 정치의 장에서 진지하 게 받아들이는 모습은 여전히 찾아보기 어렵다. 니체의 정치 철 학이 '나쁜 철학', '그릇된 철학'이 아니라 '위험한 철학'으로 지 목되는 것도 이런 이유에서일 것이다.

나치즘, 히틀러와의 관계로 인해 패전 후 독일에서는 니체가 매장당하다시피 한 반면, 카뮈나 조르주 바타유 등 프랑스 작가들과 일군의 철학자들, 68혁명 이후 포스트모더니즘 철학자들에 의해 니체는 차츰 나치주의자로서의 누명을 벗고 현대 철학의 위대한 봉우리로 우뚝 서게 된다.

그러나 니체와 나치즘의 관련성, 그의 철학이 파시즘에 의해 언제든 도용당할 수 있다는 지적은 지금까지도 변함없이 되풀이되고 있다. 같은 철학이라도 어떤 지향을 가진 사람에게 활용되느냐에 따라 삶을 풍부하게 하는 유용한 지침이 될 수도 있고, 타인과 공동체, 또 자신을 해치는 무서운 흉기가 될 수도 있는 것이다.

니체가 정신적으로 사망한 1889년 1월 3일로부터 약 100여 일 뒤인 1889년 4월 20일. 독일과 인접한 오스트리아에서 한 아기가 태어났다. 망각과 암흑의 세상으로 떠난 니체와 달리, 아기는 세상을 삼켜버리겠다는 듯 작은 손을 꼭 움켜쥐고 태어났을 것이다. 아기는 커서 국가사회주의당(나치)의 당수인 아돌프 히틀러가 된다.

6

니체의 눈으로 SF를 읽는다
⟨2001 스페이스 오디세이⟩와 SF영화들

나는 어떤 새도 이르러보지 못했던 높은 데서 왔고, 어떤 발도 길을 잃어보지 못한 심연을 알고 있기 때문이다.
- 『이 사람을 보라』, p.380.

SF 장르뿐만 아니라 영화사 최고의 걸작으로 꼽히는 스탠리 큐브릭Stanley Kubrick의 1968년 작품 ⟨2001 스페이스 오디세이⟩는 영화 오프닝에 리하르트 슈트라우스의 교향시 ⟨차라투스트라는 이렇게 말했다⟩를 배치한다. 완전한 어둠에 잠긴 극장 안에서 숨죽이며 영화가 서서히 열리는 장면을 바라보고 있노라면, 우리가 우주의 위대한 탄생과 질서를 대면하고 있거나 황홀한 오케스트라 공연장에 와 있다는 착각에 빠질 법하다.

작곡가 리하르트 슈트라우스는 니체의 『차라투스트라』를 읽고 큰 감명을 받아 이 작품에 영감을 얻은 교향시를 작곡하기로 마음먹었다. 아직 생존해 있던 니체가 기나긴 정신의 암흑 속을 헤매던 1896년 무렵에 구상되고 완성된 교향시는 슈트라우스 자신의 지휘로 초연되었고 많은 찬사와 함께 뜻밖의 비난도 받았다. 음악이 지나치게 철학적 영감에 의존한다는 비판이었다.

그러나 슈트라우스는 동굴 속에서 10여 년을 홀로 보내다가 여명의 햇살을 받으며 기지개를 펴는 차라투스트라의 모습과 함께 그의 상승과 몰락의 이야기를 극적인 교향시로 표현함으로써 70년 뒤 제작된 걸작 영화 〈2001 스페이스 오디세이〉의 오프닝과 클로징을 장식하게 했다.

리하르트 슈트라우스와 혈연적으로 관련이 없는 요한 슈트라우스 2세의 〈아름답고 푸른 도나우 강〉 역시 영화에 강렬한 인상을 남긴다. 전자가 인류의 문명과 진화를 표현한 극적인 호흡의 교향시로 영화의 여명을 밝힌다면, 후자는 매끄럽게 유영하는 우주정거장의 이미지와 함께 인류 앞에 펼쳐진 우주 시대의 낙천적 비전을 제시하고 있다.

그런데 왜 〈차라투스트라는 이렇게 말했다〉인가? 왜 리하르트 슈트라우스가 니체의 철학서 제목을 빌어 와 쓴 곡을 스탠리 큐브릭은 영화의 메인 테마곡으로 썼을까? 니체 철학과 크게 상관 없어 보이는 주제의 영화에 말이다. 곡의 팡파르와 그 제목이 강렬해 영화 자체로 니체와 긴밀한 연관을 갖고 있다는 인상을 심어준다. 이 영화로 니체에 관해 말할 수 있는 것은 무엇인가? 아니, 니체를 통해 이 영화를 본다면 어떻게 볼 수 있을까?

'신의 죽음'을 선언하고, 신 아닌 인간 스스로 만들어가는 생성과 창조의 세계를 설파한 니체에게 영화 속 '외계 존재'는 어떤 의미를 가질까? 또 외계 존재에 이끌려 진화를 거듭하는 인류는 어떤 의미를 갖는가? 외계인은 죽은 신을 대체하는 존재일까? 아니, 외계인이 곧 신은 아닌가? 니체는 외계인, 혹은 외계의 생명체에 대해 인지하고 있거나 혹은 그에 대한 논평을 남겼던가?

외계인, 혹은 외계의 생명체에 대한 현재까지의 과학과 학문, 문학의 시각을 살펴볼 필요가 있을 것이다. 외계인을 지칭하는 영어 '에일리언alien'은 원래 서양 중심의 세계관에서 서양 밖의 타자들, 낯선 자들, 이방인들을 광범위하게 지칭하는 개념이었다. 지금도 이 단어는 SF의 외계인보다는 낯설거나 위협적인 존재로서의 타인을 지칭하는 개념으로 더 많이 사용된다.

우리가 외계의 생명체에 대해 갖는 관심과 질문은 크게 두 가지이다. 하나는 이 우주 어딘가에 '우리 인간 말고 다른 외계 생명체가 존재하는가?' 하는 질문이고, 다른 하나는 만약 존재한다면 '그들은 어떻게 생겼는가?' 하는 문제이다.

외계 생명체의 존재 가능성에 대해선 다양한 입장들이 존재한다. 우주 어디에도 외계 생명체는 존재하지 않는다는 입장이 있는가 하면, 바닷가의 모래알보다 더 많은 무한한 우주의 별들 중에 다른 생명체가 존재하지 않는다는 것은 있을 수 없는 일이며 (칼 세이건의 말마따나) '엄청난 공간의 낭비'가 아닐 수 없다는 입장이다.

후자의 입장이 대체로 설득력을 갖고 있지만 문제는 또 있다. 외계 생명체가 존재할 가능성이 그렇게 높은데 왜 우리는 한 번도 그들을 만나거나 경험하지 못한 것일까? '페르미의 역설'이라는 방정식이 이런 아이러니를 수식으로 표현하고 있다. 이 광대무변한 우주에 '우리뿐인가?' 하고 질문하는 현대 과학은 외계인의 존재 여부에 여전히 무수한 추측만 거듭할 뿐이다.

외계 생명체에 관한 또 다른 질문은 외계인이 존재한다면 '그들은 어떻게 생겼을까?' 하는 것이다. 외계인을 직접 보여주지 않아도 되는 SF소설들은 여기서 비교적 자유롭지만, 그 생김새를 어떻게든 보여줘야 할 SF영화의 사정은 다르다.

SF영화들은 다양한 방식으로 외계인의 외모를 상상하고 표상해 왔다. 곤충을 닮은 외계인(〈스타십 트루퍼즈〉 같은), 식물을 닮은 외계인(〈신체 강탈자의 침입〉 같은), 문어나 오징어 등 두족류를 닮은 외계인(〈콘택트〉, 〈화성침공〉 같은), 로봇 자체인 외계인(〈트랜스포머〉 같은), 사람처럼 직립보행을 하고 회색 피부에 팔다리가 있는 외계인(〈ET〉 같은), 그리고 사람을 닮은 외계인(〈슈퍼맨〉 같은) 등 다양한 외계 존재의 형상들이 창조돼 왔다.

영화 속의 이러한 외계 존재의 형상들은 지구 같은 별의 '탄소중심'의 상상력에서 나온 것일 뿐, 규소나 질소 같은 다른 원소가 중심인 행성들에서는 외계인의 모습이 우리가 상상하는 것 이상의 뜻밖의 형상을 하고 있을 거라고 과학자들은 말한다.

〈2001 스페이스 오디세이〉의 감독 스탠리 큐브릭과 영화의 원작자 아서 클라크Arthur Clarke 역시 외계 존재를 영화에 어떻게 표현할 것인가를 두고 많은 고민을 했다. 인류가 한 번도 마주한 적이 없는 외계 존재의 생김새를 영화 속에 표현하기 위해 1964년 6월, 우주 분야의 명망 있는 인물이었던 칼 세이건Carl Sagan을 찾아가 이 문제를 상의했다.

칼 세이건은 영화에서 외계인을 어떻게 표현하든 그것은 허구일 수밖에 없으며, 그러므로 가장 좋은 해결책은 외계인을 직접 보여주지 말고 암시만 하라고 조언해 준다. 이러한 조언에도 불구하고 한동안 다양한 외계인의 형상을 고민하던 큐브릭의 아티스트 팀은 최종적으로 칼 세이건의 조언을 따랐다. 영화 속에서 외계인은 카메라와 화면 바깥에 암시적으로만 존재하는 방식으로 말이다.

과학과 학문의 발달로 인해 종교에서의 '신'이 사망했음(없음)을 선언한 것이 19세기 후반 니체 철학이었다. 그 과학과 학문은 오늘날 외계 생명체의 존재 가능성에 대해 여러 가능성을 열어두고 있다. 시대적 한계이겠지만, 니체의 책 어디에도 이러한 외계 생명체에 대한 가능성을 언급한 부분은 발견되지 않는다.

이제 막 열기구 같은 것이 도심의 상공을 날아다니던 시대, 사진은 발명되어 널리 쓰이고 있지만 영화 같은 것은 아직 등장하지 않았던 시대, 1818년 최초의 SF 소설인 『프랑켄슈타인』 탄생이후 SF의 미래를 이끌어 갈 쥘 베른Jules Verne이나 H. G. 웰스 같은 작가도 막 등장하기 시작한 무렵, 외계 존재를 상상하고 이를 철학의 영역으로 끌어들이기는 어려웠을 것이다.

오로지 인간에 의한, 인간을 위한, 인간의 철학, '인간적인 너무나 인간적인' 철학이 니체의 철학이었다. 그렇다면 외계 존재의 문제는 니체 철학이 애초부터 건드릴 수 없는 문제이며 아예 배제되어야 옳은 것일까?

인간 존재를 위협하거나 인간과 공생할 수밖에 없는 존재는 지구 밖 외계 행성에만 있는 것은 아니다. 외계 생명체와 함께 이 영화의 또 다른 자리를 차지하는 위협적인 존재가 인공지능 컴퓨터 '할HAL'이다. 인간에 의해 우주비행선의 모든 시스템을 장악하도록 프로그램 되어 있으면서, 인간의 명령을 거역하고 인간을 살해하는 인공지능 '할'의 존재는 지금 보아도 적잖은 공포를 불러일으킨다. '할' 같은 존재들이 첨단 인공지능 기술에 의해 우리 앞에 바짝 현실로 다가와 있기 때문이다.

인간의 피조물에 불과한 인공지능의 능력이 인간의 능력을 뛰어넘는 순간을 의미하는 '특이점singularity'의 시간이 점차 앞당겨지고 있으며 곧 임박해 있다고 과학자들은 입을 모아 경고한다. 100년 뒤에나 올 거라던 특이점의 순간은 50년 뒤로, 30년 뒤로,

그러더니 이제 바로 우리 목전에 다가왔다는 것이다.

외계 생명체도 그렇고, 인공지능 같은 존재도 그렇다. 원숭이
에서 인간으로, 인간에서 초인으로의 길을 상정한 니체와 그의
시대에는 결코 상상하지 못했던 진화의 경로와 미래가 사유되고
있다. 영화 속 수상한 돌기둥(모노리스)이 상징하듯 더 수준 높은
문명의 소유자인 외계 생명체가 인류의 진화를 촉진하거나, 또
인간이 만들어 낸 도구적 존재인 컴퓨터 '할'이 그 나름 '힘에의
의지'를 갖게 되어 인간을 거역하고 인간을 지배한다는 설정은
이제 영화의 시나리오로만 여겨지지 않는다. 인간을 진화로 이끄
는 힘이 인간의 자생적 힘에 의한 것이 아니라 '신'을 대체한 외
계 존재들에 의한 것이란 설정도 말이다.

이러한 설정은 이 영화의 시나리오와 이를 바탕으로 동명의 소
설을 쓴 SF의 그랜드마스터 아서 클라크의 작품과 세계관에 유래
한다고 볼 수 있다. 아서 클라크의 대표작으로 꼽히는 『유년기의
끝』의 '유년기'란 니체가 말한 인간 정신의 3단계인 낙타, 사자,
어린아이에서, 가장 높은 단계인 '어린아이'의 단계를 의미하는
말로도 해석된다.

클라크의 『유년기의 끝』에서 미소 냉전의 분위기가 감도는 시
기에 UFO와 외계 생명체가 지구를 찾아와 자신들이 인류를 관
리하겠다는 메시지를 보내며 압도적인 물리력으로 실제로 인류

를 관리하기 시작한다.

인류보다 월등한 물리력과 혜안을 갖춘 외계 존재인 '오버로드'는 인류의 고질적인 난제들인 전쟁과 폭력, 갈등을 없애며 인류에게 실질적인 평화와 발전을 선사한다. 외계 존재에 의해 인간이 정신적으로나 물질적으로 더 풍성해지고, 그 진화가 촉진된다는 설정이다. 외부의 '힘'에 의한 뜻밖의 진화인 셈이다.

영화 〈2001 스페이스 오디세이〉에서는 외계 존재를 상징하는 모노리스 돌기둥이 인류의 진화를 촉진시키는 역할을 한다. 돌기둥을 만진 유인원이 처음 동물의 뼈를 무기로 사용해 이웃 부족을 제압하고, 우주 시대에 돌기둥을 발견한 인류는 목성과 웜홀 wormhole 너머 세상까지 여행이 가능해진다. 이 모든 촉진이 인류 스스로의 '힘에의 의지'가 아닌, 외부의 '힘'에 의한 것이다. 이를 어떻게 해석해야 할까.

그러나 〈2001 스페이스 오디세이〉의 여러 곳에서 니체적 시야, 니체의 예언자적 목소리를 보고 들을 수 있으며 영화 곳곳에 배치된 상징과 장면들을 니체 철학으로 해석할 수 있다는 주장들이 있다.

예를 들어 영화 끝부분의 호텔방 같은 우주공간 속에 있던 주인공 보우먼이 우주의 태아(스타 차일드)로 재탄생하는 장면을, 사자가 어린아이로 변태하는 순간으로 해석하는 경우가 그렇다.[125] 영화 초반 유인원이 모래 위 뼛조각들을 내려다보는 장면과 영화 마지막에 비행사 보우먼이 마루 위에 깨어진 유리 파편을 내려다보는 장면의 유사성에서 니체의 '영원 회귀'를 끌어오는 해석도 있다.[126] 유인원들이 활보하며 알아들을 수 없는 괴성으로 서사가 진행되는 영화의 제1장 〈인류의 여명〉을 『차라투스트라』의 다음과 같은 구절에 연결시키기도 한다.

그대들은 일찍이 원숭이였고, 지금도 인간은 그 어떤 원숭이보다 더 원숭이이다. 그대들 가운데 가장 현명한 자도 식물과 유령의 불화이자 잡종에 지나지 않는다. 그런데 내가 그대들에게 유령이나 식물이 되라고 명령하란 말인가? 보라, 나는 그대들에게 초인을 가르친다!(『차라투스트라』, p.19)

이외에도 영화의 일부 장면에서 니체의 철학이나 문구, 상징을 갖고 와 해석하는 다양한 시도들이 있다. 설득력이 있고 없고를 떠나, 이 영화에서 니체의 흔적을 찾아보려는 시도가 이어지는 것은 무엇보다 너무도 강렬한 팡파르로 시작하는 리하르트 슈트라우스의 〈차라투스트라는 이렇게 말했다〉 덕분일 것이다.

이처럼 니체의 철학과 사유를 통해 미래와 과학의 상상력의 집합체인 SF를 읽어내는 일도 흥미로운 작업이 될 것이다.

제 5 부

음악과 미술,
니체로부터 영감을 얻다

니체만큼 음악에 깊이 관여한 철학자도 없을 것이다.
음악이 없는 삶은 하나의 오류라고 말할 정도로
니체는 음악을 '삶 그 자체'로 바라보았다.
무엇보다 니체는 그 자신이
여러 곡의 악곡을 작곡한 작곡가이기도 했다.

1

음악하는 철학자 니체, 현대 음악을 꿈꾸다
니체와 현대 음악의 탄생

행복을 위해서 얼마나 작은 것이 필요한가! 백파이프의 소리. – 음악 없는 삶
은 하나의 오류이리라.
– 『우상의 황혼』, p.83.

언어란 절대로 음악의 가장 깊은 내면을 외부로 드러낼 수 없다.
오히려 언어가 음악을 모방하자마자 그것은 음악과 피상적인
접촉만 하게 될 뿐이다. 아무리 유창한 서정적 표현을 통해서도
우리는 음악의 가장 깊은 의미에는 한 발짝도 다가갈 수 없는 것
이다.(『비극의 탄생』, p.108)

음악과 서정시를 그리스 비극 탄생의 기원으로 보고, 언어와
개념에 의한 예술을 '아폴론적인 것'으로 깎아내린 니체의 미학
이론에서 회화와 사진 등 시각예술(조형예술)에 대한 언급들을
찾아보기는 쉽지 않다.

『비극의 탄생』에서 사티로스 합창단에 의한 디티람보스 dithyrambos[127]가 비극의 기원임을 밝힌 것이나 화음/불협화음의 원리를 밝히는 등 디오니소스적 예술인 음악에 대해선 뚜렷한 주장을 펼친 니체지만, 아폴론적인 시각예술에 대해선 관심이 없다 할 정도로 소극적인 면모를 보였다.

음악에 대한 니체의 관심은 매우 적극적이다. 『우상의 황혼』에서 '음악이 없는 삶은 하나의 오류'라고 말할 정도로 니체는 음악을 '삶 그 자체'로 바라보았다. 많은 비평가나 전기 작가들이 이야기하듯 니체만큼 음악에 깊이 관여하고 음악가들과 교류한 철학자도 없을 터이다. 무엇보다 니체는 그 자신이 여러 곡의 악곡을 작곡한 작곡가이기도 했다.

음악에 대한 니체의 천착은 첫 저작인 『비극의 탄생』에서부터 유난스럽다. 니체에게 비극이란 '연극'보다는 '합창(음악)'에 다름 아니며 에우리피데스 때부터 두드러진 서사와 언어, 개념에 의한 문학적 요소의 개입이 그리스 비극 정신을 퇴보시켰다고 주장한다. 그는 (소크라테스적) 학문의 정신이 한계에 도달하면 비극의 재탄생이 가능할 것으로 낙관하며 이러한 상징으로 '음악을 하는 소크라테스(『비극의 탄생』, p.210)'의 가능성을 언급한다.

희망의 끈을 놓지 않으면서 니체는 그리스 이후 오랜 기간 '아폴론적인 것'이 지배했던 예술의 역사를 조망하며 현대에 와서 '디오니소스적인 것'의 부활을 꾀하는 움직임을 감지한다. '오페라'

가 그 첫 대상이지만 당대 오페라 문화에 대해 니체는 여전히 소크라테스적 한계에 갇힌 예술 장르로 판단했다. 가사를 통해서만 작품을 이해할 수 있다는 점에서 오페라는 역시 예술가가 아니라 이론적인 인간의 산물이라는 것이다.

디오니소스적 정신이 오늘날 다시 깨어나고 있다면서 새로운 희망의 싹으로 본 것은 니체 당대의 독일 음악이었다. 더 직접적으로는 바그너의 음악 말이다. 니체는 바그너의 음악에서 '디오니소스적인 것'이 부활하고 있다는 희망을 본다.

1872년 펴낸 『비극의 탄생』은 바그너에게 헌정되었고 디오니소스적 예술가 바그너에 대한 찬사로 책을 끝맺는다. 14년 뒤에 덧붙인 '자기비판의 시도'라는 서문에서 독일 정신(음악)에 과도한 희망을 품었던 것이나 바그너에게 비극 정신의 부활을 기대했던 것을 후회하고 있지만 말이다.

니체는 아무튼 음악에 대해서만큼은 매우 예민하고 섬세하며 안목이 높은 사람이었다. 니체 스스로 철학자 외에도 음악가라는 직함을 달아도 될 만큼 여러 편의 연주곡을 작곡한 것만 봐도 그렇다. 총통이 되지 않았다면 화가가 되었을 거라던 히틀러처럼, 철학자가 되지 않았다면 니체는 음악가가 되었을지도 모를 일이다. 피아노를 굉장히 잘 쳤던 아버지의 재주를 물려받은 니체는 어릴 적부터 뛰어난 음악적 감수성과 연주 실력을 보였다. 말보다 음악이 더 중요했던 소년 니체는 언어가 중요시되는 제도권

교육에 편입되면서 결국 음악가의 꿈을 접어야 했다.

그러나 엄격한 규율과 윤리를 강요하는 학교에서도 그는 종종 음악으로 도피함으로써 내면에 꿈틀거리는 예술적 자유를 구가할 수 있었다. 그의 탁월한 즉석 피아노 연주 실력은 학교의 선생님과 친구들을 사로잡았다. 전문적으로 음악 교육을 받을 기회는 없었지만, 학교 교육을 받던 청소년기에도 몇 편의 가곡과 피아노곡을 작곡한 것으로 알려져 있다.

음악에 대한 니체의 열정이 되살아 난 것은 아마도 쇼펜하우어와 바그너를 만난 것이 계기가 되었을 터다. 니체만큼이나 음악 예술을 높이 평가했고, 그 자신 플루트를 능숙하게 연주할 줄 알았던 쇼펜하우어에게 음악은 형체 없음으로 인해 '의지'에 직접 작용하는 예술이었다.

'표상'을 드러내는 표상에 그침으로써 궁극의 실체인 '의지'와 동떨어진 (그림, 조각 같은) 조형예술과 달리 쇼펜하우어에게 있어 음악은 존재의 본질을 드러내는 유일한 예술이었던 것이다.[128] 단순화를 무릅쓰고 말한다면, 그에게 음악은 의지의 예술이요 미술은 표상의 예술인 것이다. 니체는 쇼펜하우어의 이런 음악론에 깊이 공감한 듯하다. 니체는 이렇게 적었다.

음악은 의지로서 나타난다. 이 경우 의지는 쇼펜하우어가 말하는 의미에서의 의지이다.(『비극의 탄생』, p.106)

니체보다 먼저 쇼펜하우어의 사도가 된 사람은 바그너였다. 1854년경 친구를 통해 쇼펜하우어의 저서 『의지와 표상으로서의 세계』를 접하게 된 바그너는 그 책을 네 번이나 읽을 정도로 깊이 빠져들었다. 인간의 욕망은 끝이 없다는 것이나 물질에로의 욕망보다 마음의 평정이 중요하다는 쇼펜하우어의 철학에 깊이 경도되었다.

바그너가 쇼펜하우어에 빠져든 것은 그의 염세적이고 신비주의적인 철학만은 아니었다. 바그너는 쇼펜하우어의 음악에 대한 사유에도 공감했고, 특히 쇼펜하우어의 '불협화음'에 관한 아이디어에 주목했다. 쇼펜하우어에 따르면 음악에서의 불협화음은 인간 존재의 고통과 불완전함을 표현하는 가장 효과적인 수단이다. 음악은 하나의 생명체와 같아서 불협화음과 불협화음으로 이어지다가 죽음과 소멸의 순간에 와서야 협화음으로 해결된다는 것이다.

쇼펜하우어의 주장을 진지하게 받아들인 바그너는 현대 음악의 시작을 알리는 유명한 '트리스탄 코드'가 시도된 오페라 〈트리스탄과 이졸데〉를 작곡하기에 이른다. 물론 불협화음에 대한 시도는 쇼펜하우어나 바그너의 독창적인 발명품은 아니었다. 바그너 이전에도 바흐, 베토벤을 비롯해 많은 작곡가들이 화음이 아닌 불협화음을 자신들의 곡에 활용한 바 있다.

그러나 바그너의 '트리스탄 코드'가 중요한 것은, 다른 음악가들이 불협화음을 활용한 뒤 곡의 후반부엔 협화음을 통해 어떻게든 이를 해소한 데 비해 바그너는 이를 끝까지 해소하지 않고 불편하고 불완전한 음악으로 남겨 두었다는 데 있다. 철학자가 되기보다 음악가가 되기를 꿈꾸었던 청년 니체의 마음을 뒤흔든 것도 바그너의 이런 과감한 실험이었을 것이다. 이것이야말로 음악에 있어 '가치의 전도'가 아니던가.

쇼펜하우어적인 아이디어를 구현한 바그너의 '트리스탄 코드' 같은 시도에서 니체는 새로운 음악의 가능성을 보았을 것이다. 또한 니체가 파악하기에 그때까지 바그너의 음악극은 기존의 오페라에 비해 줄거리나 대사의 비중이 적었으며 니체가 중요하게 생각하는 음악 자체의 요소들이 더 강화된 작품들로 보였을 것이다.

그러나 바그너의 음악극은 근본에 있어 드라마의 이념을 거부한 것이 아니며 줄거리나 대사를 포기하지도 않는 것이었다. 바이에른 왕국의 루트비히 2세의 열렬한 후원에 힘입어 바그너를 위해 시골 마을 바이로이트에 새로운 축제 극장이 세워지고, 국왕의 간절한 바람에 따라 유명한 〈니벨룽엔의 반지〉 4부작을 차례로 완성해 가는 와중에 니체는 바그너에 대한 환상과 존경심을 깨기 시작했다.

처음에 '디오니소스적인 음악'으로 여겨졌던 바그너의 음악은 결국 염세적이면서 '언어'에 천착하는 음악, 또한 당시 부상하기 시작한 독일제국의 위험한 정치적 성향을 추종하는 이념적인 음악으로 니체는 판단했다. 결국 니체는 바그너의 음악을 '마치 기분 나쁜 땀이 솟구치게 하는 시로코와 같은 덥고 습한 바람'[129]에 비유하며 병든 음악으로 경멸하게 된다.

바그너와의 관계가 소원해져 파국으로 치달을 무렵 니체가 발견한 새로운 영토는 프랑스 작곡가 조르주 비제Georges Bizet의 오페라 〈카르멘〉이었다. 1881년경 이탈리아 제노바에서 처음으로 접하게 된 〈카르멘〉을 니체는 사망하기 전까지 스무 번 가량 보았다. 〈카르멘〉은 바그너의 무겁고 진지하기만 한 작품들처럼 고상하거나 형이상학적인 정신을 추구하지 않고, 왕이나 영웅도 등장하지 않는 통속적인 이야기의 오페라였다. 지중해와 같은 건강함과 가벼움, 명랑함을 갖춘 비제의 음악이 그가 찾던 대안적인 예술의 세계였던 셈이다.

열정적이고 자유분방한 하층 계급 여주인공 카르멘은 디오니소스적인 인물이고 그의 노래는 차라투스트라가 부른 노래로 보였을 터다. 독일적인 것에 대한 극심한 환멸을 느껴가던 말년의 니체가 상대적으로 프랑스적인 것에 경도되었던 점도 이와 맞물려 있을 것이다.

〈트리스탄과 이졸데〉에서 그 단초를 보인 '불협화음'의 예술적 가능성은 20세기 초 오스트리아의 작곡가 아르놀트 쇤베르크

Arnold Schönberg에 이르러 전면적으로 시도된다. 서양 음악사에 있어 가히 혁명적인 제안이라 할 수 있는 '12음계'와 '무조음악'으로 대표되는 쇤베르크의 이론과 작곡은 '불협화음도 일종의 하모니로 인식함으로써 이해 가능한 형식으로 끌어들이는 것'이고, 이것을 확장된 화음으로 수용함으로써 관습에 의해 길들여진 우리의 인식을 깨는 것이 목적이었다. 이런 면에서 쇤베르크 음악의 진보성은 사상사에 있어 '니체나 프로이트에 비견될 만한 것'으로 평가된다.[130]

그러나 전통적 조성음악의 체계를 거부한 쇤베르크의 이러한 음악적 혁명 역시 많은 한계를 갖고 있다는 비판을 받는다. 20세기 미술계에서 일어난 추상화 운동에 발맞춰 음악에서 일어난 추상주의나 점묘음악, 새로운 사유의 음악들에 대해 쇤베르크나 (쇤베르크의 지지자였던) 테오도오 아도르노Theodor Adorno는 불편함을 드러내며 이를 받아들이지 않았다.

이후 20세기 현대 음악은 그보다 훨씬 더 멀리까지 나간다. 점묘음악이나 전자음악을 펼친 칼하인츠 슈톡하우젠Karlheinz Stockhausen이나 〈4분 33초〉를 작곡한 존 케이지John Cage, 안톤 베베른Anton Webern, 피에르 불레즈Pierre Boulez 같은 현대의 전위 음악가들을 만났다면[131] 쇼펜하우어와 니체는 어떤 반응을 보였을까?

음악가의 꿈을 잠시 접었던 니체는 바그너를 알게 된 얼마 뒤 행복한 기분에 젖어 20분에 이르는 피아노 2중주를 하나 작곡한다. 자신의 자작곡에 대단히 만족했던 니체는 그것을 바그너 부부에게 보낸 뒤 그들의 찬사를 기대했다. 1871년의 크리스마스 무렵, 그의 첫 저작인 『비극의 탄생』이 탄생을 기다리던 즈음이었다.

그러나 니체의 곡을 전해 받고 그 곡을 연주해 들은 바그너 부부는 곡이 대단히 기괴하거나 우습다고 생각했다. 부부는 니체에게 편지로 고맙다는 인사를 했을 뿐 곡에 대해선 아무 말도 하지 않았다. 초조했던 니체는 〈만프레드 명상곡〉이라 이름 붙인 이 곡을 니체의 저서들을 지지했던 저명한 작곡가 한스 폰 뷜로Hans von Bülow에게 보냈지만 이번엔 가차 없는 혹평과 독설이 되돌아왔다. 폰 뷜로는 니체에게 보낸 답장에 다음과 같은 잔인한 평을 가득 담아 보냈다.

> 터무니없이 무절제하고, 볼썽사나우며, 고무적이지 않은 데다 종이 위에 악보라고 그려놓은 것을 보며 아주 오랜만에 가장 음악적이지 않다는 느낌을 받았습니다. (…) 아폴론적 요소는 눈곱만큼도 찾을 수 없었고, 디오니소스적 요소는 솔직히 말씀드려 술 마신 다음 날 숙취로 힘들 때보다 덜 느껴졌습니다.[132]

니체는 이 편지가 안겨준 충격에서 헤어나기까지 3개월이 걸렸다고 한다.

이보다 훨씬 뒤인 1887년 겨울, 니체는 언젠가 루 살로메가 써

준 시에 곡을 붙여 또다시 작곡을 시도한다. 〈삶에 대한 찬가〉라는
제목의 이 노래를 비롯해 니체는 자신이 작곡한 곡들을 가지고
악보집을 출판했다.

그 악보들을 한스 폰 뷜로를 비롯한 아는 지휘자들에게 보냈지
만 그의 곡을 공연에 쓰겠다는 지휘자는 한 명도 없었다. 그 무렵
『선악의 저편』을 읽고 크게 관심을 보였다는 작곡가 브람스에게
희망을 품고 곡을 보냈지만, 역시 별다른 답변을 듣지 못했다.

결국 니체는 악보집을 출판했다는 것에 만족했으며 그렇게라
도 루 살로메와 자신이 연결되어 후세에 남겨진다는 것에 의미를
부여했다.[133] 니체가 쓰거나 만들고 남긴 것이라면 사소하고 보잘
것없는 것이라도 버리지 않고 간직해 온 모친 프란치스카와 여동
생 엘리자베스 덕분에 니체의 악보는 비교적 잘 보존되어 오늘에
전해지고 있다.

니체 당대에는 그의 곡들이 연주되지 않았지만, 그의 저작을
정리한 제자이자 동료인 페터 가스트가 편곡한 오케스트라 곡을
비롯해 니체가 작곡한 작품은 훨씬 뒤에 독일과 스위스, 프랑스
의 방송사 등에서 녹음되었고 20세기 후반 유명한 독일 성악가
디트리히 피셔 디스카우Dietrich Fischer-Dieskau 등에 의해 상업적으로
도 녹음되었다.

니체의 악보가 출간된 1970년대 후반 이후로는 미국과 캐나
다, 유럽에서 니체의 작곡을 망라한 음반이 나오기도 했으며, 서

울 예술의전당에서도 그의 곡과 노래가 연주된 바 있다. 유튜브를 검색해 보면 니체가 작곡한 곡들의 연주를 어렵지 않게 만날 수 있다. 니체가 작곡한 작품들에 대해서는 '걸작까지는 아니어도 세간에 알려질 만'하며 그 자체로도 매력이 있다는 것이 대체적인 평가다.[134]

니체의 실천적인 예술가(음악가)로서의 면모를 살펴보는 것은 니체에게 있어 '음악'이 단순한 철학적 사유의 대상 이상이었음을 목격하는 것이고, 그로부터 탄생한 그리스 비극에 대한 사유, 이후 펼쳐질 니체의 사상적 궤적을 이해하는 데 실감과 분위기를 제공하는 일이 될 것이다.

2

니체는 왜 그토록 미술에 무심했을까?

니체와 근대 미술

아름다움이라는 느린 화살 - 가장 고귀한 종류의 아름다움은 갑자기 매혹시키는 그런 아름다움이나 폭풍처럼 도취시키는 아름다움이 아니라 (…) 천천히 스며드는 아름다움이다.
- 『인간적인, 너무나 인간적인 1』, p.170.

'철학은 말하는 사유이고, 그림은 말없는 사유'라고 말했던 메를로 퐁티Merleau Ponty를 비롯해서 바타유, 하이데거, 푸코, 들뢰즈, 데리다 등 20세기 내로라하는 철학자들이 시각예술과 회화에 깊은 관심을 표명하고 다양한 저술을 남긴 것과는 매우 다르게, 니체의 시각예술에 대한 태도는 거의 '무관심'에 가까웠다.

그가 음악의 나라인 독일에서 태어나 자란 점이나 바그너, 브람스, 한스 폰 뷜로 등 당대 많은 음악가들과 교유하고 접촉한 점, 또 시각예술에 필수적인 '보는 능력(시력)'에 있어 그가 상당한 결함이 있었다는 점을 들어 그의 시각예술에 대한 무관심을 설명할 수 있을지 모르겠다. '예술'의 형이상학에 대해 그토록 많은 사유를 펼치고, 많은 말들을 책에 적어두었으면서 이토록 시각예술을 푸대접한 철학자가 또 있을까 싶다.

니체 철학에 내재된 '시각'의 문제를 연구한 게리 샤피로 Gary Shapiro 역시 니체는 시각예술의 핵심 문제나 쟁점에 대해 언급한 것이 거의 없다고 말한다. 그러면서도 니체의 저술들은 은연중에 '시각적 은유들로 가득 차 있는데, 그 중 몇은 대단히 정교화되어 있다'고 주장한다. 이러한 특징은 글자를 거의 읽을 수 없다고 불평했던 니체의 시력 쇠퇴와 관련 있을 거라고 부연하면서 말이다. [135]

시각예술에 무관심했음에도 니체가 자신의 저작들에 붙인 제목들을 보라. 하루 중 빛이 가장 극적인 순간인 해가 뜨고 지는 시간에서 착안한 『우상의 황혼』이나 『아침놀』 같은 제목은 시각적인 '인상'과 깊이 관련돼 있지 않은가? 한낮의 강렬한 햇살 아래 만물을 또렷이 드러내는 빛이란 계몽주의나 이성의 철학들이 추구하는 명료한 빛과 관련 있다.

이에 비해 니체가 자신의 저서에 붙인 이런 제목들은 '계몽주의의 너무 밝고 가상적인 빛에 대한 대안을 제공할 황혼의 미세한 명암 변화에 관심이 있었을'[136] 것이라거나 '윤곽이 희미해지고 대상들이 음영 속에 있고 플라톤 이래 철학자들이 추구해 온 완전한 현전이 발견될 수 없는 상황들의 가치를 시사'[137]하고 있는 빛들을 은유한다고 게리 사피로는 설명한다.

게리 사피로는 이 밖에도 니체 철학과 저서 곳곳에 보이는 '시각적' 표현을 꼼꼼히 살피려 시도하지만, 그 대상이나 내용만 봐도 그것이 본격적이라기보다는 암시적이고 해석적인 수준에 머무른다.

예술에 관한 니체의 사유가 집약적으로 서술된 『비극의 탄생』을 비롯해 니체 저작 전반에 걸쳐 조형예술과 화가, 조각가, 그 작품들에 대한 언급은 매우 불충분하고 모호하다. 『인간적인 너무나 인간적인』 2권 2장의 한 부분에서 바흐, 헨델, 하이든부터 베토벤, 모차르트, 슈베르트, 멘델스존, 쇼팽, 슈만에 이르기까지 거의 모든 주요 작곡가들에 대해 집중적인 논평을 한 니체였지만, 시각예술가들에게는 그런 충분한 지면을 할애한 곳이 보이지 않는다. 외젠 들라크루아Eugène Delacroix 같은 화가를 '표현의 광신자'나 '바그너의 변종' 등으로 평가하면서도 그를 전체적으로 긍정 평가한 것이나 뛰어난 풍경화가인 클로드 로랭Claude Lorrain에 대해 호감을 표시한 것 등이 그나마 니체 저작과 유고에 보이는 시각예술과 관련한 글들이다.[138]

니콜라 푸생Nicolas Poussin과 함께 17세기 프랑스를 대표하는 화가 클로드 로랭의 무엇이 니체에게 호감을 주었을까? 아직 서양 미술사에서 '풍경화'라는 것이 독립된 장르로 정립되지 않았던 시기에 니콜라 푸생과 클로드 로랭은 자신들의 그림 속에 풍경을 즐겨 그려 넣은 화가들이었다.

그러나 그들의 그림을 온전한 '풍경화'로 정의하기는 어렵다. 대개 역사적 사실이나 성서, 신화 관련 이야기에서 그 소재를 취한 두 화가는 묘사하는 사건의 정경을 표현하기 위한 배경에 풍경을 그려 넣은 정도였다. 로랭의 작품인 〈항구, 성 우르술라의 출항〉이나 〈클레오파트라의 상륙〉 같은 역사화들 속 풍경이라는 것도 직접 눈으로 보고 그린 '사생寫生'에 의한 것이라기보다 어느 정도는 기억과 관습, '상상'의 지배를 받아 그려 넣은 것들이었다.

서양미술사에서 '풍경화'라고 할 만한 것이 나타난 것은 푸생과 로랭 사후 그들에게 영향을 받은 19세기 영국의 존 컨스터블John Constable이나 윌리엄 터너William Turner, 그리고 19세기 프랑스의 바르비종파 화가들에 와서였다. 클로드 로랭이 니체의 호감을 준 부분은 그러므로 조형예술이 추구하는 본질에 의한 것이라기보다 다소 문학적이고 상징적이며 우의적인 것이 아니었을까 싶다.

역시 상징이나 알레고리적인 관점에 의해 니체가 감명과 호감을 표시한 또 다른 화가로 독일의 화가이자 판화가인 알프레히트 뒤러Albrecht-Düre를 꼽을 수 있다. 1870년 성탄절 무렵, 한참 우호적인 관계에 있던 바그너에게 니체는 뒤러의 동판화인 〈기사, 죽음, 그리고 악마〉의 복제판을 선물했다. 역경을 이겨내는 독일인의 신념과 용기를 상징하여 독일에서 민족주의를 고취하는 이미지로 널리 사랑받아 온 그림이다.[139]

『비극의 탄생』의 한 구절에서도 니체는 이 그림에 대해 '이렇게 아무런 위로도 발견하지 못하고 고독한 자는 뒤러가 우리에게 그려준 〈죽음과 악마를 거느린 기사〉보다 자신의 신세에 대해 더 적합한 상징을 선택할 수 없을 것이다'(『비극의 탄생』, p.250)라고 하며 '뒤러의 기사'를 '우리의 쇼펜하우어'라 설명하고 있다. 이 그림 역시 상징과 알레고리가 짙은 그림인 셈이다.

이 동판화 작품은 최근 인천 송도에 문을 연 국립세계문자박물관 개관 기념전인 뒤러의 판화 전시 〈문자와 삽화〉 전에도 전시돼 작품을 직접 관람할 수 있었다. 뒤러의 대표작인 〈멜랑콜리아1〉, 〈서재의 성 히에로니무스〉 등과 함께 걸린 이 작품을 보며 그림의 무엇이 니체의 마음을 끌었을까 생각해 보았다. 죽음에 용감히 맞서는 기사의 당당하고 늠름한 태도와 기상이 니체가 말한 초인의 이미지와 부합했기 때문은 아니었을까.

이 그림에 대해 니체가 '나는 화가적인 표현에 즐거움을 만끽한 적은 매우 드물다'고 말한 뒤, 그러나 이 그림은 '내게 가까이 있고, 어떤 말로 표현할 수 없었다'고 극찬한 부분을 들어 정낙림역시 '니체는 뒤러의 동판화가 영웅적이고 염세적인 삶의 태도를 상징적으로 표현하는 것으로 해석'하고 있다고 설명한다. 덧붙여 '니체는 자신의 후기사상에서 매우 중요한 역할을 하는 '위대한 개인'에 대한 하나의 전형을 뒤러의 기사에게서 보지는 않았을까?'[140]라며 이 그림을 해석하고 있다.

알프레히트 뒤러, 〈기사, 죽음, 그리고 악마〉, 1513, 동판화

　이밖에도 니체는 자신의 저작이나 유고에 짤막하게 라파엘로, 미켈란젤로, 레오나르도 다빈치 등에 대해 논평한다. 『비극의 탄생』에서 라파엘로의 작품인 〈그리스도의 찬란한 변용〉을 들어 '불멸의 소박한 예술가들' 중의 하나(『비극의 탄생』, p.81)라며 화가를 극찬한 니체는 다른 글에서 미켈란젤로를 이중적인 잣대로 보면서도 라파엘보다 높이 평가한다. 그런가 하면 '레오나르도 다빈치는 미켈란젤로보다 더 뛰어나며 창작의 유연성과 힘에 있

어서 최고봉'이라 극찬한다.

그러면서도 레오나르도 다빈치를 '매력적이며 파악하기 어려운 사람, 그리고 상상할 수 없는 사람', '수수께끼 같은 사람', '최초의 유럽인' 등으로 표현하고 있다.[141] 그러나 니체는 다빈치의 개별 작품을 거론한 적이 없을뿐더러 이러한 평가들에 대한 구체적인 부연 설명도 하지 않았다. 니체의 조형예술과 화가들에 대한 평가, 미술에 대한 관심 여부는 여전히 모호한 수준에서 파악할 수밖에 없다.

여러 화가에 대해 단편적으로 언급했지만 어느 화가나 작품도 깊이 있는 분석이나 평가를 한 적이 없었던 점으로 미루어 보면, 니체는 미술에 대한 조예나 심미안이 깊지 않았다고 봐도 될 것 같다. 음악과 연극에 대한 그만의 예술론을 펼치는 가운데 니체는 가사나 대사, 언어로 이루어진 '서사'적 요소보다 희열과 전율, 도취를 불러일으키는 비언어적인 예술을 찬양했다. 그런 그가 상징과 우의를 통해 어느 정도 서사적 형식을 취하는 로랭이나 뒤러의 그림에 호감을 보인 것은 다소 모순적으로 여겨지기도 한다.

클로드 로랭이 그렸던 서사와 조형성이 분명한 그림보다 (만일 그가 그림을 접했다면) 영국 작가 윌리엄 터너의 〈노예선〉(1840) 같은 그림을 더 좋아하지 않았을까. 경계와 색채의 정교한 묘사가 사라지고, 형상figure과 배경ground이 격렬하게 뒤섞이는 무아와 위험의 순간 같은 것, 또 그것과 싸우는 선박의 용감성 같은 것 말이다.

　그러나 니체가 터너 같은 화가를 비롯한 다양한 화가들의 작품들을 제대로 접할 수 있었는지 의문이다. 1876년 이후 니체의 저술에는 미술관에 관한 언급이 거의 등장하지 않는데, 지독한 근시였던 니체는 '회화를 주로 복제화와 석판화를 통해서 접했고 피상적 지식밖에 없었다'고 하니 말이다.[142]

3

니체를 사랑한 예술가들
니체와 20세기 아방가르드 예술 운동

네가 가르치려고 하는 진리가 추상적이면 추상적일수록, 너는 감각을 더욱
더 그 진리 쪽으로 유혹해야만 한다.
- 『선악의 저편』, p.121

    20세기 이래, 오늘날의 세상을 만든 철학자, 사상가로 흔히 3
명의 '회의의 거장'을 꼽는다. 인간과 세상의 본질을 '계급투쟁'
의 관점으로 파악한 마르크스, '성적인 충동'으로 본 프로이트,
그리고 '힘에의 의지' 같은 것으로 본 니체가 그들이다. 세 거장
은 그때까지 서구사회가 구축해 온 사회와 문화, 사상에 대해 근
본적인 회의를 제기하고 이를 철저히 분석함으로써 자신들만의
견고한 사유 체계를 구축해 20세기 이래 막대한 영향력을 미쳤
다. 나아가, 이들의 사상은 예술 작품을 창작하고 해석하는 데에
도 중요한 준거 틀을 제공했다.
    그런데 이상한 일이다. 문학과 예술 작품을 해석하는 데에 마

르크스(정치경제학) 비평이나 프로이트(정신분석학) 비평은 (구조
주의, 후기 구조주의 비평과 더불어) 꽤 견고한 이론 체계를 구축해
지금까지도 인문, 사회과학의 영역에 깊숙한 영향력을 행사하는
데 비해, '니체 비평'이라 할 만한 것은 잘 보이지 않는다. 니체는
주로 철학의 영역에서만 다루어질 뿐 예술 작품을 해석하고 비평
하는 데에는 적합하지 않은 방법론으로 여겨지는 것만 같다.

그러나 마르크스, 프로이트를 비롯한 어느 철학자들과 견주어
도 니체는 그 누구보다 예술에 깊은 관심을 가졌고 그 중요성을
강조해 왔다. 소크라테스의 학문주의에 반기를 들어 '예술가 형
이상학'을 주장한 것이 니체가 아니던가. 또 니체에게 깊은 영향
을 받은 푸코, 데리다, 들뢰즈 같은 후기 구조주의 철학자들의 이
론이 예술 비평에 널리 소환되고 있지 않던가. 이에 비해 니체의
철학은 그렇지 못하다. 무슨 까닭일까?

숙고해 보건대, 니체의 철학은 '비평' 작업을 수행하기보다 '창
작'의 에너지를 제공하는 데 더 적합한 철학이 아닐까 생각한다.
비평이란 하나의 일관된 이론적 체계를 구축하여 그것을 통해 작
품과 현상, 그 의미를 통찰하고 해석하는 작업일 터인데, 니체는
그 일관되고 논리적인 '체계'를 늘상 거부했다.

나는 체계주의자들을 모두 불신하며 피한다. 체계를 세우려는
의지는 성실성이 결여되어 있다.(『우상의 황혼』 p.81)

니체 철학이 '체계 없음'을 특징으로 하는 철학이란 것은 앞에서도 설명한 바 있거니와 이러한 체계의 해체야말로 비평보다는 창작 작업에 더 적합한 영감을 제공했을 것이다. 또 니체는 세상의 모든 철학은 철학자 개인의 해석에 불과하다고 말하며 관점주의에 입각한 진리의 상대성을 강조해 왔다.

20세기에 만개한 모더니즘을 그 이전 예술과 확연히 구분 짓는 것이 있다면 그것은 '재현 representation'에 대한 거부, 혹은 무관심이라 할 수 있을 터다. 이러한 과감하고 과격한 운동을 '아방가르드 Avant-garde'라 부를 수 있다면 니체는 아방가르드 운동의 철학과 사유를 제공한 예언적 철학자라 할 수 있을 것이다.

니체 사후 니체의 철학에 영향을 받은 화가, 작가들은 광범위하게 존재했다. 그들이 니체 철학을 깊이 읽고 제대로 이해했는지는 별개의 문제로 하고, 많은 예술가들이 니체의 단편적인 통찰이나 문장, 기행 따위에도 영향을 받아 자신의 작품에 이를 표현하고자 했다. 니체의 격정에 찬 문체와 모골 송연하게 만드는 아포리즘, 그의 독특한 사유 방식은 기성의 관습과 체계에 도전하는 아방가르드 예술가들에게 정신적 지침이 되었을 것이다.

그 어떤 예술가보다 니체와 빠르고 긴밀하게 연결된 예술가는 습작 작품을 포함해 니체의 초상화를 네 점 가량 남긴 노르웨이 화가 에드바르 뭉크였다. 토리노 광장에서의 정신 발작으로 니체가 모든 활동을 그만둘 즈음인 1890년대를 전후해, 덴마크의 게

오르그 브라네스 등의 학자들을 중심으로 니체가 '새로운 시대를 여는' 철학자로 조명되고 니체 철학이 폭발적으로 인기를 끌었던 지역은 무엇보다 북유럽이었다.

브라네스로 촉발된 니체 열풍은 곧이어 (〈인형의 집〉의 작가인) 헨리크 입센Henrik Johan Ibsen과 더불어 북유럽을 대표하는 극작가로 떠오른 아우구스트 스트린드베리가 이어받았다. 니체 생전에 교류가 있을 뻔했지만, 당시엔 니체에 대해 냉담했던 스트린드베리는 이후 니체에 심취해 그의 철학적 흔적을 엿볼 수 있는 「미스 줄리」(1893) 같은 희곡작품을 발표한다.

그는 또한 '검은 새끼돼지'라는 자유분방한 보헤미안들의 모임을 이끌며 니체의 명성을 널리 알렸다. 이 모임에 한 노르웨이 화가가 찾아오고, 스트린드베리는 그에게 니체의 책을 소개해준다.[143] 〈절규〉(1893)라는 그림으로 세계적 명성을 누리게 되는 에드바르 뭉크였다. 니체가 산송장으로 자기 집에 갇혀 살던 1893년 무렵, 니체의 명성과 인기는 북유럽을 넘어 유럽 각지로 걷잡을 수 없이 퍼져나가고 있었다.

이런 니체 열풍에 힘입어 화가 뭉크는 뒤늦게 니체에게 관심과 호감을 갖게 됐다. 뭉크의 대표작 〈절규〉 역시 신이 죽은 뒤에 맞게 된 인간의 실존적 공포를 표현한 것으로도 해석된다.

니체 사후인 1904년에는 바이마르에 살고 있던 니체의 여동생 엘리자베스를 직접 방문하기도 했다.[144] 그리고 유명한 니체의

에드바르 뭉크, 〈프리드리히 니체〉, 1906, 유화

초상화를 남겼다. 당시 열렬한 니체 추종자였던 어니스트 티엘
Ernest Thiel이라는 백만장자의 주문 형식으로 뭉크가 니체의 초상을
그린 것이다.

니체를 그린 뭉크의 그림들은 전문가들 사이의 평가가 엇갈리
지만 예술적 완성도 측면에서 대체로 부정적인 평가를 받고 있
다. 의뢰와 계약에 의한 한계도 있고 또한 주문자인 티엘과 니체
의 여동생 엘리자베스의 간섭도 일정 정도 작용한 것으로 추측된

다.[145] 뭉크는 엘리자베스 푀르스터의 초상화도 한 점 남겼다.

그런데 뭉크는 과연 니체의 철학을 제대로 이해했으며 니체 사상을 그림에 적절히 표현했을까? 이 점에 대해서도 논란은 분분하다. 대체로 뭉크를 니체주의자로 보기에는 많은 한계가 있음이 지적된다. 뭉크가 오랫동안 니체의 『차라투스트라』를 읽고 그에 관심을 보여 온 것은 사실이고, 그의 그림 속 배경에 『차라투스트라』에 묘사된 풍광을 고려한 것도 사실이다.

그러나 뭉크 스스로 니체와 자신의 작품과의 관련성에 대해 침묵한 점이나 그가 니체 철학에 정통하지 않은 점, 또 뭉크의 그림이 니체가 비판한 상징주의적 요소를 많이 포함하고 있다는 점에서 그의 한계를 지적할 수 있을 것이다. 당시 북유럽 지성계에 퍼져 있던 니체 신드롬에 뭉크가 편승했을 뿐이라는 것이 비판적 연구자들의 주장이다.[146]

니체가 설파한 대로 니힐리즘과 생의 고통을 극복하기는커녕 뭉크의 그림 속엔 북유럽 특유의 춥고 어두운 날씨를 반영한 듯 음울하고 슬픈 정서가 가득하다. 〈병든 아이〉를 비롯해, 〈사춘기〉, 〈뱀파이어〉, 〈절규〉 등 그의 대표작들을 보면, 죽음의 그림자가 화폭에 이토록 짙게 드리운 화가도 드물 것 같다.

니체 사후 그의 초상화나 그의 조각상을 제작한 미술가들도 있고, 니체로부터 영향을 받았다는 조형예술가들도 있지만 과연 그들이 니체의 사상과 철학을 제대로 이해하고 구현했는가에 대해서는 세심한 검토가 필요하다. 니체가 직접적으로 그 자신만의 '조형예술론'을 펼치지 않은 상황에서 그들의 작품을 니체주의와 연결시키거나 무관함을 단정하기에는 많은 어려움이 따른다.

그러나 20세기 현대미술사에서 니체의 영향을 받았다고 주장하거나 그럴 것으로 추정되는 예술 사조는 셀 수 없이 많다.

니체의 관점주의에 영향을 받은 복수적 시점의 큐비즘, '차라투스트라-스틸'이라고 불린 유켄트스틸, 니체의 '극복인'의 이념을 구현한 '미래주의 선언', 그 운동의 주창자들로부터 '선구자', '삶의 개혁자'로 숭앙받은 다다이즘 운동에서의 니체, 또 『차라투스트라』의 한 구절인 '인간은 하나의 다리이지 목적이 아니며'라는 말에서 그룹의 명칭을 따온 다리파, '추醜의 미학'을 추구한 오토 딕스Otto Dix 같은 표현주의자들, 몸의 철학을 비롯해 니체의 담론 곳곳에서 작품의 아이디어를 얻은 초현실주의자들, 스스로 니체주의자임을 천명하며 작품 활동을 펼친 플럭서스 운동[147]의 요셉 보이스Joseph Beuys 등 이들 20세기 아방가르드 예술가들에게 끼친 니체의 영향력은 매우 포괄적이고 광범위했다.[148]

그러나 20세기 조형예술에서 나타나는 이러한 풍부한 니체적 자산에도 불구하고 이들 사조와 예술 운동이 니체가 추구한 (조형)예술의 의미나 원리에 입각한 것인지는 역시 의문으로 남는다. 이는 물론 디오니소스적 예술인 음악과 비극에 대해서는 비교적 상세하게 언급했지만 조형예술에 대해서는 니체가 그만큼 충분한 언급을 하지 않았다는 사실에서 비롯된다.

『비극의 탄생』에서 '아폴론적인 예술'로 정의한 조형예술에 대해 니체가 거의 무심하다 할 만한 태도를 보인 것은 니체의 예술 철학을 이해하는 데에 큰 공백으로 남아 있다. 그러나 니체 생존 시부터 사후까지, 또 오늘날에 이르기까지 수많은 화가, 작가, 무용가, 예술가들이 자신의 작품과 아이디어들을 니체로부터 가져왔노라고 공공연하게 증언하는 것을 본다면 니체가 음악 이외 다양한 예술 분야에 끼친 영향력은 막대하고 강력한 것이었다.

니체가 선호한 음악과 무용 분야에서 본다면, 앞서 언급한 쇤베르크 외에 니체 당대의 작곡가 리하르트 슈트라우스, 또 구스타프 말러 Gustav Mahler 와 쇤베르크의 제자들 역시 자신들의 음악에서 니체의 영향력을 증언하고 있다. 이사도라 던컨, 마리 비그만 Mary Wigman, 머스 커닝엄, 루돌프 본 라반 등 니체의 몸 철학에 고무된 현대무용에도 그의 그림자는 짙고 선명하다.

각기 다른 예술 영역에서 니체의 영향력은 다양한 방식으로 표출되었다. 니체 철학의 핵심을 이루는 '차라투스트라'의 세계와 '힘에의 의지', '초인', '모든 가치의 전도' 등 그의 주요 담론에서 비롯된 것들도 있고, 『차라투스트라』와 같은 저작의 일부 구절로부터 영감을 받기도 했다.

『마의 산』,『파우스트 박사』의 토마스 만이나『황야의 이리』의 헤르만 헤세 같은 독일 작가와 20세기 동서양의 많은 소설가, 작가들도 니체의 정신적 유산으로부터 자유로울 수 없다. 한때 니체의 열렬한 숭배자이기도 했던 노벨문학상 수상 작가 버나드 쇼 Bernard Shaw는 대표 희곡인「인간과 초인간」의 제목에서부터 니체의 '초인(간)'을 빌려오고 있다. 역시 노벨문학상을 받은 알베르 카뮈는『시지프 신화』를 통해 '영원 회귀'의 고통 속에 놓인 시지프의 형벌을 현대인의 삶에 빗대어 설명하기도 했다.

니체보다 열아홉 살 연하인 프랑스 소설가 앙드레 지드 André Gide 의 잠언적 에세이『지상의 양식』(1896)에도 니체의 숨결이 감지된다. 니체와 마찬가지로 아포리즘을 위주로 한 복합적인 문체도 그렇고, 예수의 한 제자로부터 이름을 가져와 '나타니엘이여'하고 되풀이 호명하며 예언적인 목소리를 토해내는 모습도 니체의 차라투스트라를 떠올리게 한다.

신에 대한 거듭되는 언급이나 바닷가의 모래를 맨발로 느껴볼 것을 권유하며 '감각으로 느껴보지 못한 일체의 지식이' 모두 쓸데없는 것이라 말하는 대목에서도[149] 니체 철학과의 유사함이 느껴진다. 비록 작가를 비롯한 많은 평자들이 이 책이 니체와 무관함을 밝히고 있지만, 그렇다면 당대 유럽의 공기를 함께 나누었다는 점에서 두 작가를 함께 연결시킬 수도 있지 않을까?

순전히 가설 수준의 생각이겠지만 20세기 부조리극의 대표작품인 사무엘 베케트 Samuel Beckett의 〈고도를 기다리며〉에도 니체의 체취를 느낄 수 있지 않을까? 신이 죽은 뒤 황량함이 느껴지는 시골길에서, 오늘도 오지 않은 '고도' 씨를 기다리며 무의미한 요설과 행동을 반복하는 두 주인공 블라디미르와 에스트라공의 하루를 영원 회귀에 갇힌 운명과 비극으로 볼 순 없을까? 또 어떤 작품들을 니체의 눈으로 바라볼 수 있을까? 비록 마르크스주의 비평이나 프로이트의 비평처럼 니체적 비평이라 할 만한 체계적 방법론은 정립되지 않았지만, 니체의 사유와 개념들로 현대의 예술 작품들을 읽고 해석해 보는 것도 의미있는 일이 아닐까?

AI와 함께 살아가야 할,
인생이 묻고 니체가 답하다

너는 같이 가기를 원하는가? 아니면 앞서 가기를 원하는가? 아니면 홀로 가기를 원하는가?
- 『우상의 황혼』, p.85.

1.

카메라가 발명된 지 반세기가 지났지만, 영화가 발명되기까지는 몇 해를 더 기다려야 했다. '펜'이 아니라 타자기로 글을 쓰기가 가능했고, 축음기로 바그너의 음악을 들을 수 있던 때였다. 전신, 전화, 자동차가 발명되어 이미 생활 영역으로 밀고 들어오던 시대였다. 뉴턴이 제시한 절대시 된 시간과 공간 개념, 데카르트에서 정점을 이룬 주체와 타자에 대한 관념들이 도전받으려면 이삼십 년을 더 기다려야 했다. 니체가 정신적으로 사망한 1889년 무렵, 유럽의 공기가 그러했다.

그런 니체가 요즘 뜨거운 화두인 인공지능이나 로봇 같은 걸 상상한다는 건 불가능에 가까웠을 것이다. 개인용 컴퓨터와 인터넷, 스마트폰이 보편화되면서 '가상'이 일상의 한 영역이 된 것도 상상할 수 없었을 터다. 그런 니체에게 지금, 여기의 삶에 대해 물어도 좋을까?

미래학자 레이 커즈와일Raymond Kurzweil이 제안한 '특이점singularity'은 인간이 만든 기술이 인간을 넘어서는 순간을 의미하는 데 차용한 용어인데, 근래 인공지능과 관련해 자주 소환되는 개념이다. 특이점의 순간이 날로 앞당겨지고 있다는 것이다.

영화 〈2001 스페이스 오디세이〉에 등장한 인공지능 할HAL처럼 인공지능이 비로소 모종의 '힘에의 의지'를 가지게 되면 그 순간이 인류를 위협하는 특이점이 되는 것일까? 애니메이션 영화 〈공각기동대〉가 보여준 것처럼, 인간의 정신(영혼, 기억)만 온전히 보존된다면 공장에서 생산된 육체를 구입해 바꿔 쓰는 것이 가능한 때가 올까? 그렇다면 니체보다 여전히 데카르트가 옳은 것일까?

한편으론 더욱 심화된 생태학적 관점에서 사람만이 아니라 동물과 식물, 심지어 사물에 이르기까지 '비인간 타자'의 역동성과 능동성을 주장하는 사유들이 철학의 최전선을 이루는 시대이다. 여기에 니체의 철학이 연결될 수 있을까? 니체가 이런 사유들의 바탕에 어떤 역할을 한 것일까?

이미지 생성 AI가 그림, 사진은 물론 동영상 콘텐츠를 뚝딱 만들어내고, 웹소설과 웹툰도 순식간에 써내는 이런 시대에 니체가 '학문'보다 윗길로 쳤던 '예술'을 한다는 것은 무슨 의미일까? 여전히 예술은 인간만의 특권일까? 다가오는 불안하고 심난한 미래를 앞에 두고 니체를 읽는다는 것은 무슨 의미일까? 아니, 이런 시대에 철학을 읽고 공부한다는 것은?

철학자 김재인은 인공지능이 따라오거나 넘어설 수 없는 인간만의 강력하고도 유일한 무기, 생각의 근력을 키우기 위한 인류 최고의 발명품이 '글쓰기'라고 말한다.[150]

인간은 생각의 집약체인 글쓰기를 통해 문명을 만들고 다른 종을 압도해 왔다. 니체가 '피로 쓴 것만'을 인정하겠다고 말했을 때, 그의 글쓰기는 보통 인간이 수행하거나 감당할 정도의 글쓰기일까? '초인'쯤 되는 존재가 쓰는 글이 그가 말한 '피로 쓴' 글일까?

인공지능이 놀라운 속도로 '힘'을 증식시켜 나가는 이때에 사태를 더욱 심각하게 만드는 것은 인간의 '문해력literacy' 저하에 있다. 이나다 도요시가 쓴 『영화를 빨리 감기로 보는 사람들』이란 책을 보면 영상물을 '빨리 감기'로 시청하는 것이 특정한 사람들의 별난 행동이 아니라 우리 시대에 보편화되어가는 문화라는 것이다. 100분짜리 영화를 단 몇 십 분 만에 보게 됨으로써 우리가 얻는 것은 무엇일까? 인간은 이런 것으로 더 고양될 수 있을까?

이나다 도요시는 이제 사람들이 보는 것이 더 이상 '예술작품'

이 아니라 '콘텐츠'가 되었고, 작품을 '감상'하는 것이 아닌 콘텐츠를 '소비'하는 행동이 되었다고 말한다. 깨알 같은 글자로 채워진 묵직한 소설책이나 때때로 지루한 부분들을 감내해야 할 음악과 공연들은 상업 논리에 배제되고, 쾌락적이고 자극적인 콘텐츠들만 난무하는 세상이 되어가고 있다.

인공기능이 '힘'을 키워가는 가운데, 인간지능은 문해력의 저하를 맞으며 시들해지고 있는 것은 아닐까. 이러한 때 니체가 말한 '피로 쓴' 글과 작품은 가능할까?

2.

2019년에 『인생이 묻고 톨스토이가 답하다』를 쓴 뒤 곧바로 니체와 드잡이를 한 지난 다섯 해는 여느 다섯 해와 달랐다. 전대미문의 전 지구적 팬데믹을 겪었고, 세상 곳곳이 전쟁터로 돌변해 국제정세의 불확실성이 커졌으며, 인공지능에 의한 세상의 변화가 급격해진 시기였다.

개인적으로는 집안에 어른이 돌아가 상심의 시간을 보냈고, 뒤늦게 시작한 공부에 끌려 다니며 니체와 멀어졌다가 가까워졌다가를 반복했다. 결국 이렇게 한없이 부족하고 부끄러운 책을 세상에 내놓는다.

책을 쓰며 오히려 니체와 적절한 거리가 생긴 것 같다. 니체를 알수록 그를 받아들이기 힘든 부분들이 늘어났다. 물론 그에 대해 더 긍정하고 잘 알게 된 부분도 많지만 말이다. 이 책은 그러므로 니체에 무비판적인 찬사나 그의 말들을 떠받들기보다 그를 나름대로 비판적으로 독해해 보려는 시도에 가깝다. 책의 어떤 장은 니체와 관련해 어디서도 다루지 않은 부분도 있고, 그래서 질타와 비판을 받을 부분도 있을 것이다. 하지만 니체의 말에 힘입어 용기를 내어 본다.

읽을수록 미궁에 빠지기만 했던 니체에 대해 뭔가 쓰는 일은 무엇인가에 끊임없이 '미끄러지는' 일이기도 했다. 이제 니체와 좀 더 떨어지게 되면 니체를 더 잘 볼 수도 있을 것도 같다. 니체와 함께 했던 이 시간들이 영원 회귀로 무한히 반복된다면 어떨까? 니체를 더 깊이 알게 될까? 지속되는 니체적인 망각에 빠지게 될까? 알 수가 없다. 그런 사람이 니체니까.

책과 함께 보면 좋은 니체 연보

1844년 10월 15일. 프리드르히 빌헬름 니체, 작센 지방 뢰켄에서 출생. 목
사인 부친 카를 루트비히 니체와 모친 프란치스카 윌러의 장남으
로 태어남.

1846년 7월 10일. 여동생 엘리자베스 니체 출생.

1849년 7월 30일. 부친, '뇌연화증'으로 사망.

1854년 나움부르크 기독교 학교에 입학.

1858년 슐포르타에서 가을부터 학업 시작. 1864년 가을까지 다님.

1864년 슐포르타를 졸업한 뒤, 10월 본대학교에 입학하여 신학과 고전문
헌학 전공.

1865년 본대학교를 떠나 라이프치히대학교 입학. 신학을 그만두고, 프리
드리히 리츨 교수 밑에서 고전문헌학을 공부함. 쇼펜하우어를 알
게 됨. 쾰른의 사창가에 가게 됨.

1867년 군 복무.

1868년 리하르트 바그너의 곡들에 매료됨. 11월 바그너와 처음 만남.

1869년 스위스 바젤대학교에서 고전문헌학 객원 교수로 임명됨. 루체른
트리브쉔 저택에서 바그너와 코지마를 만나고 활발히 교류.『음
악 정신에서 나온 비극의 탄생』에 관한 노트 작성.

1870년 바젤대학교의 정교수로 임명됨, 고대 그리스 비극에 대해 강의
함. 7월에 프랑스-프로이센 전쟁에 위생병으로 지원함. 디프테리
아와 이질에 걸려 제대하고 바젤로 돌아옴.

1871년 『음악 정신으로부터의 비극의 탄생』 집필.

1872년 『비극의 탄생』 출간되지만 사방에서 혹평을 받음. 바이로이트 축
제를 위해 분주해진 바그너와 활발한 교류

1873년 『반시대적 고찰』 1부 출간.

1874년 『반시대적 고찰』 2, 3부 출간.

1875년 건강이 극히 악화됨. 평생 조력자인 페터 가스트(하인리히
쾨젤리츠) 만남.

1876년 『반시대적 고찰』 4부 출간. 루이제 오토와 연애 감정을 느끼고, 마
틸데 트람페다하에게 청혼하지만 거절당함. 바그너와 마지막으
로 만남. 『인간적인 너무나 인간적인』 집필 시작.

1878년 『인간적인 너무나 인간적인』 1부를 출판해 바그너에게 보내고,
바그너는 〈파르지팔〉 대본을 완성해 니체에게 보냄. 두 사람의
관계가 악화됨.

1879년 『인간적인 너무나 인간적인』 2부 출판. 5월, 건강을 이유로 바젤
대학교 교수직을 사임, 이후 연금을 받음. 118일간 극심한 두통에
시달림.

1880년 휴양을 위해 이탈리아 여러 곳 여행. 이후 니스, 베니스, 로마, 토
리노 등을 전전함.

1881년 『아침놀』 출판. 여러 도시를 여행하던 중, 처음 실스마리아를 방
문하고 영원 회귀에 대한 아이디어를 떠올림. 차라투스트라에 대
한 언급 등장. 비제의 〈카르멘〉을 봄. 스피노자를 알게 됨.

1882년 『즐거운 학문』 출판. 4월, 로마에서 루 살로메, 파울 레와 만나 어
울림. 루 살로메에게 청혼하지만 거절당함. 루와 레가 니체를 따
돌리고 달아나며 관계 깨짐. 고통을 잊기 위해 아편 복용.

1883년 1월, 『차라투스트라』의 1부, 2부, 3부를 차례로 완성함. 바
그너 사망. 여동생 엘리자베스, 반유대주의자인 베른하르
트 푀르스터와 약혼 계획 알림.

1884년 『차라투스트라』 3부 출판. 책들의 판매 부진으로 출판업자와 갈

등. 메타 폰 잘리스, 레스 폰 시른호퍼 등의 여성과 만남.

1885년 자비로 『차라투스트라』 4부를 소량 출판. 엘리자베스, 푀르스터와 결혼.

1886년 『선악의 저편』 자비 출판. 출판업자 에른스트 빌헬름 프리취에 의해 『비극의 탄생』, 『아침놀』, 『인간적인 너무나 인간적인』 2부를 재출간함.

1887년 도스토예프스키의 작품들을 접함. 루 살로메가 써준 시에 곡을 붙이고 악보집 펴내 공연을 시도하지만 성공하지 못함. 『도덕의 계보』 출판. 『아침놀』, 『즐거운 학문』 증보 출판.

1888년 덴마크의 문예비평가 게오르그 브라네스가 코펜하겐에서 니체를 주제로 강연 한 뒤, 니체는 마침내 대중의 찬사를 받음. 이탈리아 토리노로 가서 『바그너의 경우』, 『우상의 황혼』, 『안티크리스트』, 『이 사람을 보라』, 『디오니소스 송가』, 『니체 대 바그너』 등의 책들을 잇달아 집필함. 『힘에의 의지』는 집필 중 중도에 그만둠. 정신이상 증세를 보이기 시작함.

1889년 1월 3일, 토리노의 카를로 알베르토 광장에서 정신을 잃고 쓰러짐. 정신병원으로 옮겨짐. 판단력과 언어 능력에 이상이 옴. 『우상의 황혼』 출간됨.

1896년 니체의 책들이 유럽에서 큰 주목을 받음. 리하르트 슈트라우스가 〈차라투스트라는 이렇게 말했다〉를 교향시로 만들어 초연함.

1897년 모친 프란치스카 사망. 엘리자베스가 바이마르에 니체 문서보관소(Archiv) 세움.

1900년 8월 25일 니체 사망. 뢰켄의 가족묘에 안장됨.

1901년 엘리자베스가 니체의 유고를 임의로 편집해 『힘에의 의지』 초판을 냄.

1908년 『이 사람을 보라』 출간됨.

1919년 나치의 열성 당원인 사촌 막스 욀러가 니체 문서보관서의 책임자가 됨.

1933년   히틀러가 니체 문서보관서를 방문함. 엘리자베스는 니체의 지팡이를 그에게 선물함.

1935년   엘리자베스 사망. 히틀러가 장례식에 참석해 화환을 내려놓음.

1961년   마르틴 하이데거, 『니체』 출간

1962년   질 들뢰즈, 『니체와 철학』 출간

1964년   프랑스 루아이요몽에서 들뢰즈, 푸코 등이 주도한 니체 관련 콜로키움 개최.

1960년대 후반 ~ / 『니체 전집』 간행 작업

책에 인용한 니체 관련 주요 저서 출처

| 참고 문헌들 |

1. 니체의 주요 저작들

- 『비극의 탄생』, 박찬국 옮김, 아카넷, 2007.
- 『인간적인 너무나 인간적인』(니체전집 7,8), 김미기 옮김, 책세상, 2001.
- 『차라투스트라는 이렇게 말했다』, 이진우 옮김, 휴머니스트, 2020.
- 『선악의 저편 / 도덕의 계보』, (니체전집 14), 김정현 옮김, 책세상, 2002.
- 『우상의 황혼 / 안티크리스트 / 이 사람을 보라 외』(니체전집 15), 백승영 옮김, 책세상, 2002.
- 『권력에의 의지』, 이진우 옮김, 휴머니스트, 2023.

2. 니체 관련 국내외 저술

- 수 프리도, 『니체의 삶』, 박선영 옮김, 비잉, 2020.
- 이보 프렌첼, 『니체』, 박광자 옮김, 행림출판, 1984.
- 칼 구스타프 융, 『칼 융, 차라투스트라를 분석하다』, 김세영, 정명진 옮김, 부글북스, 2017.
- 피에르 클로소프스키, 『니체와 악순환』, 조성천 옮김, 그린비, 2009.
- 마리오 라이스, 『니체가 사랑한 여성들』, 정영도 옮김, 한국문화사, 2015.

- 조르주 리에베르, 『니체와 음악』, 이세진 옮김, 북노마드, 2016.
- 박찬국, 『니체를 읽는다』, 아카넷, 2015.
- 고명섭, 『니체 극장』, 김영사, 2012.,
- 고병권, 『니체의 위험한 책, 차라투스트라는 이렇게 말했다』, 그린비, 2003.
- 김진석, 『니체는 왜 민주주의에 반대했는가』, 개마고원, 2000.
- 양해림 외 저, 『니체의 미학과 예술철학』, 북코리아, 2017.
- 진은영, 『니체, 영원 회귀와 차이의 철학』, 그린비, 2007.
- 최상욱, 『차라투스트라는 이렇게 말했다 메타포로 읽기』, 서광사, 2015.
- 강용수, 『니체 작품의 재구성』, 세창출판사, 2021.
- 이현우, 『너의 운명으로 달아나라』, 마음산책, 2017.
- 이진우, 『인생에 한번은 차라투스트라』, 휴머니스트, 2020.
- 김정현 외, 『동북아, 니체를 만나다』, 책세상, 2022.
- 심재민, 『니체, 철학 예술 연극』, 푸른사상, 2018.
- 한상연, 『그림으로 보는 니체』, 세창출판사, 2020.

3. 니체 관련 논문 및 기사

- 양대종, 「니체 철학에서 여성적 모티브에 대한 소고」, 니체연구 28집, 2014.
- 정낙림, 〈니체는 다윈주의자인가?-진화인가, 극복인가?〉, 〈니체연구〉 24집, 2013
- 김석원, 〈그로테스크와 니체의 '사티로스'에 나타난 웃음의 역할〉, 〈미술문화연구〉 제19호, 2019.
- 이주노, 「노신과 근대사상 - 니체 사상의 수용을 중심으로」, 중국현대문학 23호, 2002

- 홍석표, 「이육사의 니체 수용과 루쉰」, 중국현대문학 제95호., 2020.
- 육영수, 「트랜스내셔널 지성사 다시 쓰기」, 세계역사와 문화연구 34호., 2015.
- 조은주, 「구인회의 니체주의」, 구보학보 16집., 2017.
- 김정현, 「1940년대 한국에서의 니체 수용」, 니체 연구 제26집, 2014.
- 이창민, 「묵시록의 관점에서 본 영화 〈토리노의 말〉」, 〈한국예술연구〉 제40호,2023.
- Rob Browning, 「Nietzsche among the Aliens in Kubrick's 2001: A Space Odyssey」, SCIENCE FICTION STUDIES, VOLUME 47, 2020.
- 니체, 〈라이프치히에서 보낸 2년에 대한 회고〉, 이상용, 네이버 지식백과, '니체' 항목.

4. 기타 인문학 서적

- 질 들뢰즈, 『들뢰즈가 만든 철학사』, 박정태 옮김, 이학사, 2007.
- 조셉 캠벨, 『천의 얼굴을 가진 영웅』, 이윤기 옮김, 민음사, 2018.
- 카렌 암스트롱, 『축의 시대』, 정영목 옮김, 교양인, 2010.
- 데이비드 마이클 레빈 외 저, 정연심 외 역, 『모더니티와 시각의 헤게모니』, 시각과언어, 2004.
- 마리아 베테니니 외, 『여행, 길 위의 철학』, 천지은 옮김, 책세상, 2017.
- 에릭 와이너, 『소크라테스 익스프레스』, 김하현 옮김, 어크로스, 2021.
- 제임스 네이모어, 『큐브릭 - 그로테스크의 미학』, 정헌 옮김, 컬처룩, 2016.
- 고장원, 『SF의 힘』, 추수밭, 2017.
- 곽차섭 외 지음, 『서양의 고전을 읽는다』, 휴머니스트, 2006.
- 박영욱, 『보고 듣고 만지는 현대사상』, 바다출판사, 2015.

- 박영욱, 『철학으로 현대음악 읽기』, 바다출판사, 2018.
- 김재인, 『AI 빅뱅』, 동아시아, 2023.
- 이나다 도요시, 『영화를 빨리 감기로 보는 사람들』, 황미숙 옮김, 현대지성, 2022.

5. 문학 및 고전 작품

- 아리스토텔레스, 『시학』, 천병희 옮김, 문예출판사, 1994.
- 니콜로 마키아벨리, 『군주론』, 강정인 외 옮김, 까치, 2003.
- 윌리엄 셰익스피어, 『맥베스』, 신정옥 옮김, 전예원, 1991.
- 윌리엄 셰익스피어, 『리처드 3세』, 신정옥 옮김, 전예원, 1996.
- 표도르 도스토옙스키, 『카라마조프가의 형제들』, 김희숙 옮김, 문학동네, 2018.
- 표도르 도스토예프스키, 『죄와 벌』, 장실 옮김, 학원사, 1988.
- 안톤 파블로비치 체호프, 『벚꽃동산』, 오종우 옮김, 열린책들, 2009.
- H. G. 웰스, 『타임머신』, 문예출판사, 2007.
- 앙드레 지드, 『지상의 양식』, 김화영 옮김, 민음사, 2007.
- 헤르만 헤세, 『황야의 이리』, 김누리 옮김, 민음사, 1997.
- 토마스 만, 『파우스트 박사』, 박병덕 옮김, 민음사, 2010.
- 니코스 카잔차키스, 『그리스인 조르바』, 이윤기 옮김, 열린책들, 2008.
- 밀란 쿤데라, 『참을 수 없는 존재의 가벼움』, 이재룡 옮김, 민음사, 2009.
- 로버트 M. 피어시그, 『선과 모터사이클 관리술』, 장경렬 옮김, 문학과지성사

주

들어가며

1 조르죠 콜리(Giorgio Colli)의 말, 박찬국, 『니체를 읽는다』, 아카넷, 2015., p.145.

2 고명섭, 『니체 극장』, 김영사, 2012., p.11.

3 이진우의 해설, 니체, 『권력에의 의지』, 이진우 역, 휴머니스트, 2023., p.8.

4 박찬국, 『니체를 읽는다』, 아카넷, 2015., p.146.

5 고병권, 『니체의 위험한 책, 차라투스트라는 이렇게 말했다』, 그린비, 2003., p.88.

6 질 들뢰즈, 『들뢰즈가 만든 철학사』, 박정태 옮김, 이학사, 2007., p.272.

1부 니체는 스스로를 다이너마이트라 불렀다

7 수 프리도, 『니체의 삶』, 박선영 옮김, 비잉, 2020., pp.27~28. 이 책에서 니체의 전기적 사실에 관한 설명은 대부분 수 프리도의 책에 근거하고 있다.

8 수 프리도, 『니체의 삶』, 박선영 옮김, 비잉, 2020., p.47.

9 수 프리도, 『니체의 삶』, 박선영 옮김, 비잉, 2020., pp.423~424.

10 수 프리도, 『니체의 삶』, 박선영 옮김, 비잉, 2020., p.495.

11 수 프리도, 『니체의 삶』, 박선영 옮김, 비잉, 2020., pp.542~548.에서
    발췌.

12 프라도와 샹비쥐는 당시 유럽사회를 떠들썩하게 했던 살인자들이다.
    수 프리도, 위 책. p.539.

13 수 프리도, 『니체의 삶』, 박선영 옮김, 비잉, 2020,, p.189.

14 수 프리도, 『니체의 삶』, 박선영 옮김, 비잉, 2020., p.312.

15 수 프리도, 『니체의 삶』, 박선영 옮김, 비잉, 2020., p.468.

16 수 프리도, 『니체의 삶』, 박선영 옮김, 비잉, 2020, pp.429-430.

17 수 프리도, 『니체의 삶』, 박선영 옮김, 비잉, 2020., p.587.

18 안톤 파블로비치 체호프, 『벚꽃동산』, 오종우 옮김, 열린책들, 2009.,
    p.232.

19 마리오 라이스, 『니체가 사랑한 여성들』, 정영도 옮김, 한국문화사,
    2015., p.193.

20 마우리치오 페라리스의 글, 마리아 베테니니 외, 『여행, 길 위의 철학』,
    천지은 옮김, 책세상, 2017., p.320.

21 수 프리도, 『니체의 삶』, 박선영 옮김, 비잉, 2020, p.336.

22 양대종, 「니체 철학에서 여성적 모티브에 대한 소고」, 니체연구 28집,
    2014., p.62.

23 수 프리도, 『니체의 삶』, 박선영 옮김, 비잉, 2020, pp.217~218.

24 수 프리도, 『니체의 삶』, 박선영 옮김, 비잉, 2020, p.613.

25 마리오 라이스, 『니체가 사랑한 여성들』, 정영도 옮김, 한국문화사,
    2015., p.194

26 수 프리도, 『니체의 삶』, 박선영 옮김, 비잉, 2020, p.393.

27 김진석, 『니체는 왜 민주주의에 반대했는가』, 개마고원, 2000., p.176. 에서 재인용.

28 김진석, 『니체는 왜 민주주의에 반대했는가』, 개마고원, 2000., p.180.

29 니체, 〈라이프치히에서 보낸 2년에 대한 회고〉, 이상용, 네이버 지식백 과, '니체' 항목에서

30 수 프리도, 『니체의 삶』, 박선영 옮김, 비잉, 2020, p.89.

31 홍사현, 「니체의 음악적 사유와 현대성」, 양해림 외 저, 『니체의 미학 과 예술철학』, 북코리아, 2017., p.253.

32 중세 독일어로 쓴 운문체 장편 서사시 소설로 궁정문학에 속한다.

33 이보 프렌첼, 『니체』, 박광자 옮김, 행림출판, 1984., p.84.

34 수 프리도, 『니체의 삶』, 박선영 옮김, 비잉, 2020, pp.280~281.

35 수 프리도, 『니체의 삶』, 박선영 옮김, 비잉, 2020, pp.281~284.

36 박찬국, 『니체를 읽는다』, 아카넷, 2015., p.90.

37 박찬국, 『니체를 읽는다』, 아카넷, 2015., pp.96-97.

38 칼 구스타프 융, 『칼 융, 차라투스트라를 분석하다』, 김세영, 정명진 옮 김, 부글북스, 2017., p.41.

39 정낙림, 〈니체는 다원주의자인가? - 진화인가, 극복인가?〉, 〈니체연구〉 24집, 2013., p.68.

40 정낙림, 〈니체는 다원주의자인가? -진화인가, 극복인가?〉, 〈니체연구〉 24집, 2013., p.57.

41 박찬국, 『니체를 읽는다』, 아카넷, 2015., p.188.

42 박찬국, 『니체를 읽는다』, 아카넷, 2015., p.197.

43 1968년 5월 프랑스에서 일어난 대대적인 사회변혁운동. 20세기 후반 서구권에서 일어난 사회변혁 중 가장 결정적인 사건으로 평가된다.

44 이 콜로키움에서 다루어진 내용에 대해서는 질 들뢰즈, 『들뢰즈가 만든 철학사』, 박정태 옮김, 이학사, 2007.의 제10장. '권력 의지와 영원 회귀에 대한 결론'으로 정리되어 있다.

2부 인간은 어떻게 자기의 모습이 되는가

45 고대 그리스 시대에 그리스 비극과 함께 상연된 연극. 희극과 비극 모두와 관련된 익살극의 한 형태. 사티로스 극에 대해서는, 김석원, 〈그로테스크와 니체의 '사티로스'에 나타난 웃음의 역할〉, 〈미술문화연구〉 제19호, 2021.을 참고할 것.

46 수 프리도, 『니체의 삶』, 박선영 옮김, 비잉, 2020, pp.296~297.

47 조셉 캠벨, 『천의 얼굴을 가진 영웅』, 이윤기 옮김, 민음사, 2018.

48 칼 구스타프 융, 『칼 융, 차라투스트라를 분석하다』, 김세영, 정명진 옮김, 부글북스, 2017., p.8.

49 칼 구스타프 융, 『칼 융, 차라투스트라를 분석하다』, 김세영, 정명진 옮김, 부글북스, 2017., p.41.

50 진은영, 『니체, 영원 회귀와 차이의 철학』, 그린비, 2007., p.33.

51 고병권, 『니체의 위험한 책, 차라투스트라는 이렇게 말했다』, 그린비, 2003., p.47.

52 최상욱, 『차라투스트라는 이렇게 말했다 메타포로 읽기』, 서광사, 2015., p.219.

53 최상욱, 『차라투스트라는 이렇게 말했다 메타포로 읽기』, 서광사, 2015., p.226.

54 강용수,『니체 작품의 재구성』, 세창출판사, 2021., pp.24~25.

55 최상욱,『차라투스트라는 이렇게 말했다 메타포로 읽기』, 서광사, 2015., p.51.

56 최상욱,『차라투스트라는 이렇게 말했다 메타포로 읽기』, 서광사, 2015., p.234.

57 마우리치오 페라리스의 글, 마리아 베테니니 외,『여행, 길 위의 철학』, 천지은 옮김, 책세상, 2017., p.325

58 프리드리히 니체,『즐거운 지식』에서. 박찬국,『니체를 읽는다』아카넷, 2015., p.34.에서 재인용.

59 수 프리도,『니체의 삶』, 박선영 옮김, 비잉, 2020, pp.461~462.

60 질 들뢰즈,『들뢰즈가 만든 철학사』, 박정태 옮김, 이학사, 2007., p.220.

61 질 들뢰즈,『들뢰즈가 만든 철학사』, 박정태 옮김, 이학사, 2007., pp.225~226.

62 마우리치오 페라리스 외,『여행, 길 위의 철학』, 천지은 옮김, 책세상, 2017., p.326.

63 마우리치오 페라리스 외,『여행, 길 위의 철학』, 천지은 옮김, 책세상, 2017., p.338.

64 최상욱,『차라투스트라는 이렇게 말했다 메타포로 읽기』, 서광사, 2015., pp.420~421.에서 재인용.

65 이현우,『너의 운명으로 달아나라』, 마음산책, 2017., p.37.

66 질 들뢰즈,『들뢰즈가 만든 철학사』, 박정태 옮김, 이학사, 2007., pp.236~237.

67 피에르 클로소프스키,『니체와 악순환』, 조성천 옮김, 그린비, 2009., pp.134~135.

68 박찬국, 『니체를 읽는다』, 아카넷, 2015., p.240.

69 이진우, 『인생에 한번은 차라투스트라』, 휴머니스트, 2020., p.197.

70 최상욱, 『차라투스트라는 이렇게 말했다 메타포로 읽기』, 서광사, 2015., p.423.

71 프리드리히 니체, 『안티크리스트』, No.43., 김진석, 『니체는 왜 민주주의에 반대했는가』, 개마고원, 2000., p.51.에서 재인용.

72 김진석, 『니체는 왜 민주주의에 반대했는가』, 개마고원, 2000., pp.28~30.

73 프리드리히 니체, 『인간적인, 너무나 인간적인』, No.289., 김진석, 『니체는 왜 민주주의에 반대했는가』, 개마고원, 2000., p.43.에서 재인용.

74 프리드리히 니체, 『선악의 저편』, No.208., 김진석, 『니체는 왜 민주주의에 반대했는가』, 개마고원, 2000., p.59.에서 재인용.

75 김진석, 『니체는 왜 민주주의에 반대했는가』, 개마고원, 2000., p.59.

76 김진석, 『니체는 왜 민주주의에 반대했는가』, 개마고원, 2000., p.68.

77 Monte Vesuvio, 이탈리아 나폴리 인근에 있는 산. 고대 도시 폼페이를 뒤덮어버린 화산으로 유명하다.

3부 니체 철학, 문학을 만나 더욱 빛나다

78 수 프리도, 『니체의 삶』, 박선영 옮김, 비잉, 2020, p.341.

79 수 프리도, 『니체의 삶』, 박선영 옮김, 비잉, 2020., p.312

80 고병권, 『니체의 위험한 책, 차라투스트라는 이렇게 말했다』, 그린비, 2003., p.54.

81 수 프리도, 『니체의 삶』, 박선영 옮김, 비잉, 2020, p.22.

82 표도르 도스토옙스키, 『카라마조프가의 형제들 1』, 김희숙 옮김, 문학
동네, 2018., pp.506~508.

83 표도르 도스토옙스키, 『카라마조프가의 형제들 1』, 김희숙 옮김, 문학
동네, 2018., pp.515~516.

84 이현우, 『너의 운명으로 달아나라』, 마음산책, 2017., p.225.

85 표도르 도스토예프스키, 『죄와 벌 1』, 장실 옮김, 학원사, 1988.,
pp.68~69.

86 헤르만 헤세, 『황야의 이리』, 김누리 옮김, 민음사, 1997., p.20.

87 헤르만 헤세, 『황야의 이리』, 김누리 옮김, 민음사, 1997., p.36.

88 헤르만 헤세, 『황야의 이리』, 김누리 옮김, 민음사, 1997., pp.123-124.

89 토마스 만, 『파우스트 박사 2』의 해설, 임홍배, 박병덕 옮김, 민음사,
2010., p.511.

90 밀란 쿤데라, 『참을 수 없는 존재의 가벼움』, 이재룡 옮김, 민음사,
2009., p.9.

91 프랑스 혁명기의 정치가로, 공포정치를 주도한 독재자였다.

92 이현우, 『너의 운명으로 달아나라』, 마음산책, 2017.

93 고장원, 『SF의 힘』, 추수밭, 2017., p.381.

94 밀란 쿤데라, 『참을 수 없는 존재의 가벼움』, 이재룡 옮김, 민음사,
2009., p.345.

95 니코스 카잔차키스, 『그리스인 조르바』, 이윤기 옮김, 열린책들, 2008.,
p.419.

96 김미기, 「현대무용에 나타난 니체 무용미학의 영향에 대한 분석」, 『니
체의 미학과 예술철학』, 북코리아, 2017., pp.325-332.

97 김미기, 「현대무용에 나타난 니체 무용미학의 영향에 대한 분석」, 『니
체의 미학과 예술철학』, 북코리아, 2017., pp.333-343.

98 이윤기의 작품 해설, 니코스 카잔차키스, 『그리스인 조르바』, 이윤기 옮김, 열린책들, 2008., p.456.

99 장경렬의 글, 곽차섭 외 지음, 『서양의 고전을 읽는다』, 휴머니스트, 2006., p.

2006. 네이버 지식백과 '선과 모터사이클 관리술' 항목에서 재인용.

100 로버트 M. 피어시그, 『선과 모터사이클 관리술』, 장경렬 옮김, 문학과 지성사, 2010., pp.229~230.

101 이주노, 「노신과 근대사상 - 니체 사상의 수용을 중심으로」, 중국현대 문학 23호, 2002., pp.17-20.

102 홍석표, 「이육사의 니체 수용과 루쉰」, 중국현대문학 제95호., 2020., p.179.

103 육영수, 「트랜스내셔널 지성사 다시 쓰기」, 세계역사와 문화연구 34 호., 2015., p.27.

104 일본, 중국, 조선 등 동북아에서의 초기 니체 수용에 관해서는 김정현 외, 『동북아, 니체를 만나다』, 책세상, 2022.에 자세히 소개되어 있다.

105 조은주, 「구인회의 니체주의」, 구보학보 16집., 2017.

106 김정현, 「1940년대 한국에서의 니체 수용」, 니체 연구 제26집, 2014., p.313.

107 김정현, 「1940년대 한국에서의 니체 수용」, 니체 연구 제26집, 2014., p.313.

4부 연극과 영화, 니체에 빠지다

108 아리스토텔레스, 『시학』, 천병희 옮김, 문예출판사, 1994., p.65.

109 심재민, 『니체, 철학 예술 연극』, 푸른사상, 2018., p.133.

110 심재민, 『니체, 철학 예술 연극』, 푸른사상, 2018., p.132.

111 심재민, 『니체, 철학 예술 연극』, 푸른사상, 2018., p.136.

112 니콜로 마키아벨리, 『군주론』, 강정인 외 옮김, 까치, 2003., p.115.

113 프리드리히 니체, 『권력에의 의지』, 이진우 옮김, 휴머니스트, 2023., p.7.

114 윌리엄 셰익스피어, 『맥베스』, 신정옥 옮김, 전예원, 1991., pp.36-37.

115 윌리엄 셰익스피어, 『리처드 3세』, 신정옥 옮김, 전예원, 1996., pp.191-192.

116 에릭 와이너, 『소크라테스 익스프레스』, 김하현 옮김, 어크로스, 2021., p.364

117 나무위키, '타임루프물' 검색. 최종 확인일 2024. 04. 25.

118 질 들뢰즈, 『들뢰즈가 만든 철학사』, 박정태 옮김, 이학사, 2007., pp.230-231.

119 박영욱, 『보고 듣고 만지는 현대사상』, 바다출판사, 2015., pp.185-186.

120 허버트. G. 웰스, 『타임머신』, 문예출판사, 2007., p.13.

121 밀란 쿤데라, 『참을 수 없는 존재의 가벼움』, 이재룡 옮김, 민음사, 2009., pp.450-451.

122 밀란 쿤데라, 『참을 수 없는 존재의 가벼움』, 이재룡 옮김, 민음사, 2009., p.445.

123 이창민, 「묵시록의 관점에서 본 영화 〈토리노의 말〉」, 〈한국예술연구〉 제40호,2023.. p.81.

124 수 프리도, 『니체의 삶』, 박선영 옮김, 비잉, 2020, pp.620-621.

125 Rob Browning, 「Nietzsche among the Aliens in Kubrick's 2001: A

Space Odyssey」, SCIENCE FICTION STUDIES, VOLUME 47, 2020.,
p.390.

126 제임스 네이모어, 『큐브릭 - 그로테스크의 미학』, 정헌 옮김, 컬처룩,
2016., p.304.

5부 음악과 미술, 니체에 빠지다

127 고대 그리스에서 술의 신 디오니소스를 찬양하고 노래한 합창. 주로
신화의 내용을 이야기 형식으로 노래한다.

128 수 프리도, 『니체의 삶』, 박선영 옮김, 비잉, 2020, p.90.

129 최상욱, 『차라투스트라는 이렇게 말했다 메타포로 읽기』, 서광사,
2015., p.337.

130 홍사현, 「니체의 음악적 사유와 현대성」, 양해림 외 저, 『니체의 미학
과 예술철학』, 북코리아, 2017., p.271.

131 쇤 베르크 이후 20세기 아방가르드 음악, 추상음악에 대해서는 박영
욱, 『철학으로 현대음악 읽기』, 바다출판사, 2018.에 자세히 소개되어
있다.

132 수 프리도, 『니체의 삶』, 박선영 옮김, 비잉, 2020, p.186.

133 수 프리도, 『니체의 삶』, 박선영 옮김, 비잉, 2020, pp.488-489.

134 조르주 리에베르, 이세진 역, 『니체와 음악』, 북노마드, 2016. pp.9-10.
갈리마르 출판사 편집자이자 번역가, 방송 프로듀서 등으로 활동한
조루주 리에베르의 이 책은 본격적인 철학서나 음악평론서는 아니지
만, 풍부한 자료를 통해 음악과 관련한 니체의 일대기와 사유를 추적
하고 있다.

135 게리 샤피로, 「철학의 그림자들 속에서 - 니체와 시각의 문제」, 데이
　　비드 마이클 레빈 외 저, 정연심 외 역, 『모더니티와 시각의 헤게모니』,
　　시각과언어, 2004., p.210.

136 게리 샤피로, 「철학의 그림자들 속에서 - 니체와 시각의 문제」, 데이
　　비드 마이클 레빈 외 저, 정연심 외 역, 『모더니티와 시각의 헤게모니』,
　　시각과언어, 2004., p.213.

137 게리 샤피로, 「철학의 그림자들 속에서 - 니체와 시각의 문제」, 데이
　　비드 마이클 레빈 외 저, 정연심 외 역, 『모더니티와 시각의 헤게모니』,
　　시각과언어, 2004., p.222.

138 정낙림, 「니체의 조형예술 이해와 뭉크, 보이스 작품에 드러난 니체
　　의 흔적」, 양해림 외 저, 『니체의 미학과 예술철학』, 북코리아, 2017,,
　　pp.285-286.

139 수 프리도, 『니체의 삶』, 박선영 옮김, 비잉, 2020, p.145.

140 정낙림, 「니체의 조형예술 이해와 뭉크, 보이스 작품에 드러난 니체
　　의 흔적」, 양해림 외 저, 『니체의 미학과 예술철학』, 북코리아, 2017.,
　　pp.287-288.

141 정낙림, 「니체의 조형예술 이해와 뭉크, 보이스 작품에 드러난 니체
　　의 흔적」, 양해림 외 저, 『니체의 미학과 예술철학』, 북코리아, 2017.,
　　p.290.

142 조르주 리에베르, 이세진 역, 『니체와 음악』, 북노마드, 2016. p.29.

143 수 프리도, 『니체의 삶』, 박선영 옮김, 비잉, 2020, p.587.

144 정낙림, 「니체의 조형예술 이해와 뭉크, 보이스 작품에 드러난 니체
　　의 흔적」, 양해림 외 저, 『니체의 미학과 예술철학』, 북코리아, 2017.,
　　p.294.

145 정낙림, 「니체의 조형예술 이해와 뭉크, 보이스 작품에 드러난 니체

의 흔적」, 양해림 외 저, 『니체의 미학과 예술철학』, 북코리아, 2017.,
p.296.

146 정낙림, 「니체의 조형예술 이해와 뭉크, 보이스 작품에 드러난 니체
의 흔적」, 양해림 외 저, 『니체의 미학과 예술철학』, 북코리아, 2017.,
pp.303-306.

147 1960년대 초부터 1970년대에 걸쳐 일어난 국제적인 전위예술 운동.
혼합매체(mixed media)적인 액션 형식의 하나로 극단적인 반예술적
전위운동을 말함.

148 김정현, 「니체 철학의 해석들 - 니체와 현대예술의 탄생」, 양해림 외
저, 『니체의 미학과 예술철학』, 북코리아, 2017., pp.219-232.

149 앙드레 지드, 『지상의 양식』, 김화영 옮김, 민음사, 2007, p.39.

에필로그

150 김재인, 『AI 혁명』, 동아시아, 2023., p217.

인생이 묻고 니체가 답하다

초판 1쇄 인쇄일   2024년 11월 10일
초판 1쇄 발행일   2024년 11월 20일

지은이   이희인
발행인   양혜령
발행처   홍익피앤씨
출판등록번호   제 2023-000044호
출판등록   2023년 2월 23일
영업본부   경기도 고양시 백석동 1335 더리브스타일 536호
대표전화   02-323-0421
팩스   02-337-0569
메일   editor@hongikbooks.com

홍익p&c는 HONGIK Publication & Communication의 약자입니다.

ISBN   979-11-988483-3-8 03100